보육 · 교육 현장 중심

영유아 언어지도

김수임 지음

창지사

머리말

본서는 영유아의 언어교육을 위한 이론과 이를 뒷받침하는 보육·교육 현장에서 실제적으로 이루어지는 언어지도를 다루고 있다. 영유아기는 언어습득을 위한 결정적 시기이므로 언어교육의 중요성은 아무리 강조해도 지나치지 않을 것이다. 우리 일상의 언어생활은 음성언어인 듣기와 말하기, 문자언어인 읽기와 쓰기의 네 가지 양식으로 되어 있다. 이 네 가지는 역동적 관계 속에서 함께 발달하고, 합쳐져서 하나의 커다란 언어체계로 통합된다. 따라서 영유아를 위한 언어지도는 언어의 네 가지 양식을 각각 분리하여 교육하는 것이 아니라 통합적으로 사용하여 사회·문화적 환경 속에서 실행하는 경험을 하도록 지도하는 것이 바람직하다고 볼 수 있다.

본서는 총 11장으로 구성되어 있다. 1장의 언어의 이론적 기초에서는 언어교육의 기초가 되는 이론적 내용을 소개한다. 2장의 언어발달에서는 영유아기의 언어발달에 대한 내용을, 3장과 4장은 유아에게 언어를 어떻게 가르칠 것인지에 대한 주요 이론 및 교육적 접근 방법을 알아본다. 5장과 6장, 그리고 7장은 언어지도의 내용인 듣기, 말하기, 읽기, 쓰기의 네 가지 영역별로 효과적인 지도 방법을 소개하였다. 그중에서도 읽기와 쓰기에 대해 중점적으로 다루고 있다. 글을 읽는 것과 쓰는 것은 흔히 생각하는 것처럼 저절로 배워지는 간단한 기능이 아니다. 따라서 읽기와 쓰기 지도 전략은 글자의 해독과 글의 이해, 그리고 글쓰기를 잘하기 위해 필요한 기술을 훈련시키는 것으로 그 노하우를 본서에서 다룬다. 8장의 언어교육 환경에서는 유아에게 적절한 언어교육 환경을 물리적·인적 환경으로 나누어 살펴보았다. 특히, 사회 및 시대적 요청에 의해 다문화 사회로 급변하면서 대두되는 다문화가정의 언어환경에 대해 소개한다. 9장 언어교육과정에서는 우리나라의 국가 수준 유아교육과정에서 제시하는 언어교육의 방향과 내용을 제시한다. 10장의 언어 평가에서는 유아의 언어 이해와 기술 수준의 정보를 수집하고 기록하는 데 도움이 되는 평가 방법에 대한 것을 다룬다. 마지막으로 11장 언어지도의 실제에서는 교육 현장에서 영아와 유아에게 언어를 지도할 수 있는 실제들을 다룬다. 실제편의 구성은 두 가지로 구성되어 있다. 먼저, 대·소집단 활동을 통해 이루어질 수 있는 언어지도의 실제를 소개하였다. 즉, 교사 주도 하에 이루어지는 계획적 언어지도 방법을 소개하였는데, 영유아의 언어교육은 다양한 대·소집단 활동을 통해 교수학습이 이루어지기 때문이다. 두 번째는 유아와 교구와의 상호작용을 통한 개별적 언어지도에 초점을 둔 언어지도의 실제를 다루었다. 즉, 자유 선택 놀이 시간을 통해 영유아가 자유롭게 교구와 교재를 다루어 보게 되는데, 효과적인 언어지도를 목적으로 제작하여 활용할 수 있는 언어 영역의 교재·교구를 중심으로 소개한다.

본서는 대학의 유아교육과, 아동학과, 보육학과, 사회복지학과 및 관련 전공의 예비 유아교사를 대상으로 언어지도의 이론과 실제를 강의하시는 교수님을 위한 교재로 집필하였다. 또한, 유아의 언어지도에 관심이 있는 모든 분들이 잠재적 독자가 될 수 있을 것이다.

본서에서 차별화하고자 한 내용을 두 가지로 정리할 수 있다.

첫째, 보육 및 교육 현장에서 교사가 영유아의 언어지도를 위해 실제로 하는 일에 대한 정확한 정보를 제공하고, 언어지도 수행 능력을 연습할 수 있도록 구성하였다. 특히, 대학에서 도입하고 있는 NCS(국가직무능력표준, National Competency Standards) 기반 교육과정 혹은 직무분석에 따른 현장중심 교육과정 활용에 용이하도록 작성하였다.

둘째, 언어의 네 영역인 듣기, 말하기, 읽기 그리고 쓰기는 언어습득 과정에서 통합적이라는 것을 다루고 있다. 그러나 음성언어와의 차이점으로 인해 영유아가 문자언어 학습에 어려움을 겪기도 한다. 따라서 글자의 해독과 글의 이해, 그리고 글쓰기를 잘하기 위해 필요한 기술을 훈련시키는 교수 방법에 대한 체계적 접근을 시도하였다.

본서에서는 보육 및 유아교육 현장에서 영유아의 읽기와 쓰기를 효과적으로 지도할 수 있도록 가능한 한 많은 예문을 소개하였다. 이유는 문해의 원리와 교수 전략이 실제 상황에서 어떻게 적용되는지를 보여 주고 연습할 수 있도록 하기 위해서이다. 그래서 유아교육을 처음 접하는 학생이나 일반인도 쉽게 이해하고 활용할 수 있을 것이다.

유아교육에 입문하는 예비 교사들이 재미있게 접할 수 있는 쉬운 책을 쓰고 싶었다. 하지만 미진한 부분에 대한 아쉬움이 남는다.

책의 출판을 맡아 주신 창지사 여러분께 진심으로 감사의 마음을 전한다.

2016년 7월

김수임

차 례

제 1 장

언어의 이론적 기초

영유아의 언어발달을 이해하고 지도하기 위한 기초 작업으로 언어의 구조와 기능적 특성을 중심으로 언어의 이론적 기초를 살펴볼 필요가 있다. 영유아 언어지도는 음성언어와 문자언어에 따라 그리고 언어의 구조적 체계에 따라 일어나는 영유아의 놀이를 통해서 수행된다.

이 장에서는 언어의 역사를 음성언어와 문자언어로 나누어 발전 과정을 살펴보고, 우리의 음성언어, 문자언어, 즉 우리말과 한글의 구조적 특징과 언어지도에 대한 기초적 지식과 적절한 지도방향을 형성하고자 한다.

교육 목표

- 언어의 특성과 구조에 대해 설명할 수 있다.
- 음성언어와 문자언어의 역사와 특성을 말할 수 있다.
- 우리말과 한글의 구조를 이해하여 교육 현장에 적용할 수 있다.

언어란 무엇인가?

넓은 의미에서 언어는 상대방에게 알릴 수 있는 신호의 사용이라고 정의할 수 있다. 이때에는 인간만이 아닌 다른 동물들도 언어가 있다고 할 수 있다. 꿀벌의 춤을 통한 의사소통과 곤충이나 조류, 포유류 등이 내는 소리가 다 포함된다. 좁은 의미에서 언어란 특정 사회에 속한 사람들이 서로 의미를 주고받을 수 있는 공통의 기호를 사용하는 의사소통 체계이다.

우리는 어떻게 언어를 사용하게 되었을까?

어린아이가 태어나서 말을 배우는 과정을 살펴보면 신비로움을 느낀다. 아이가 언어를 배우는 과정은 놀랍게도 인류의 언어발달 과정과 매우 비슷하다. 인류가 지구상에 존재한 지는 약 200만 년이 되었다. 그러나 인류가 처음부터 지금과 같이 음성언어와 문자언어를 모두 사용했던 것은 아니다. 인류의 먼 조상들은 음성언어만을 사용하였다. 이들은 문자언어를 모르는 유아처럼 말하고 듣는 음성언어 생활만을 영위했던 것이다. 그러나 음성언어만으로는 멀리 있는 사람과 의사소통을 할 수 없었다. 그 불편을 극복하기 위해 인류의 조상들은 약 5000년 전 '문자언어'를 만들어 냈다. 현재 우리가 사용하고 있는 문자언어는 필요에 따라 오랜 기간을 두고 발달해 온 결과물인 것이다. 인류의 역사에 비해 문자언어를 사용하게 된 기간은 매우 짧지만, 문자언어를 사용하면서 인류의 생활은 비로소 급속한 성장을 할 수 있었다.

이 장에서는 언어의 의문에 대해 언어의 특성과 구조를 알아봄으로써 언어학적 이해를 돕고, 영유아의 놀이에서 나타나는 언어적 구조를 탐색해 보려고 한다. 또한, 우리의 언어생활을 음성언어와 문자언어로 나누어 살펴보고자 한다.

01 언어의 일반적 특성과 기능

우리는 매일의 일상에서 언어를 사용하고 있다. 인간의 삶에서 중요한 도구로 그 기능을 담당하고 있는 언어는 생각과 느낌을 전달하는 의사소통의 기본이면서 문제해결이나 추리와 같은 고등정신에도 관여하게 된다. 상징의 한 체계인 언어의 일반적 특성과 기능을 알아봄으로써 언어에 대한 개념을 정리해 보도록 하자.

1) 언어의 일반적 특성

언어는 일반적인 특성을 갖고 있음을 우리는 언어생활의 경험을 통하여 알 수 있다. 언어의 일반적 특성은 다음과 같다.

첫째, 모든 언어는 소리로 되어 있다.

문자언어는 소리를 기호로 한다. 때문에 소리로 되어 있다는 점이 전 세계 언어의 일반적 특성이라 할 수 있다. 그래서 인간의 말소리는 언어의 형식이라고 한다. 우리는 말소리를 가지고 멀리 떨어진 상대방인 청자와 의사소통을 통해 언어생활을 하는 것이다. 그러나 말소리라고 해서 다 언어생활을 할 수 있는 것이 아니다. 의미가 담겨 있지 않은 소리는 이미 언어로서 생명력이 없다.

둘째, 모든 언어는 의미가 있다.

이것을 언어의 내용이라고도 한다. 의미가 없는 말소리는 그냥 소리에 불과하다. 동물의 의사소통 체계에 있어서는 소리와 의미가 한 덩어리로 되어 있어서 그 둘이 구분되지 않는다. 그러므로 동물은 비슷한 소리로 전혀 다른 의미를 나타낼 수도 없고 전혀 다른 소리로 같은 의미를 나타낼 수도 없다. 그러나 인간의 언어는 소리와 의미가 서로 독립적으로 분리되어 있기 때문에 비슷한 소리로 완전히 다른 의미를 나타낼 수 있고, 완전히 다른 소리로 동일한 의미를 나타낼 수도 있다. 예를 들어, '잘했다'라는 동일한 소리는 다른 의미(칭찬 혹은 조롱)로 나타날 수 있다.

셋째, 소리(형식)와 의미(내용)의 관계는 자의적인 특성을 가지고 있다.

만약 언어의 소리와 의미의 관계가 자의적이 아니고 필연적 관계라면 전 세계의 언어는 똑같아야 할 것이다.

[그림 1-1] 사람을 나타내는 의미는 나라마다 다르게 소리 난다.

넷째, 언어는 사회적 약속에 의해 구속을 받는다.

앞에서 언어는 자의적인 특성이 있다고 했는데 그렇다고 누구나 이것을 제 마음대로 고치거나 없애거나 새로 만들어 낼 수 있는 것은 아니다. 언어는 인습의 강력한 구속의 힘을 가지고 있기 때문에 자의성과 구속성의 모순된 두 면을 다 가지고 있는 셈이다.

다섯째, 언어는 분석적이고 체계적이고 구조적인 특성을 갖고 있다.

언어는 소리의 최소 단위인 음소로 분석할 수 있고 의미의 최소 단위인 형태소로 분석할 수 있다. 이렇게 분석된 각 단위들은 아무렇게나 결합되고 배열되는 것이 아니라 각각 규칙적인 순서와 방법에 따라 배합된다. 언어에 있어 음소, 형태소, 단어, 의미 성분들은 각각 서로 다른 것들과 상호유기적인 관계를 맺고 있다. 그러므로 언어는 체계의 체계, 즉 구조적 특성을 띤다.

2) 언어의 기능

언어는 의사소통의 기본 요소이며, 인간이 사회적 관계를 맺고 사회구성원으로 역할을 다하려는 욕구를 충족시켜 준다. 이러한 언어의 기능을 Haliday(1975)의 분류에 따라 정리해 보면 다음과 같다(강성화 · 김경회, 2013)

◎ 도구적 언어(instrument language)

언어는 인간의 물질적인 욕구와 소망을 표현하고 충족시키기 위한 수단의 기능을 한다.

- 구어 기능: 기록, 사업상, 편지, 광고

◎ 조절적 언어(refulatory language)

언어는 다른 사람의 행동에 영향을 주려고 하며 태도나 감정을 통제하거나 조정하는 기능을 한다.

- 구어 기능: 교통표지판, 교실규칙, 정책 설명서

◎ 상호작용적 언어(interactional language)

언어는 사회적 관계를 맺고 유지하기 위한 기능을 한다.

- 구어 기능: 편지

◎ 개인적 언어(personal language)

언어는 개인의 생각, 감정을 표현하는 기능을 하는데 표현적 기능이라고도 한다.

- 구어 기능: 일기, 자서전, 편집후기

◎ 발견적 언어(heuristic language)

언어는 무엇인가를 알아내고 정보를 찾기 위한 기능을 한다.

- 구어 기능: 신청서, 보고서

● 상상적 언어(imaginative language)

언어는 상상과 창의성을 표현하는 기능을 한다.

- 구어 기능: 시, 동화

● 표상적 언어(representational language)

언어는 정보를 전달하고 설명, 표현하는 기능을 한다. 다른 사람과 정보를 교환하기 위해 사용되기도 하며 정보적 언어 기능이라고 불린다.

- 구어 기능: 사전, 전화번호부, 시간표

02 언어의 구조

사람의 생각이나 느낌을 소리나 글자로 나타내는 수단이 언어이다. 언어는 매우 복잡한 체계이므로 언어를 보다 쉽게 이해하기 위해서는 기능적 구성 요소로 세분화하여 살펴볼 필요가 있다. 언어는 크게 형식(form), 내용(content), 사용(use)의 세 가지 구성 요소로 구분된다. 형식은 소리와 상징을 연결하는 요소들을 포함하는데 음운론, 통사론, 형태론이 여기에 해당된다. 내용은 의미론에, 사용은 화용론에 해당된다.

1) 음운론

말소리의 체계를 연구하는 언어학 분야를 음운론이라고 한다. 음운론(phonology)은 말소리의 구조, 배치, 연결을 지배하는 규칙에 관한 언어의 구성 요소이다. 모든 언어에는 서로 다른 종류의 말소리, 즉 음소가 있다.

> 음소
>
> 음소(phoneme)란 언어의 의미를 변별해 주는 음성의 최소 단위이다. 자음과 모음에 의해 표현되며 음운이라고도 부른다. 즉, 소리의 차이를 통해 의미를 변별하는 말소리 단위이다. [그림 1-2]에서 보는 바와 같이 '오리', '보리' 두 낱말은 /ㅇ/과 /ㅂ/에 의해 구별되며, '가수'와 '기수'는 /ㅏ/와 /ㅣ/ 에 의해 구별된다. 음소의 수는 언어마다 다르지만 평균 35개이며, 우리말은 24(자음 14, 모음 10)개이다. 서로 다른 음소는 듣는 사람에게 소리가 다르게 들리도록 함으로써 뜻이 전달되는 데 공헌한다.

[그림 1-2] 음소의 차이

2) 형태론

단어의 구조에 대해 연구하는 언어학의 분야를 형태론이라고 한다. 형태론(morphology)은 단어의 내적인 구성에 관한 언어의 구성 요소이다. 형태소는 의미를 전달하는 언어의 가장 작은 문법 단위이며, 하나 이상의 형태소가 모여서 단어를 구성한다.

> 형태소
>
> 형태소(morpheme)란 의미를 지니는 언어의 가장 작은 문법적 단위이다. 형태소는 [그림 1-3]과 같이 자립형태소와 의존형태소가 있다. 자립 또는 자유형태소(free morpheme)는 명사, 형용사, 동사, 부사와 같이 독립적이고 명백한 의미를 가지고 있는 단어로서 홀로 쓰일 수 있는 형태소를 의미한다. 구속 또는 의존형태소(bound morpheme)는 자립성이 없이 자립형태소에 의존되어 쓰이는데, 명사 뒤의 격조사나 형용사와 동사의 어미 변화와 같이 다른 형태소와 조합을 이루어 형태소 간의 문법적 관계와 의미를 명백히 해 주는 역할을 하는 형태소이다.

언니가 사과를 먹었다.
– 자립형태소: '언니', '사과', '먹'
– 의존형태소: '가', '를', '었다'

[그림 1-3] 형태소의 종류

3) 통사론

통사론은 단어나 문장의 규칙에 대한, 즉 문법 체계를 연구하는 언어학의 분야이다. 통사론(syntax)은 문장의 형식과 구조를 지배하는 언어의 구성 요소이다. 통사론은 단어, 구, 절, 문장의 특성, 단어의 순서나 문장의 구조 등에 대해 다루며, 서술, 의문, 명령과 같은 기능에 따라 문장의 구성에 차이가 있다. 통사론은 문법적으로 가능한 단어 조합과 가능하지 않은 조합을 규정한다. 언어에 따라 어순이 자유로운 언어도 있지만 어순의 규칙을 지켜야 하는 언어도 있다. 어순의 규칙을 지켜야 하는 언어 중 하나인 영어는 주어-동사-목적어 어순으로 배열되지만, 한국어와 일본어는 주어-목적어-동사 어순으로 배열된다. 이외에도 동사-주어-목적어 어순으로 배열되는 언어도 있다.

단어와 구, 절, 문장, 문단

단어(word)란 문장을 이루는 기본단위로서 자립성과 분리성을 가진 말의 최소 단위이다. 단어의 배열은 일정한 규칙에 따라 이루어진다. 구(phrase)는 둘 이상의 단어가 모여 절이나 문장의 일부분을 이루는 것을 말하며, 절(clause)은 주어와 술어를 갖추었으나 독립하지 않고 문장의 일부를 이루는 단위를 말한다. 문장(sentence)은 단어가 일정한 문법적 규칙에 따라 연결되고 조직된 것으로 사고나 감정을 언어나 글로 표현할 때 완결된 내용을 나타내는 최소 단위이다. 모든 문장의 가장 기본적인 요소는 명사와 동사구로서 명사, 동사, 형용사 등 여러 종류의 품사와 여러 유형의 단어들로 구성된다. 문단(paragraph)이란 하나의 요지를 설명하기 위해 전개한 문장들의 모임을 말한다.

음절

음절(syllable)이란 자음과 모음으로 구성된 발음의 최소 단위이다. 우리말은 표음문자이면서 동시에 음절문자이다. 즉, 자음과 모음이 결합하여 하나의 음절을 만들고 음절이 그대로 하나의 글자를 이룬다. 우리나라 한글 음절의 구조는 다음의 네 가지이다.

- 모음 단독(아, 어, 왜, 예…)
- 자음+모음의 받침 없는 글자(가, 너, 도, 로, 며…)
- 모음+자음의 받침 있는 글자(악, 열, 응, 원…)
- 자음+모음의 받침 있는 글자(강, 돌, 섭, 총…)

4) 의미론

언어의 의미론적 측면은 의도한 의미를 적절히 수반하는 단어들의 선택을 다루는 것이다. 따라서 의미론(semantics)은 단어와 단어 조합의 의미 또는 내용을 지배하는 규칙체계이다. 의미론은 사물이나 사건에 대한 지각, 인지, 사고와 언어 형태 간의 관계에 관한 내용을 다루는 영역으로, 언어에서 사용되는 단어나 상징은 실제 자체를 표상하기보다는 실재에 대한 개념을 표상하는 것이다. 문장은 개별 단어의 단순한 합 이상을 의미하므로 문장의 의미는 개별 단어의 의미보다 더 포괄적이다. 즉, 하나의 문장은 그 문장을 구성하는 단어만 표상하는 것이 아니라 문장 내 개별 단어들 간의 관계도 표상한다.

5) 화용론

화용론(pragmatics)은 의사소통을 할 때 행동을 지배하는 규칙을 의미한다. 예를 들어, 차례를 지켜 말하는 것이나 유아에게 말하는 것과 성인에게 말하는 것을 달리 하는 것으로 사회적으로 적절하게 언어를 사용하는 것을 말한다. 즉, 화용론은 의사소통의 맥락에서 언어 사용을 지배하는 규칙을 의미하며, 언어 구조에 관한 규칙보다는 언어 사용에 관한 규칙을 다룬다.

03 언어 구조와 영유아의 놀이

앞에서 살펴본 바와 같이 인간의 언어 구조는 크게 음운론적, 통사론적, 의미론적 그리고 화용론적 측면이 있다. 언어의 음운론적 측면은 소리 산출에 속하는 것이다. 언어의 통사론적 측면은 단어를 문장으로서 편집하는 규칙에 관한 것이며, 언어의 의미론적 측면은 의도한 의미를 적절히 수반하는 단어들의 선택을 다루는 것이다. 마지막으로 언어의 화용론적 측면은 의사소통을 할 때 행동을 지배하는 규칙을 의미한다. 영유아는 이러한 인간의 언어의 구조적 체계와 관련된 언어 놀이를 하게 된다. 영유아의 놀이에서 나타나는 언어의 구조적 체계를 알아보도록 하자.

Cadzen(1974)은 영유아는 언어 놀이를 통해 언어의 요소들을 탐구하고 규칙체계의 이해나 메타언어적 인식이 발달한다고 주장한다. 그는 영유아가 언어로 놀이하는 방식에는 일정한 단계가 있다고 설명한다. 음운론적 소리로 놀이하는 것은 영아에게서 나타난다. 그 이후 걸음마기 영아에게는 두 단어를 사용할 수 있을 때 가능한 통사론적 놀이가 뒤따른다. 의미론적 놀이는 단어의 의미를 가지고 놀이하는 것으로 포함하는데, 이것은 보다 후기에 이야기나 음운을 사용할 수 있을 때 나타난다. 그는 이 범주들은 독립적으로 발달할 수 없으며, 반드시 하나가 다른 것에 선행하는 것을 의미하지도 않는다는 것을 강조하였다. Garvey(1977, 1984)는 언어구조에 따른 언어 놀이를 네 가지 유형으로 분류하였다.

1) 음운론적 놀이

음운론적 놀이는 소리 놀이이다. 영아는 생후 1년 동안 옹알이를 하게 되는데 이것은 생래적으로 동기화되어 자유롭게 선택된 행위인 소리 놀이인 것이다. 이러한 소리 놀이는 부모로 하여금 무의식중에 영아의 소리가 좀 더 우리가 사용하는 언어에 가깝게 되도록 훈련시키게 되는 결과를 낳게 되므로 유아의 언어발달에 중요한 영향을 미치게 된다. 1세 이상의 영아에게서도 소리 놀이를 찾아볼 수 있다. 예를 들면, 침으로 거품내기, 콧소리, 목소리 변형시키기, 목소리의 높낮이 바꾸기 등을 들 수 있다.

소리 놀이는 생후 2년 된 영아기뿐 아니라 좀 더 나이든 유아에게도 나타난다. 예를 들어, 3, 4세 유아는 노래나 챈트 그리고 리듬에 매혹되고 무의미한 리듬패턴을 내게 된다. 리듬을 낼 수 있는 능력은 유아기의 읽기 습득과 상관이 높다. 어떤 단어나 소리는 유아가 특히 좋아하게 되어 재미가 없어질 때까지 반복한다. 목소리를 왜곡시키고 높은 톤으로 꽥꽥거리는 것, 좋아하는 만화 주인공의 억양을 고저 없이 말하기가 소리 놀이의 예이다(김수영 외, 2012).

2) 통사론적 놀이

통사론적 놀이는 언어의 문법적 구조로 놀이하는 것이다. 생후 2년을 즈음하여 두 단어를 말하게 되면서 유아의 언어 놀이는 더욱 확실하게 나타난다. 소리로 놀이하기가 주로 2세 이전에 이루어지는 반면 2세 이후부터는 문법적인 구조로 놀이를 하기 시작한다. 예를 들어, '아빠 간다', '엄마 간다', '아가 간다'와 같이 동일한 문장에서 단어를 바꾸어 문장을 반복하기도 하며, '컵 내게 줘', '내게 컵 줘'와 같이 문장을 만들고 분해한다. 이러한 문법적 구조로 놀이하기는 유아의 단독 독백에서 주로 찾아볼 수 있다고 Garvey(1977, 1984)는 지적한다. 이 시기의 문법적 구조로 놀이하기는 사회적 상호작용의 요소가 결핍되어 있다.

3) 화용론적 놀이

화용론적 놀이는 사회적 통용되는 관습적 언어 놀이이다. 두 명 이상의 유아가 놀이하는 경우 서로 의사소통을 해야 한다. 예컨대, 가게 놀이를 할 때 주인과 손님의 역할을 맡은 유아가 각자의 역할에 적합한 대화를 나누어야 하고, 적절하게 순서를 지켜 대화해야 놀이가 원만하게 진행될 수 있다. 이때 유아는 관습적으로 통용되는 언어 놀이를 하는 것이다. 교육기관이나 가정교육을 통해 유아는 점차 문법이나 어휘 등에서 정확한 언어 사용법을 배우게 된다. 하지만 놀이상황에서 이루어지는 자유로운 언어 실험, 창의적인 표현의 기회를 잃지 않도록 배려하는 것이 바람직하다.

04 음성언어와 문자언어

언어활동은 기본적으로 말하고, 듣고, 읽고, 쓰는 네 가지로 분류된다. 이 중에서 말하기와 듣기는 음성언어를 사용하는 언어활동이고, 읽기와 쓰기는 문자언어를 사용하는 언어활동이다. 음성언어와 문자언어는 모두 언어로서 일정 기능을 담당하지만 소리와 문자라는 특성 때문에 여러 측면에서 차이를 보인다. 음성언어와 문자언어의 특성을 이해하기 위해서는 음성과 문자의 속성을 알아야 한다. 음성은 소리이기 때문에 청각에 의존하여 말하고 듣는 그 순간 그 장소에만 존재하고 곧바로 사라진다. 문자는 기록이기 때문에 시각에 의존하고 오랜 기간 동안 보존이 가능하며 그 기록을 가지고 다른 곳으로 이동할 수도 있다. 음성언어와 문자언어는 상호보완적이다. 음성언어(말하기와 듣기)와 문자언어(읽기와 쓰기)는 서로 연관되어 발달하고 상호 영향을 미친다.

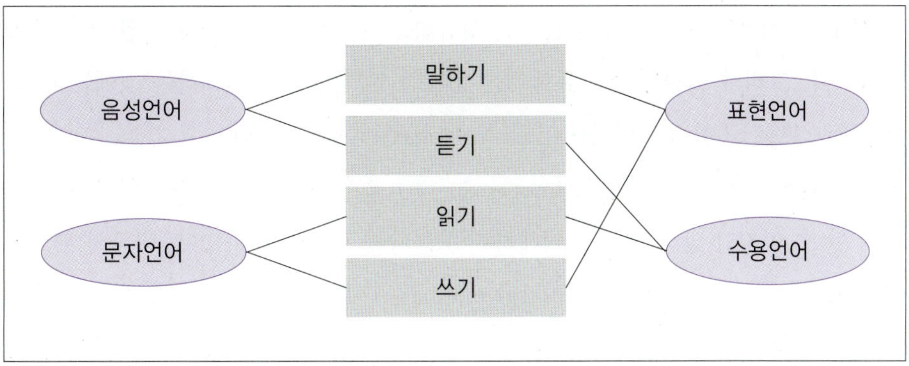

[그림 1-4] 언어의 네 가지 활동

1) 음성언어

음성언어에 대한 연구가 시작된 것은 고대 이집트 헤로도투스의 기록에서 찾을 수 있다. 고대 이집트인들은 자신들이 세계에서 가장 오래된 민족이라고 믿고 있었다. 기원전 484년 사메티투스 왕은 어느 나라가 인간의 근원인지 알아보기 위해 목동을 시켜 두 명의 갓난아기에게 생리적 요구만 충족시켜 주고 말은 한 마디도 못 듣게 하고 키웠다. 왕은 아이들이 저절로 이집트 언어를 말하기를 바랐지만 실제로 2년 뒤 아이가 처음 한 말은 옛 프리지아(소아시아에 있는 옛 왕국) 말로 빵을 뜻하는 'Bekos'였다. 이로 인해 이집트 왕과 백성들은 프리지아를 세상에서 가장 오래된 나라로 받아들였다. 이러한 실험은 언어가 선천적인 것이라는 믿음에서 이루어진 것이다(Christophersen, 1973; 한유미 외, 2005: 재인용).

1798년 겨울 프랑스 아베롱(Aveyron) 숲에서 야생 소년 빅터(Victor)가 발견되었다. 빅터는 인간세계와 완전히 격리된 채 숲에서 성장하였으며, 발견 당시 말을 전혀 못했다. 많은 연구자는 빅터에게 말을 가르치기 위해 노력했으나 성공하지 못하였다. 이러한 결과는 언어발달에 결정적 시기가 있다는 증거이기도 하다(성미영 외, 2015).

언어의 생물학적 기초에 관심을 갖고 연구한 대표적인 인물은 19세기 외과의사 브로카(Broca)다. 그는 언어장애 환자의 사후 해부 결과를 토대로 뇌의 특정 부위 손상과 언어장애 간의 관계를 밝혔다. 브로카 영역이 손상된 브로카형 실어증 환자는 말수가 적고 느리며, 전보식 문장을 사용하고 말소리의 변형이나 치환 왜곡 등을 나타낸다. 그러나 이들은 언어표현에는 문제가 있지만 뜻을 이해하는 것에는 큰 문제가 없으므로 '표현적 실어증(expressive aphasia)'이라고 한다.

독일 신경의학자 베르니케(Wernicke)는 측두엽 뒤쪽 부위가 손상되면 말은 거침없이 할 수 있지만 말의 의미를 이해하지 못한다는 것을 발견하였다. 따라서 베르니케형 실어증은 '수용적 실어증(receptive aphasia)'이라고 한다. 이와 같이 19세기까지 진행되었던 뇌 연구는 인간의 언어와 뇌가 매우 밀접한 관계를 갖고 있음을 밝혀주었다. 그 이후 음성언어 발달에 관한 연구는 영유아의 언어습득에 관한 연구를 중심으로 이루어졌다. 1950년대 이후 언어습득에 관한 다양한 이론이 등장하면서 언어발달에 대한 과학적 연구가 시작되었다. 행동주의이론과 인지발달이론을 중심으로 언어발달을 설명하려는 다양한 시도가 이루어졌다.

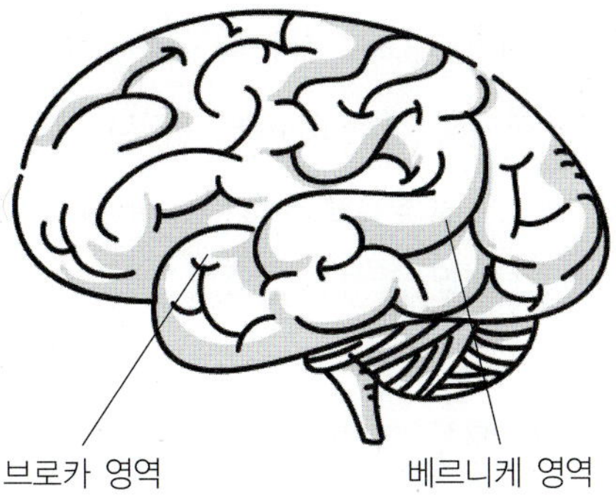

[그림 1-5] 브로카 영역과 베르니케 영역

2) 문자언어

최초의 문자는 언제 어디에서 만들어진 것일까? 우리나라 한글은 역사상 가장 최근에 만들어졌고 만든 이들도 어느 정도 알려진 예외적인 경우이다. 고대 마야의 상형문자는 250년경, 중국의 한자는 기원전 1200년경, 페니키아인의 알파벳은 기원전 1050년경으로 거슬러 올라간다. 가장 오래된 문자는 기원전 3200년경에 나온 것으로 추정되는 수메르 문자라는 것이 정설이다. 그러나 1999년 파키스탄의 인더스 강 유역의 한 골짜기에서 이보다 적어도 100년 정도 이른 시기의 문자로 보이는 유물이 발견되어서 정설이 흔들리게 되었다. 이 문자는 고대 유적지의 항아리에서 발견되었는데, 항아리 표면에 식물의 잎새 모양이나 삼지창 모양의 표시가 새겨져 있는 것이 확인되었다. 이 표시들은 항아리 안에 담았던 물건에 대한 설명이거나 다른 종교적 의미를 가지고 있는 게 아닐까 추정되지만 현재까지 정확하게 해독되지는 않고 있다. 그런 가운데 최근 이집트의 한 무덤에서 기원전 3300년에서 기원전 3200년 사이의 것으로 추정되는 문자의 흔적이 발견되어 이것도 최초의 문자기록의 후보가 될 직하다. 이 밖에 더 이른 시기의 문자가 또 발견될 가능성도 있음은 물론이다(주경철, 2005).

세계의 역사를 통해 문자의 기원으로는 크게 이집트의 '상형문자'와 중국의 '갑골문자', 그리고 메소포타미아의 '쐐기문자'를 들 수 있다. 이집트의 상형문자를 신성문자 곧 '히에로글리프(hieroglyph)'라고도 하는데 이는 그리스인들이 붙인 이름이다. 이 말은 '신성하다'는 뜻의 히에로스(hieros)와 '새기다, 조각하다'는 뜻의 글루페인(gluphein)이 합쳐진 말이다. 이집트인들은 상형문자 기호들의 효력을 전적으로 믿었기 때문에 글자 한 자 한 자에 온 정성을 쏟았다. 이집트는 삶과 상징이 하나의 실체를 이루는 세계였다.

이러한 초기 형태의 문자는 모두 그림에 뿌리를 두고 있는 것이 특징이며, '그림문자'라고 부른다. 형태가 분명한 대상은 그림문자로 표현하기가 쉽지만 추상적인 대상이나 개념은 그림문자로 표현하기가 어려웠다. 그래서 다른 문자의 소리를 빌려서 쓰기도 하고 이미 만들어져 있는 문자에 점을 첨가하여 별개의 의미나 소리를 나타내기도 하였다. 그러나 이러한 일이 진행되면서 상대방이 그 문자의 의미를 잘못 받아들이는 경우가 생겨났다. 그래서 문자의 수를 한정하는 한편 일부 그림문자는 본래의 의미와 달리 발음의 전부나 일부분을 나타내는 것으로 사용하게 되었다. 이렇게 소리를 나타내는 문자가 바로 '표음문자'이다. 초기 이집트 문자는 그림문자였으나 점차 발전하면서 의미가 아닌 소리의 기호로 바뀌기 시작했다. 전 세계 문자의 대부분은 이집트 문자에 기원을 두고 있다. [그림 1-6]에서 제시한 이집트 문자 자료의 사자와 새 모양의 형태는 어떤 의미도 가지지 않고 다만 소리의 기호일 뿐이다. 즉, 새 그림은 알파벳 'A'를 나타내고, 사자 그림은 알파벳 'L'에 해당한다.

우리의 '한글'이나 영어의 '알파벳', 일본의 '가나'는 모두 표음문자이다. 표의문자가 수없이 많은 문자를 필요로 하는 데 비해 표음문자를 불과 수십 개의 문자로 모든 것을 표현할 수 있어 효율적이다. 특히, 우리의 한글은 그림문자나 표의문자 단계를 거치지 않고 곧바로 표음문자로 구성된 독특한 문자이다. 문자는 끊임없이 변화하고 발전하게 된다.

[그림 1-6] 메소포타미아 '쐐기문자'

[그림 1-7] 이집트 '히에로글리프'

05 언어와 뇌

인간의 언어는 뇌와 밀접한 관계가 있다. 뇌의 구조를 종단적으로 살펴보면 뇌간(brain sterm), 변연계(limbic system), 대뇌피질(cerebral cortex)의 세 부분으로 나뉘어 볼 수 있다. 뇌간은 뇌의 가장 아래쪽에 위치하고 있으며 두뇌의 부위 중 가장 먼저 발달하여 수면과 생존에 필요한 기능을 통제한다. 변연계는 시상과 시상하부, 편도, 해마로 나뉘며 감정과 본능적 욕구를 조절한다. 대뇌피질은 얇은 신경조직으로 이루어져 뇌 구조 중 가장 많은 수의 뉴런과 시냅스가 있다. 인간의 대뇌 피질은 두 개의 반구로 구분되어 좌반구와 우반구로 되어 있으며 양 반구에게 정보를 서로 전달해 주고 통합하는 역할을 하는 것을 뇌량(corpus callosum)이라고 한다(이영 외, 2015).

최근에는 자기공명영상방법(fMRI)과 같은 뇌영상 기술이 발달하여 과제의 유형에 따라 뇌의 특정 부위가 활성화되는 것을 알 수 있게 되어, 언어발달을 담당하는 뇌의 부위가 대뇌피질의 좌반구임을 확인할 수 있다. 좌반구에는 앞에서 언급한 것처럼 두 개의 중요한 언어 영역인 브로카 영역과 베르니케 영역이 있다. 브로카 영역은 뇌 좌측 앞 부위에 입술과 혀를 조정하는 운동 부분 가까이에 있고, 베르니케 영역은 두뇌 좌측 뒤쪽 청각 관련 부위에 있다. 따라서 브로카 영역이 손상되면 언어 이해는 가능하지만 말을 유창하게 할 수 없는 표현적 실어증에 걸리게 된다. 한편 베르니케 영역이 손상되면 언어표현은 정상이지만 무의미하고 이해할 수 없는 말을 하면서 타인의 말을 이해하여 듣지 못하는 수용적 실어증에 걸리게 된다.

대뇌피질은 다시 네 개의 영역, 엽으로 나눌 수 있다. 즉, 후두엽, 측두엽, 두정엽, 전두엽이다. 측두엽은 청각과 언어, 두정엽은 공간지각, 전두엽은 고차적인 인간 정신 기능을 담당한다. 이 중에서 언어를 관장하는 전두엽은 언어발달이 활발해지는 1.5~2세에 일어나 영아기 후반부터 효율적으로 기능하기 시작해서 성인기까지 계속되어 가장 오랫동안 발달한다.

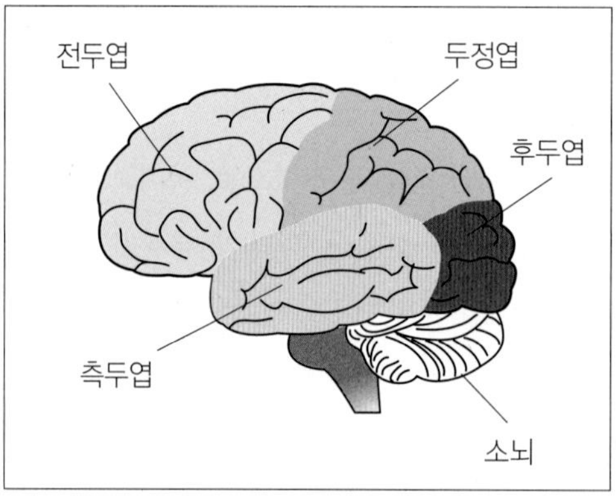

[그림 1-8] 대뇌피질의 엽

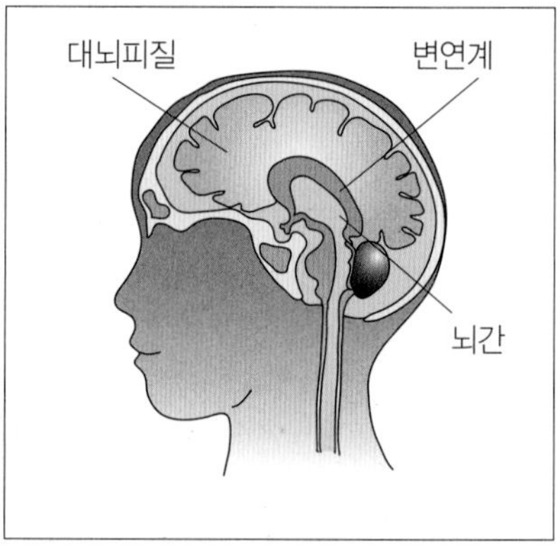

[그림 1-9] 뇌의 구조

06 우리 언어의 특성

우리는 우리말을 통해 타인의 생각을 이해하며 자신의 생각을 남에게 전달하면서 사회생활을 해 나간다. 우리말의 특징을 구어와 문어로 나누어 짚어 보기로 하자.

1) 한국말(구어)

● 우리말에는 남의 말이 많다.

중국의 한자어, 일본식 표기어, 서구계 차용어(외래어, 외국어)가 들어와 우리말은 남의 말로 심히 오염된 상태이다. 남의 말이 들어와 우리말을 비하시키고 끝내는 사어까지 만든다. 반대로 남의 말이 더 대접을 받는 실정이다.

남의 말을 쓰는 사람이 토박이말을 쓰는 사람보다 특권층이라는 우월의식을 갖게 되면 주체성을 상실하여 표리부동의 사고구조가 생기게 되고 우리의 생각의 틀에 영향을 미친다. 국어 순화를 해야 하는 이유가 바로 여기에 있다.

● 존대어가 세계 어느 나라 말보다도 발달되어 있는 언어이다.

웃어른께 '밥'이란 말 대신에 '진지'라는 말을, '먹다'라는 동사 대신에 '잡수시다', '나'가 아닌 '저'라는 말을 써서 자신을 낮춘다. 이처럼 우리말의 존대어는 명사, 동사, 조사, 접미사 또한 인칭대명사에도 발달되어 있다.

● 우리말은 다른 언어보다 인칭대명사의 여러 형태가 있는 언어이다.

외래어의 유입으로 여러 종류의 다른 형태들의 인칭대명사가 상황에 따라 달리 쓰이고 있다(예 당신, 그대, 자기, 이녁, 여, 미스, 미즈, 유 등).

● 우리말은 감각어가 풍부하다.

육감을 통해 받아들인 자극을 뜻하는 어휘가 발달되어 있다. 다음의 예는 감각어의 다양성을 잘 나타내 준다.

- 맛: 달다, 달콤하다, 달짝지근하다 등.
- 색: 노랗다, 싯노랗다, 노르끄름하다, 노르끼리하다, 샛노랗다 등.
- 기온: 춥다, 차다, 싸늘하다, 써늘하다, 서늘하다, 썬들하다, 시원하다 등.
- 공감각어: 높은 소리, 가벼운 소리, 싸늘한 소리, 구수한 소리 등.

◎ 상징어가 많이 쓰인다.

미세한 감정적 의미를 동반한 표현의 다양성을 보여 주는 어휘가 많다(예 깡충깡충, 껑청껑청, 껑충껑충).

◎ 국어는 중요한 부문을 문장의 맨 뒤에 놓는 어순의 문장을 사용한다.

중요한 부문이 문장의 맨 뒤에 놓는 어순을 가진 우리말의 특징으로 청자는 화자가 무엇을 말하는지 처음부터 긴장 속에서 주의 깊게 듣지 않으면 안 된다. 이러한 국어 어순은 청자를 끝까지 잡아둘 수 있다는 장점이 있으나, 비판적 사고를 할 기회를 박탈당하게 된다.

◎ 우리말은 영어나 중국어와는 달리 문법적 언어라고 말할 수 있다.

형태소가 본래의 의미를 가진 채 다른 요소와 결합하여 새로운 복합어나 파생어를 만들어 가는 성질을 말한다(예 눈+물 → 눈물(○), eye+water → eye water(×), tear(○)).

◎ 우리말은 서술어 중심 언어이다.

우리말의 대화에서 주어는 거의 생략되고 서술어가 중심이 되어 직관적, 현상학적 표현방식을 띠게 된다.

◎ 우리말은 피동이 발달되어 있지 않다.

국어는 피동표현이 발달되어 있지 않으며 극히 제한적으로 쓰인다. 국어의 피동은 상황의존성(예 철수의 옷이 못에 걸렸다.)이 두드러지며, 엄밀히는 피동문으로 보기가 어렵다(정정덕, 1994).

2) 한글(문어)

이 세상에는 약 300종이 넘는 많은 글자가 있다. 우리가 사용하는 한글도 이 글자 중 하나이다. 한글의 자음자와 모음자는 기본 자모자 24자(자음자 14자, 모음자 10자)와 그 기본 자모자들을 이용해 만든 복합 자모자 16자(자음자 5자, 모음자 11자)로 구성되어 있다. 국어사전에서는 기본 자모자와 복합 자모자를 구분하지 않고 다음과 같은 순서로 단어들을 배열하고 있다. 이들 자모자의 순서를 '가나다순'이라고 부른다. 이처럼 한글은 'ㄱ'과 'ㄴ'과 같은 각각의 문자는 어떠한 의미도 가지고 있지 않지만 이를 조합하여 무한대의 단어를 만들 수 있는 표음문자이다. 특히, 한글은 모음과 자음의 체계가 과학적이어서 글자와 말소리의 관계를 쉽게 이해할 수 있다.

〈자음자〉

ㄱ	ㄲ	ㄴ	ㄷ	ㄸ	ㄹ	ㅁ	ㅂ	ㅃ	
기역	(쌍기역)	니은	디귿	(쌍디귿)	리을	미음	비읍	(쌍비읍)	
ㅅ	ㅆ	ㅇ	ㅈ	ㅉ	ㅊ	ㅋ	ㅌ	ㅍ	ㅎ
시옷	(쌍시옷)	이응	지읒	(쌍지읒)	치읓	키읔	티읕	피읖	히읗

(　　)는 복합 자음자 5개

〈모음자〉

ㅏ	ㅐ	ㅑ	ㅒ	ㅓ	ㅔ	ㅕ	ㅖ	ㅗ	ㅘ	
(아)	애	(야)	얘	(어)	에	(여)	예	(오)	와	
ㅙ	ㅚ	ㅛ	ㅜ	ㅝ	ㅞ	ㅟ	ㅠ	ㅡ	ㅢ	ㅣ
왜	외	(요)	(우)	(워)	웨	위	(유)	(으)	의	(이)

(　　)는 기본 자음자 10개

단원 평가

[문항 1] 우리말은 (　　　　　)문자이면서 동시에 (　　　　　)문자이다.

① 표음–음절　② 표음– 형태소　③ 그림–음절　④ 표의–음소

[문항 2] 5세반 교사와 유아의 대화이다. 다음 밑줄 친 부분에서 교사가 강조하는 언어의 구조는 무엇인가? (　　)

① 음소　② 형태소　③ 단어　④ 음절

> 교사: (승우가 쓴 글자를 한 자 한 자 짚어 가며 소리 내어 읽어 준다.)
> <u>세, 이, 스, 모, 사, 우, 루, 스,</u> 그런데 승우야 네 이름에도 '우'가 있지 않니?

[문항 3] 음성언어와 문자언어 발달에 대한 설명으로 적절하지 않은 것은? (　　)

① 초기 형태의 문자들은 모두 다 그림에 뿌리를 두고 있다.

② 우리의 한글은 그림문자나 표의문자 단계를 거치지 않고 곧바로 표음문자로 구성된 독특한 문자이다.

③ 언어의 생물학적 기초에 관심을 갖고 연구한 대표적인 인물은 19세기 외과의사 브로카(Broca)다.

④ 우리말은 피동이 발달되어 있다.

〈직무수행 능력평가 1〉

1. 평가 개요

- 성취기준: 음성언어와 문자언어의 발전 과정에 대해 설명할 수 있다.
- 성취수준: 상– 음성언어와 문자언어의 발전 과정을 실례를 들어 설명한다.
  중– 음성언어와 문자언어의 발전 과정을 설명한다.
  하– 음성언어와 문자언어의 발전 과정을 부분적으로 설명한다.
- 문항형태: 서술형

2. 평가문항: 음성언어과 문자언어의 발전 과정에 대해 서술하시오.

〈직무수행 능력평가 2〉

1. 평가 개요

- 성취기준: 언어의 구조, 기능에 대해 설명할 수 있다.
- 성취수준: 상– 언어의 구조와 기능을 요소별로 목록화하여 설명한다.
  중– 언어의 구조와 기능을 이해하여 설명한다.
  하– 언어의 구조와 기능을 부분적으로 설명한다.
- 문항형태: 구술형

2. 평가문항: 언어의 구조와 기능에 대해 자신의 말로 설명하시오.

출처: 한국직업능력개발원(2014). 성취기준에 근거한 전문교과 수행평가 매뉴얼.

〈정답〉

- 단원평가: 문항 1: ① 문항 2: ④ 문항 3: ④
- 직무수행평가 1: 언어의 구조(음소, 형태소, 단어와 문자, 음절)와 언어의 기능(도구적, 조절적, 상호작용적, 개인적, 발견적, 상상적, 표상적 기능)을 예를 들어 설명한다.
- 직무수행평가 2: 고대에서 근대, 현대에 이르기까지의 음성언어 발달과 문자언어의 기원이 그림에 뿌리를 두고 있고 표음문자로 발달해 가는 과정을 실례를 들어 서술한다.

제 2 장

언어발달

영유아의 언어발달을 음성언어와 문자언어로 나누어 살펴볼 수 있다. 영유아의 연령별 음성언어와 문자언어 발달 과정에서 나타나는 현상과 특성을 파악할 수 있는 능력을 기를 수 있도록 구성하였다. 또한, 영유아의 발달적 특징을 알아봄으로써 언어지도에 대한 기초적 지식과 적절한 지도방향을 구성하고자 한다.

교육 목표

- 영유아의 음성언어의 연령별 발달 특징에 대해 설명할 수 있다.
- 영유아의 언어발달의 개인차에 대한 견해를 말할 수 있다.
- 영유아의 문자언어 발달 특징에 대해 설명할 수 있다.

01 음성언어 발달

영유아의 언어발달은 개인차는 있지만 비슷한 순서에 따라 진행된다. 신생아가 가슴을 들고 옆으로 구르고, 혼자 앉고, 서고 걷는 운동 발달 현상에서 개인차는 있지만 누구나 거치는 발달단계처럼 언어발달도 일정한 순서로 발달하게 된다. 영유아기에 나타나는 언어발달 현상을 정리해 보면 〈표 2-1〉과 같다.

〈표 2-1〉 영유아기의 언어발달

구분	발달현상	특징 및 시기
언어 이전	울음	• 미분화된 울음에서 분화된 울음으로 변화 • 출생 직후 시작
	미소와 웃음	• 진정한 미소는 6개월 이후 나타남 • 웃음은 인지적 발달 수준을 나타내는 척도 • 출생 후
	쿠잉	• 모음소리 • 출생 3주
	옹알이	• 음절의 반복 • 발성연습 및 사회적 상호작용 • 6~8개월
	몸짓	• 단어표현 미숙으로 몸짓으로 표현 • 사회적으로 통용되는 몸짓은 12개월 이후
언어기	한 단어기	• 단어의 표현은 문장의 역할을 함 • 과잉확대, 과잉축소 현상이 나타남 • 만 1세 이후
	두 단어기	• 두 단어가 문장의 역할을 함 • 주축문법과 전보식 문장 사용 • 만 2세 이후
	문장기	• 다양한 문장의 형태 • 과잉일반화 현상, 부정문, 의문문이 나타남 • 만 3세 이후

1) 출생에서 생후 1년

태어나서 돌이 될 때까지 아기들의 언어발달은 어떠할까? 영아기 초기의 음성언어 발달은 영아가 소리를 가지고 놀이하며 소리를 다양하게 실험해 보는 것으로 이루어진다. 6개월이 되면 옹알이가 구체화되며 8개월에서 12개월까지 영아들은 언어에 대한 이해가 극적으로 증가하여 한 단어로 문장 전체를 의미하는 말을 하기 시작한다.

(1) 울음

영아기 의사소통의 주요 방법이다. 아동 발달 전문가들은 울음을 최소화하기 위해 양육자가 민감하게 반응할 것을 충고한다. 울음의 긍정적인 면으로 독소를 눈물로 씻어 없애고 울어서 스트레스를 풀기도 한다고 지적하지만, 영아를 계속 울도록 내버려 두는 것은 추천할 것이 못 된다. 영아가 울면 아기의 요구가 무엇인지 알아내어 충족시켜 주고 달래 주는 시도를 계속하는 것이 바람직하다(Machado, 2007). 아기가 울면 돌보는 성인들은 화가 나기도 하고 때론 안절부절못하고, 내가 이렇게 아기를 돌보지 못하나 하는 죄책감이 들기도 하며, 이런 상황으로부터 회피하고 싶은 마음도 생긴다. 그래서 아기를 성공적으로 달래고 울음을 멈추게 하면 영아나 양육자 모두가 만족감과 즐거움을 느끼게 된다.

영아 보육 프로그램에서는 영아의 울음에 대해 보육교직원들 간의 솔직한 토의가 이루어져야 한다. 울음을 최소화하고 개개인 영아의 울음 수준을 감지할 수 있는 많은 기법을 알게 되면 영아의 건강이나 발달 문제를 빨리 알아낼 수 있다.

(2) 미소와 웃음

태어난 지 며칠 되지 않은 아기가 미소 짓거나 잠을 잘 때 미소 짓는 것을 볼 수 있다. 이러한 미소(smiling)는 생리적 자극에 의한 것으로, 진정한 미소는 6개월경 양육자가 소리를 내거나 시각적, 운동적 자극을 줄 때 일어난다.

웃음(laughing)은 4개월경부터 시작되는데, 웃음을 통해 영아의 인지발달 수준을 예언하기도 한다. 영아의 웃음이 빨리 나타나면 그만큼 발달 수준이 높다는 것을 의미한다. 예를 들어, 집에서 기르는 개가 자동차 운전석에 앉아 운전대에 앞발을 올리고 있는 모습을 보고 아기가 웃는다면 이 아기는 자동차 운전에 대한 어떤 것(사람이 손으로 운전대를 움직여서 차를 운전하는 것)을 알고 있으며 자신이 알고 있는 것과 불일치한 장면을 보고 웃게 되는 것이다(Machado, 22p).

따라서 영아를 잘 돌보는 양육자는 울음의 빈도는 줄이고 미소와 웃음은 증진시킨다. 또한, 유능한 양육자는 아기에게 주의를 기울이고 상호작용하거나 재미있게 놀아줄 때와 아기가 스스로 무엇인가를 하고 있을 때 자유롭게 행동하도록 간섭하지 않아야 시점 사이의 균형을 잡을 수 있다.

(3) 쿠잉

3주가 되면 영아는 기분이 좋으면 소리를 내기 시작한다. 쿠잉은 '아'와 비슷한 모음소리인데 이때부터 아기는 말소리를 가지고 놀기 시작한다. 6개월쯤 되면 자음과 모음이 결합된 옹알이를 하게 된다.

(4) 옹알이

'마-마-마'처럼 자음과 모음을 음절로 구성하여 영아들은 옹알거리게 된다. 옹알이는 생후 6~8개월에 자주 표현하기 시작하여 생후 1년이 지나면 점차 감소하게 된다. 옹알이는 발성연습이 되므로 언어발달을 촉진시킬 뿐 아니라 부모와의 의사소통의 매개체 역할을 하는 사회적인 가치가 있다. 옹알이는 영아가 성인의 발성에 접하는 시간이 늘어나면서 상당히 증가한다.

(5) 몸짓(제스처)

9개월 된 영아는 사물을 손가락으로 가리키며 그것을 원한다는 표시로 소리를 내기도 한다. 돌이 가까워 오면서 영아는 몇 가지 사회적으로 통용되는 몸짓을 하기 시작한다. 즉, 안녕의 의미로 손을 흔든다거나 싫다는 의미로 고개를 흔들고 좀 더 정교한 표상적 몸짓으로는 안아달라고 만세를 하기도 한다. 이러한 몸짓은 말을 할 수 있게 되면서 점차 줄어들게 된다.

2) 만 1~2세

만 1세가 되면 한 단어를 사용하여 의사소통을 하며, 이 시기를 한 단어기(one-word sentence stage)라고 한다. 이 시기 동안 영아는 급속한 구어 발달을 이룩한다. 18개월까지 영아는 평균 70개의 단어를 발음할 수 있게 된다. 이때 한 단어의 표현은 문장의 역할을 한다. 예를 들어, '엄마'라고 유아가 말하면 '엄마 이리 와', '엄마 배고파', '엄마 좋아' 등 상황에 따라 다른 뜻을 나타낸다. 이 시기에 나타나는 언어적 특징으로 과잉확대와 과잉축소 현상을 들 수 있다.

- 과잉확대

  보편적으로 사용하는 의미의 범주보다 더 넓게 확대하여 단어를 사용하는 경우이다. 예를 들면, 유아는 '엄마'라고 말할 때 자신의 엄마뿐 아니라 모든 여자를 지칭하는 것을 볼 수 있는데 이것이 과잉확대 현상이다.

- 과잉축소

  단어의 의미를 한정적으로 축소시켜 말하는 과정을 의미한다. 예를 들면, 유아가 '빵'이라고 말할 때 일반적인 모든 종류의 빵이 아니라 자신이 좋아하는 특정 빵을 의미하는 경우가 과잉축소 현상이다.

3) 만 2~3세

만 2~3세 동안은 언어발달에서 가장 극적인 변화의 시기이다. 유아의 구어적 어휘는 300개에서 1,000개까지 늘어난다. 사용할 수 없지만 유아가 이해할 수 있는 부가적 단어도 2,000개에서 3,000개에 달하게 된다. 만 2세경이 되면 두 단어가 사용되며 두 개의 단어가 연결되어 문장의 역할을 하게 된다. 그래서 이 시기를 두 단어기(two-word sentence stage)라고 한다. 즉, '엄마 우유', '아빠 까까 줘'와 같은 두 개 혹은 세 개로 된 전보식 문장을 사용하고 기능적 단어(대명사, 접속사, 전치사, 관사, 수동태)를 생략하기도 한다. 이와 같은 유아의 언어표현 규칙에 대해서는 여러 가지 해석이 있다. 대표적인 견해는 전보식 문장과 주축문법으로 해석하는 것이다.

이 시기 유아는 새로운 단어를 반복하거나 엉뚱한 단어를 만들어 내는 언어 놀이를 하면서 운율, 언어의 패턴, 반복을 즐긴다. 유아는 언어 능력이 성장해 가면서 자신감을 획득하게 된다.

- 전보식 문장

  전보와 같이 핵심단어(명사, 형용사, 부사 등)를 제외한 전치사, 조사, 조동사 등을 생략한 표현을 말한다.

- 주축문법

  유아가 사용하는 두세 개의 단어, '엄마 바지', '엄마 우유', '엄마 까까', '엄마 미워' 등을 보면 어떤 규칙에 의해 결합하고 있다는 것을 알 수 있다. 이때 공통적으로 사용한 단어인 엄마는 주축어(pivot word)이고 주축어와 함께 사용되는 단어들은 개방어(open word)라고 한다. 이때 유아는 근간이 되는 주축어를 먼저 선택하고 여기에 맞는 개방어를 덧붙여 사용한다.

단어 발달

유아가 가장 많이 사용하고 처음 습득하는 단어는 명사이다. 초기 영아가 사용하는 단어의 의미는 성인이 사용하는 단어의 의미와는 차이를 보이는데 이러한 현상을 '과잉확대', '과잉축소'라고 한다. 50개 단어 획득 이전에는 1개월에 평균 8~11개 단어를 획득하다가 50개 단어 획득 시점 이후에는 1개월에 22~37개의 단어를 알게 됨으로써 단어 습득의 속도가 증가하게 된다. 이러한 현상을 단어급등, 단어폭발이라고 한다(성미영 외, 2015).

유아는 단어의 수평적, 수직적 의미를 경험함으로써 단어를 학습하게 된다. 수평적 발달은 자신이 사용한 단어의 의미에 새로운 속성을 덧붙여 나가는 현상을 의미하는 것이다. 예를 들면, 호랑이는 동물의 한 종류일 뿐 아니라 무서운 사람을 지칭하기도 한다는 것을 알게 되어 한 단어에 대한 의미를 더욱 명확하게 알아 가는 과정이라고 할 수 있다. 수직적 발달은 단어군, 의미적 집합을 이루는 관련 단어들을 알게 되는 것으로, 호랑이를 알게 되면 유사한 속성을 가진 사자, 치타 등의 단어를 의미상으로 그룹 짓는 것을 의미한다.

4) 만 3세

어휘와 문장구조에 대한 지식은 빠른 속도로 발달해 간다. 만 3세경이 되면 유아는 부정문이나 복수형에 대한 개념이 형성되어, '아니', '싫어'와 같은 부정적 의미의 문장을 많이 사용한다. 또한, 유아가 하는 말은 점차 길어지고 정교해져서 성인이 사용하는 문장과 점차 유사한 체계를 갖추게 되며, 이 시기를 문장기(sentence stage)라고 한다. 문장기에 나타나는 현상으로 과잉일반화 현상을 들 수 있다.

- 과잉일반화 현상

  문법 습득 과정에서 자신이 알고 있는 규칙을 다른 곳에도 적용하여 사용하는 현상으로, 과잉규칙화라고도 부른다. 예를 들면, '-이'라는 말이 주격조사로 사용된다는 것을 알면 이 문법 규칙에 얽매여서 '선생님이가'라고 사용하게 되는데 이런 현상을 이 시기 유아에게서 흔히 볼 수 있다.

문법발달

전보식 문장이나 주축문법을 사용하기 시작하면서 유아는 점차 문법적 형태소를 추가하게 된다. 따라서 유아는 긍정적 서술문 위주의 문장을 산출하다가 점차 부정문, 의문문이 발달하게 된다.

〈부정문〉

부정문은 부재(없어), 거부(싫어), 부정(아니야), 금지(안 돼), 무능(못)의 형태가 있다. 이 중에서 영유아는 부정적인 개념을 표현할 때 '안 ~' 형태를 가장 많이 사용한다.

예를 들어, '난 안 밥 먹었어(난 밥 안 먹었어)' 등의 표현을 사용한다. 이때 '안'을 사용하는 부정문은 2~3세 초반에는 부정형태소의 바른 배치와 바르지 않은 배치를 혼합하여 사용하다가 점차 바른 배치가 나타난다. 연령이 증가함에 따라 '안'의 부정문은 감소하고 '못'을 동사나 형용사 앞에 두어 사용하는 부정문이 증가하는데, 이런 형태의 부정문은 발달상 5세 이후에 나타난다.

〈유아가 사용하는 부정문의 유형〉

범주	성인	유아
부재(non-existence)	아빠 담배 어디 있니? 아가 어디 있니?	아빠, 담배 없다. 아가, 없다.
거부(rejection)	혜진아 이리와. 은영이 몇 살이야? 말 탈래?	싫어. 몰라. 안 탈래.
부정(denial)	승화야 빵 맛있니? 송아지야 어디해봐?	아니. 송아지 아니야.
금지(inhibition)	세수 안 해? 빵 안 먹어?	비누칠 하지 마. 다 먹지 마.
무능(inability)	자전거 탈 줄 아니?	못 잘 타.

출처: 이경화(1994).

〈의문문〉

초기의 의문문은 '예' 또는 '아니오' 로 대답할 수 있는 의문문을 사용한다. 처음에는 문장의 마지막 단어의 억양을 올려서 표현하다가, 의문형 어미(예: ~니? ~까?)를 사용하게 된다. 의문사(왜, 언제, 어디, 무엇, 어떻게, 왜)의 발달은 '무엇'과 '어디'가 가장 일찍 나타나며, 시간개념에 관한 '언제'를 가장 늦게 습득하게 된다. 또한, 확인부가 의문문을 사용하는데, 유아는 자신이 한 말에 확인조로 물어보는 문장을 많이 사용한다. 예를 들어, '이 장난감 멋있어, 그렇지?' 등으로 표현한다.

5) 만 4세 이후

4세경이 되면 문법발달이 상당히 진행된다. 먼저 다양한 복문을 사용할 수 있게 된다. 복문은 문장 내에 하나 이상의 절을 포함하는 것으로 부정문이나 의문문과 같은 문장 형태가 발달한 이후에 진행된다. 복문을 자유롭게 사용하기 시작하면서 성인과 유사한 문장으로 표현하게 된다. 또한, 부사, 형용사의 사용과 어간에 붙이는 어미를 달리함으로써 문장을 변형시킬 수 있어서, 성인이 사용하는 언어의 모든 요소를 습득한 것처럼 보인다. 즉, 언어를 생성하고 기본적인 규칙을 적용할 수 있게 되어, 자신이 무엇을 하고 있는지에 대한 이야기를 할 수 있게 된다. 또한, 4세 유아는 자신보다 어린 유아에게 설명을 할 때는 짧은 문장을 성인에게 설명할 때는 복잡한 문장으로 더 예의바르게 이야기한다.

5세 유아의 발음은 성인과 거의 비슷하며, 차례를 지켜 대화하는 법을 알게 된다. 새롭고 재미있는 정보를 담고 있는 이야기에 주의를 기울이게 된다. 6세경이 되면 대부분 문법에 숙달하게 된다.

6) 언어발달에서의 개인차

영유아의 발달 과정에서 개인마다 단어 및 문법 습득의 속도에서 차이가 있다. 유아의 언어발달 수준을 측정하기 위한 하나의 지표로서 문장의 길이를 알아보는 평균 발화길이(Mean Length of Utterance: MLU)가 흔히 사용된다. MLU는 유아가 사용하는 전체 형태소의 개수를 문장 수로 나누어 계산한다. 브라운(1973)은 MLU척도를 사용하여 유아의 언어발달 단계를 5단계로 다음과 같이 구분하였다(김영옥 외, 2011).

〈표 2-2〉 발화 길이에 따른 언어발달 단계

단계	MLU	특성
1	2.0 이하	유아는 가끔 형태소를 결합하기 시작하여 두 단어를 조합한다. 이 시기 언어는 전보식 표현으로 기능어가 생략되어 있다. '엄마 물', '아빠 빠이빠이'와 같이 의사소통을 위한 필수적인 단어만이 사용된다.
2	2.5 이하	아직도 전보식 표현이기는 하지만 성인 언어의 기본이 되는 주어-동사-목적어 형식의 세 단어 문장을 사용하고 관사, 전치사 등을 사용하고 관사, 전치사 등을 사용하는 어형변화가 나타난다. 또 불규칙 동사에 규칙동사를 적용하는 과잉일반화 현상이 나타난다.
3	3.0 이하	어휘의 수가 증가하고 문법의 법칙을 보다 정확하게 사용할 수 있다. 간단한 의문문을 사용할 수 있으며, 부정문과 수동형의 문장도 나타난다.
4	3.5 이하	
5	4.0 이하	두 개 이상의 문장이 '그리고' 등 종속절에 의해 연결되는 복잡한 구문을 쓸 수 있게 된다.

언어발달의 개인차에 대해서는 유전적 요인과 환경적 영향으로 설명할 수 있다.

유전적 요인으로 설명할 수 있는 것은 언어습득의 생득설에 의거하여 언어처리 양식의 효율성에서 차이가 있음을 의미한다. 부모의 지능과 영아의 의사소통 기술 발달 속도의 상관이 있다는 연구는 언어발달에 유전이 영향을 주었음을 시사하기도 한다. 그 외에도 기질에 따라 언어발달에 영향을 미치기도 하는데, 외향적 기질은 타인에 대한 반응도나 자신의 표현 능력이 앞서기도 한다.

반면, 환경적 요인이란 유아에게 이야기를 더 많이 해 주거나, 책을 자주 읽어 주고 자녀로 하여금 말을 많이 할 수 있도록 자극하고 반응해 주는 것을 의미한다. 양육자가 이야기를 자주 해 줄 때 유아는 새로운 단어, 문장의 구조를 배우며 잘못된 언어 구사를 수정할 수 있다. 그러나 발달 초기인 5세 미만의 유아의 언어발달 속도, 즉 복잡한 문장을 빨리 말할 수 있다는 것 혹은 말을 느리게 배우는 것은 5~6세 이후가 되면 별 상관이 없어지게 된다(권민균 외, 2005).

02 문자언어 발달

과거에는 글자를 해독할 수 있는 공식적인 읽기와 쓰기를 중요하게 여겼기 때문에 유아의 읽기와 쓰기는 문식 이전의 단계(preliteracy stage)로 생각하였다. 문식 혹은 문해(literacy)란 읽기와 쓰기를 모두 포괄하여 할 수 있다는 것을 의미한다. 최근 연구들은, 읽기와 쓰기는 말하기와 듣기와 마찬가지로 출생 직후부터 점진적으로 발달한다고 보고 있다. 이러한 경향은 읽기 준비도를 주장하는 발달론자들의 견해와 발생적 문식성을 주장하는 최근의 견해로 나누어 설명할 수 있다.

1) 읽기 준비도

유아의 자연적 전개(unfold)를 믿는 성숙주의자들은 유아가 읽을 준비가 되어야 읽기를 배울 수 있다고 믿었다. 즉, 유아에게 형식적으로 읽기를 가르치기 전에 성숙이 필요하다고 생각하면서 한편으로는 성숙 때까지 기다리는 것이 초조해지기도 했다. 이러한 경향으로 '읽기 준비도'라는 형식적 프로그램이 나오게 되었다. 읽기 준비도 프로그램은 사회 · 정서 · 인지 · 신체적 능력으로서 읽을 준비를 시키는 것이며, 읽기 준비도 검사를 통해 유아가 준비되었는지 아닌지를 판별하게 되었다. 읽기 준비도 견해를 따른 프로그램에서는 사회 · 정서 · 인지 · 신체적 발달을 격려하는 교수 활동을 진행하였다.

읽기 준비도 프로그램에서 인지발달은 읽기 준비를 위한 시각 및 청각적 변별력을 기르는 것이다. 이런 목적으로 유아를 시각 및 청각 변별 활동에 참여시킨다. 시각 변별 활동은 그림과 형태의 유사점과 차이점을 찾는 활동으로 구성되어 있는데, 예를 들어 그림 변별 활동은 여러 꽃 그림 중 다른 꽃 그림을 찾아보게 하거나, 색깔을 변별하기 위해 연습지에 특정 색으로 색칠해 보기나, 같은 색깔끼리 모아보는 활동을 말한다. 모양 변별 활동은 정사각형, 직사각형, 삼각형, 동그라미 중에서 같은 모양이나 다른 모양을 찾는 것이다. 이런 변별 활동을 한 이후에 읽기를 위해 왼쪽에서 오른쪽으로 눈을 진행시키는 것을 가르친다. 청각 변별은 청각적 해독 기술을 배우기 위한 준비이다. 예를 들어, 소리와 글자를 연결하기 위해 들려주는 각운의 소리와 같은 그림 카드를 찾게 하는 활동이 청각적 변별에 해당된다. 신체발달은 대근육과 소근육 발달을 문해의 요인으로 보았다. 소근육 협응을 발달시키기 위해 점토나 목공 놀이, 색칠하기, 선 따라 그리기 등의 활동을 하였다. 정서발달은 읽기에 대한 정서와 태도의 영향이 중요하다. 특히, 영유아의 책에 대한 흥미와 책을 읽으려는 동기유발이 필요하다.

읽기 준비도 개념의 문제점은 형식적 학교교육이 시작되기 전에는 문해에 대해 유아는 아무것도 모른다는 가정 하에서 읽기에 대한 준비를 위해 교수 프로그램이 필요하다고 생각하는 점이다. 또한, 읽기 준비도 프로그램의 교수는 전체적인 읽기 활동과는 거리가 먼 추상적인 활동으로 이루어진다. 따라서 읽기 준비도 기술이 발달되지 않은 유아가 읽기를 할 수도 있고, 반대로 읽기 준비도가 잘된 유아가 읽기를 배우는 데 어려움을 겪기도 한다.

2) 발생적 문식성

발생적 문식성(emergent literacy)의 개념은 클레이(1966)에 의해 처음 사용되었다. 이 개념은 읽기와 쓰기에 대한 지식은 아주 어린 시기부터 획득하기 시작하는데, 즉 출생 후부터 문식성 발달은 시작되어 계속 진행되는 것으로 본다. 모든 연령대의 유아는 기술이 완전히 발달하고 성숙된 읽기나 쓰기를 할 수 있는 관습적이지는 않지만 어떤 형태로든 문식성 기술을 가지고 있다. 또한, 듣기, 말하기, 읽기, 쓰기는 순차적으로 발달하는 것이 아니라 거의 동시에 통합적으로 상호 연관되어 발달하므로 어릴 때부터 풍부한 언어 환경을 마련해 주어 언어발달이 자연스럽게 이루어지도록 해야 한다는 점을 강조한다. 발생적 문식성을 정리해 보면 다음과 같다.

첫째, 발생적 문식성은 유아 중심적이며, 직접적 기술 지도보다는 문제 해결 방식의 접근이다. 즉, 이 접근은 유아의 약점보다는 강점에 초점을 두고 특별한 요구를 가진 유아에게 민감하다. 따라서 어떤 문식성 발달 수준의 유아도 수용가능하며 개인별 요구에 기초한 언어 교수 프로그램을 제공한다.

둘째, 발생적 문식성 접근은 유아의 문식성 발달에서 문식성이 풍부한 환경의 제공이 중요한 요소임을 시사하고 있다. 유아는 문식성이 풍부한, 즉 문자가 풍부한 환경에서 문자와 상호작용할 수 있는 기회를 많이 가지게 되면 자연스럽게 읽기와 쓰기에 관심을 가지게 되고 문식성이 발달하게 된다는 것이다.

3) 문자언어의 발달

문자언어의 발달은 읽기와 쓰기의 발달을 의미한다. 읽기는 글에서 의미를 구성하는 복잡한 인지과정을 필요로 하는 인지적 활동이다. 읽기의 과정은 시각적으로 제시된 글자를 부호화하여 말소리로 바꾸는 해독과 단어나 문장에서 의미를 탐색하는 이해로 구분된다.

영유아의 읽기 행동에 대한 Jalongo(2000)의 연구에 의하면 영유아는 다음의 단계를 거쳐 책을 읽는다고 한다.

1단계: 책이 무엇인지 이해한다.

영아는 책과 장난감을 구분한다. 책을 잠깐 보다가 다른 것에 흥미가 생기면 곧 멈춘다. 양육자는 다양한 감각적 경험을 제공할 수 있는 내구성 있는 책을 제공하여 책에 대한 경험을 하도록 하는 것이 좋다.

*『농장 나들이 가자』(프란체스카 페리 지음/이다희 옮김/비룡소/2006)

[그림 2-1] 영아를 위한 책

2단계: 책의 기능을 이해한다.

2~3세경이 되면 책의 기능에 대해 학습하기 시작한다. 책을 보며 '가리키기-말하기-연결하기' 행동을 보인다. 책을 읽을 때 그림 속의 사물을 가리킨 후 그 사물의 이름을 말하고 사물과 자신의 경험을 연결시킨다. 줄거리가 간단한 이야기를 즐기며, 잠자기 전에 책을 읽어 주는 것을 좋아한다.

3단계: 청취자와 참여자가 된다.

3세 이후가 되면 청취자의 역할에 대해 더 많은 것을 알게 된다. 함께 책 보기를 할 때 책이 활동의 초점임을 깨닫는다. 그러나 이전 단계와 마찬가지로 실제로 책 속의 글을 읽는 것보다 책에 대해 더 많이 이야기한다. 부모와의 대화는 이야기 이해를 돕기 위한 해설, 영유아가 자기 경험과 이야기를 연결시켜 말하거나 개념을 명확히 하기 위해 질문하는 것 등으로 이루어진다. 흔히 같은 이야기를 반복해서 들려달라고 요청하여 특정 단어나 구절을 반복해서 말한다. 성인의 입장에서는 같은 이야기를 들려주는 것이 귀찮지만 모든 단어가 익숙해질 때까지 이야기를 반복해서 경험하게 하는 것은 영유아가 읽기를 학습하는 데 매우 큰 영향을 끼친다. 책을 물리적으로 통제하는 법을 알게 되고 혼자서도 책을 볼 수 있게 된다. 자기가 좋아하고 익숙한 이야기책의 그림을 단서로 하여 외워서 읽는다.

4단계: 그림책에 맞추어 이야기를 꾸민다.

책을 성인과 함께가 아닌 혼자서 보려고 한다. 자기가 좋아하는 이야기책이 몇 권 생기게 된다. 문어적으로 이야기를 말하게 된다. 책을 읽을 때 이야기 속에 있는 실제 단어와 구절 몇 개를 말한다.

5단계: 글자, 의미, 이야기 지식에 초점을 둔다.

책은 읽을 때마다 이야기 내용이 똑같다는 것을 깨닫게 된다. 또한, 그 이유가 책을 읽을 때 그림을 보고 읽는 것이 아니라 글을 보고 읽기 때문이라는 것도 이해한다. 그러므로 책을 읽기 위해서는 글자를 보아야 하고 단어와 연결시켜야 한다는 것을 안다. 이 시기에는 단어에 대한 지식이 점진적으로 발달한다. 단어가 책의 맥락에 맞지 않으면 스스로 고쳐 읽기도 한다.

6단계: 단어의 형태와 소리-글자 관계에 초점을 둔다.

자신이 아는 철자, 단어, 소리를 사용하여 책 속의 글을 정확한 단어로 읽으려고 노력한다. 이 단계의 유아는 성인의 읽기가 엄밀한 해독에 의한 것임을 이해하므로 읽기 흉내 내기는 하지 않으려고 한다. 때로는 맥락상 의미가 통하지 않더라도 모르는 단어를 아는 단어로 바꿔 읽기도 한다.

7단계: 이야기와 글자에 대한 지식을 연결한다.

초등학교 1~2학년경에 이 수준에 도달하지만 훨씬 뒤에 이 수준에 도달하는 유아도 있다. 유아는 인쇄물과 상호작용할 때 자신의 모든 경험을 연결시킨다. 읽기와 관련된 정보원을 적절히 사용한다. 새로운 단어를 소리 내어 읽는 것이 바람직하다. 철자법을 발견하고 알 때까지 단어를 반복 연습한다.

한편, 메이슨과 아우(Mason & Au, 1990)는 읽기 능력은 다음과 같은 과정을 거쳐 획득된다고 하였다.

전초기 읽기 (early-reading) 0~5세	• 이 시기의 전형적인 읽기 경험은 엄마와 함께 그림책을 읽는 것이다. 이 시기 유아는 성인이 보기에 별로 재미 없을 것 같은 이야기지만 매우 즐거워하고 같은 책을 반복해서 읽어 달라고 한다. • 간접적인 경험으로 주변 성인이 무엇인가를 읽고 쓰는 것을 보게 된다. 신문을 읽는 모습, 물건 목록을 쓰는 모습, 성인의 책 읽는 모습, 가족에게 쪽지를 남기는 것, 편지 쓰기 등 읽기가 일상생활에서 중요하다는 것과 그림을 읽는 것이 아닌 글자를 읽는다는 것 등을 알게 된다. • 많은 유아가 이 기간 동안 읽기에 필요한 기초 기능이나 책 읽기에 필요한 여러 가지를 알게 된다. 또한, 상표의 글자를 읽을 수 있다는 것을 알게 된다. • 낱자와 소리를 연결 짓기도 하며 단어를 만들어내기도 한다. 형식적 읽기를 시작하기 전 발달해야 할 언어 기술이다.
형식적 초기 읽기 (formal beginning-reading) 5~8세	• 전초기 읽기 단계의 유아와 비슷한 문자언어 경험을 계속하게 된다. 즉, 가족과 책을 읽거나 친구에게 초청장을 보내기 위해 글을 쓰기도 한다. • 전초기 유아와는 달리 형식적인 읽기 지도를 받기도 하고 교재나 학습지로 글자 읽기를 배우기도 한다. 또한, 자신이 쓴 것이나 친구가 쓴 것을 다시 읽기에 사용하기도 한다. • 이 단계가 거의 끝날 무렵에는 글을 소리 내어 읽기도 하고 소리 내지 않고 읽기도 한다. 글의 내용을 어느 정도 이해하며 세부적인 내용도 이해하게 된다. 문장 속에서 수백 개의 단어를 재인할 수 있으며 독립적 혼자 읽기가 가능해진다.
성숙한 읽기 출현 (emerging mature reading) 8~11세	• 대부분의 아동이 유창하게 글을 읽을 수 있게 된다. 이 시기는 글을 읽음으로써 어떤 정보를 얻어낼 수 있다는 것을 안다. 다른 사람의 경험을 이해하기 위해 글을 읽어야 한다는 사실을 알며 글 내용에 대해 비판적 생각을 하면서 읽게 된다. • 교사는 계획적이고 구조적인 방법으로 읽기를 지도하기보다는 읽기 활동에 능동적으로 참여할 수 있는 기회를 제공하고 글의 내용을 이해할 수 있도록 도와주어야 한다. 또한, 글의 내용에서 중요한 부분과 덜 중요한 부분을 구분할 수 있는 경험도 하게 해야 한다. • 아동은 읽기를 통해 새로운 지식을 얻어내는 방법을 개발하게 되며 즐기기 위해 여러 장르의 책을 읽게 된다.

발생적 문식성 관점이 소개되면서 쓰기 과정에 대한 이해를 새롭게 하고 있다. 아주 어린 시기부터 영유아는 자신의 요구와 흥미에 맞는 다양한 형태의 쓰기를 시도해 본다. 그래서 문자언어 발달에서 초기 읽기와 쓰기는 동시에 나타난다. 영유아의 초기 쓰기는 일상생활의 경험을 통해 습득되므로 문식성이 풍부한 환경의 제공이

중요하다.

쓰기는 쓰고자 하는 내용을 생각해 내는 것과 생각해 낸 것을 문자로 표기하는 과정이 모두 포함된다. 한국 유아들을 대상으로 유아의 쓰기 발달에 관한 연구(이영자 등, 1985)에 의하면 다음과 같은 쓰기 발달단계를 거친다.

1단계: 끼적거리는 단계

하위 1단계 – 글자의 형태는 나타나지 않았으나 세로선이 나타난 것

하위 2단계 – 글자의 형태는 나타나지 않았으나 가로선이 나타난 것

2단계: 한두 개의 자형이 우연히 나타나는 단계

3단계: 한두 개의 자형이 의도적으로 나타나는 단계

4단계: 글자의 형태가 나타나고 가끔 자모음의 방향을 틀리는 단계

하위 1단계 – 완전한 글자 형태가 나타났으나 획순이 틀린 것

하위 2단계 – 완전한 글자 형태가 나타나고 획순이 정확한 것

5단계: 단어 쓰기 단계(부분적으로 틀린 단계에서 틀린 글자 없이 완전한 단계)

하위 1단계 – 완전한 단어 형태가 나타났으나 획순이 틀린 것

하위 2단계 – 완전한 단어 형태가 나타났으나 획순이 정확한 것

6단계: 문장 쓰기 단계

하위 1단계 – 문장의 형태가 나타났으나 부분적으로 틀린 것

하위 2단계 – 틀린 글자 없이 완전한 문장 형태가 나타나는 것

단원 평가

[문항 1] 다음 중 발생적 문식성에 대한 설명으로 맞지 않는 것은? (　　)

① 모든 연령대는 어떤 형태로든 문식성 기술을 가지고 있다.
② 개인별 요구에 기초한 언어 교수 프로그램을 제공한다.
③ 문식성이 풍부한 환경의 제공이 중요하다.
④ 유아들의 약점에 초점을 둔다

[문항 2] 연령별 언어발달에 대한 설명으로 적절하지 않은 것은? (　　)

① 6개월이 되면 옹알이가 구체화된다.
② 18개월까지 영아들은 평균 70개의 단어를 발음할 수 있게 된다.
③ 3세가 되면 주축문법이나 전보식 문장을 사용한다.
④ 4~5세경에는 부사, 형용사의 사용과 어간에 붙이는 어미를 달리함으로써 문장을 변형시킬 수 있다.

[문항 3] 다음의 대화에서 알 수 있는 언어발달 현상에 해당하는 번호를 쓰시오. (　　)

> 텃밭 작물 수확 후 장터를 열기로 하고 광고지 제작에 관련된 유아들과의 토의활동 일부이다.
> 교사: (소쿠리에 당근을 들어 보이며) 이 당근은 얼마에 팔면 좋을까요?
> 유정: 그거 당근 아니에요.
> 교사: 유정이는 왜 이걸 당근이 아니라고 생각하니?
> 유정: <u>엄마랑 같이 산 당근은 이파리가 없어요. 이건 이파리가 있잖아요. 그러니까 당근 아니야.</u>

① 과잉일반화 현상　② 과잉확대 현상　③ 과잉축소 현상　④ 주축문법 현상

[문항 4] 다음 보기는 유아기에 자주 보이는 문법발달의 특징이다. 이를 설명하는 용어는 무엇인가? (　　)

> 호연(만 3세): 민들레가 있어요. <u>벚꽃이가</u> 있어요.

① 과잉일반화 현상　② 과잉확대 현상　③ 과잉축소 현상　④ 주축문법 현상

〈직무수행 능력평가〉

1. 평가 개요
- 성취기준: 과잉확대와 과잉축소에 대해 설명할 수 있다.
- 성취수준: 상– 과잉확대와 과잉축소를 정의하고 구체적 실례를 들어 설명한다.
  중– 과잉확대와 과잉축소를 이해하여 설명한다.
  하– 과잉확대와 과잉축소를 부분적으로 이해하여 설명한다.

2. 문항형태: 구술형

3. 평가문항: 유아의 언어발달 과정에서 과잉확대와 과잉축소를 예를 들어 설명하시오.

〈정답〉
- 단원평가: 문항 1: ④ 문항 2: ③ 문항 3: ③ 문항 4: ①
- 직무수행평가: 유아의 언어발달에서 과잉확대와 과잉축소는 유아기 초기에 단어 의미 획득 과정에서 나타나는 현상으로 처음 사용한 단어들을 성인의 적용 범위 이상으로 확대시키거나 축소시켜 사용하는 것을 의미한다. 과잉확대의 예로는 '강아지'라는 단어를 고양이나 호랑이 또는 네 발 달린 짐승을 지칭할 경우이며, 과잉축소의 예로는 '고양이'라는 단어를 자기 고양이만의 이름으로 사용하고 다른 고양이는 '고양이'라고 하지 않으려는 경우를 들 수 있다.

제 3 장

언어습득이론

이 장은 영유아의 언어발달에 대한 이론적 견해들을 소개한다. 아이가 출생해서 어떻게 언어를 배우는지에 대한 이론은 실제 유아교육 현장의 언어지도를 하는 교사의 행동에 영향을 미치게 된다. 언어발달 과정에 대한 이론은 언어에 대한 지식이 없는 백지 상태에서 환경의 영향에 의해 언어를 습득한다는 행동주의 이론과 선척적인 언어 능력을 강조하는 생득주의, 그리고 언어와 사고 과정의 상호작용에 초점을 두는 구성주의 입장에 대해 살펴볼 것이다.

교육 목표

- 언어습득이론(행동주의, 생득주의, 구성주의) 특징을 설명할 수 있다.
- 언어와 인지의 관계를 설명하는 방식에 대한 구성주의 두 가지 입장을 비교하여 말할 수 있다.

아이가 태어나 성장하면서 어떻게 언어를 사용할 수 있게 되는지는 학자들마다 다양한 관점으로 본다. 대표적인 언어습득이론으로는 인간이 언어에 대한 지식이 전혀 없는 백지상태로 태어난다는 행동주의와 선천적으로 언어습득 능력을 갖고 태어난다는 생득주의, 그리고 언어의 사고 과정을 중요시하는 구성주의, 세 가지 입장이 있다.

01 행동주의

우리는 아이들이 자기 주변의 부모나 형제, 그리고 교사 등의 언어 자극을 끊임없이 모방하고 반복함으로써 언어를 배워 가는 것을 관찰할 수 있다. 1960년대를 주도하던 행동주의 학자들은 학습을 학습자의 외부환경으로부터 주어진 경험의 반복과 강화의 산물로 보듯이 언어습득도 유사한 과정을 통해서 일어난다고 보며 강화의 기능으로 이루어진다고 했다. 즉, 행동주의에서 주장하는 학습이론을 언어습득이론에도 적용한 것이다. 이들에 의하면 언어의 습득은 주위 사람들이 쓰는 언어를 모방하고 강화받은 것이 반복되어 이루어지는 기계적인 습관형성의 과정으로 본다. 대표적인 행동주의 학자들의 언어습득이론을 정리해 보면 다음과 같다.

- 유아는 일반적인 학습의 잠재 가능성을 유전적으로 가지고 태어나지만, 선천적인 언어발달 능력을 갖고 태어나지 않는다.
- 언어 학습을 포함한 인간의 행동 형성은 환경을 통해 일어난다.
- 언어를 포함한 모든 행동은 특정 자극(S)에 대하여 특정하게 반응(R)을 하는 선택적 강화를 통해 점차적으로 형성된다.
- 언어습득 과정에서 유아는 수동적 · 소극적 역할을 담당한다.

B. F. Skinner(1904~1990)

Skinner는 행동주의 선구자 중 한 사람이며, 대표적 저서로는 『*The behaivor of orgamism*』이 있다. Skinner는 관찰 가능하고 측정 가능한 행동만을 연구해야 한다고 믿었는데, 조건 형성을 통해 행동을 변화시키는 것과 행동의 과정에서 자연적인 법칙을 찾아내는 것이 주된 관심사였다.

그러나 그의 접근법은 전임자의 방법과 달랐다. 즉, Watson은 자극을 변화시켜서 어린 Albert의 행동을 점진적으로 변화시켰다. Albert에게 흰쥐에 대한 공포를 학습시키기 위해 Watson은 동일한 경험을 되풀이하였다. Albert가 흰쥐를 볼 때마다 큰 소리가 나도록 했다.

Skinner는 새로운 요소(강화)를 첨가했다. 그는 피험자들이 그가 원하는 방향으로 행동하면 보상을 주었다. 예를 들어, 동물(Skinner가 즐겨 사용한 실험동물은 쥐와 비둘기였다)을 특별한 우리에 넣고 자유롭게 탐색할 수 있도록 하여 마침내 그 동물이 벽에 있는 누름대를 누르거나 판을 쪼으면 먹이 조각이 상자 안으로 떨어지도록 한다. 점차 그 동물은 바를 누르거나 원판을 쪼면 언제나 먹이가 제공된다는 것을 학습하게 된다. 왜 그 동물은 이것을 학습하는가? 그것이 강화되고 보상을 받기 때문이다. 따라서 Skinner는 자신의 조건 형성에서 동물이 능동적인 주체가 되도록 했다.

대표적 행동주의자인 스키너(Skinner)에 의하면 행동은 어떤 행동 뒤에 잇달아 일어나는 사건에 의해 수정 · 변화한다고 보고 이전에 일어난 행동이 일어날 확률을 증가시킬 사건을 '강화'라고 부른다. 이러한 행동의 변화는 '학습' 또는 '조작적 조건화'라고 부른다. 스키너는 인간행동의 대부분은 조작적 행동이라고 본다. 택시를 부르기 위해 손을 흔들고, 개가 먹이를 달라고 식탁에서 구걸하며, 아이가 엄마의 꾸중을 듣지 않으려고 울음을 멈추는 행위를 '조작적 행동'이라고 부른다. 이러한 행위는 바라는 어떤 것을 얻거나 불쾌한 어떤 것을 회피하는 방법으로 환경에 대하여 조작하도록 설계되어 있다. 이런 조작적 행동이 어떻게 학습되는지를 설명하는 것이 '조작적 조건화'이다. 즉, 바라는 행동은 보상하고 바라지 않는 행동은 무시하거나 처벌하는 형태로 학습되는 것을 조작적 조건화라고 한다.

스키너는 언어 역시 다른 행동과 마찬가지로 조작적 조건화에 의해 학습된다고 보았다. 따라서 양육자는 유아의 언어 학습에서 강화를 제공하는 존재로서 중요한 역할을 담당하게 된다. 그는 유아가 언어를 배워 가는 방법을 다음과 같이 설명하였다.

- 맨드(mand)

맨드는 'Demand(요구)'에서 나온 것으로 유아의 요구에 대해 반응한다는 의미이다. 즉, 배고픔과 목마름, 또는 배변과 같은 요구를 호소할 때 양육자의 반응이 일어나고, 그 반응을 유아가 모방함으로써 일어나는 것이다.

- 택트(tact)

'접촉하다'의 의미인 'contact'에서 만들어진 것으로, 유아가 무엇인가 접촉을 하면서 무슨 말을 할 때 양육자가 적절한 말로 반응하게 된다. 유아는 사물의 접촉 상황과 그때 들은 성인의 반응을 통해 언어를 배우게 된다.

- 모방 반응(echoic)

모방 반응은 성인의 소리를 듣고 그대로 '반향한다'는 뜻이다. 즉, 반향 또는 메아리의 원리처럼 유아가 주변의 언어를 듣고, 그대로 따라 하면서 배운다는 의미이다. 영아는 물이라고 하는 소리를 계속 듣고 자기도 '무', '물'이라고 엄마의 흉내를 내서 말하게 되었는데 이때 엄마가 뽀뽀를 한다거나 껴안으면서 말을 했다고 좋아해 주면 완전히 물이라는 단어를 배우게 된다는 것이다. 즉, 성인이 칭찬을 할 때 정확한 언어 발전 효과가 나타난다.

이상의 예는 유아의 언어 획득에도 결국 다른 학습 원리와 마찬가지로 자극, 모방, 강화가 중요한 요소로서 작용한다는 점을 보여 준다. 유아의 문법적 문장 사용의 능력 역시 어휘 획득과 마찬가지 원리에 의한다고 스키너는 주장하고 있다. 즉, 2~3세 유아는 문법적인 문장의 뼈대를 갖고는 있지만 정확한 낱말의 순서나 낱말의 형태소를 이해할 수는 없어서 위의 예와 같은 방법으로 점차 낱말의 순서와 의미를 확실하게 배워 간다는 것이다. 이런 관점에 따르면 유아는 언어 획득 과정에서 역활의 최소화로 인해 그저 환경이 제공하는 것을 수동적으로 받는 개체일 뿐이다. 1950년대 말과 1960년대 초에 이르러 언어심리학자나 언어학자들은 행동주의이론의 핵심 이론인 모방이나 강화가 언어 획득의 다양한 측면을 설명하지 못한다고 비판하기 시작하였다. 그 하나는 부모는 문법적 형태보다는 주제를 확대해 유아의 표현을 강화한다는 연구 결과들이 있다(Bukatko & Daehler, 1992; Penner, 1987). 다른 하나는, 모방이론은 취학 전기의 유아에게 자주 나타나는 과규칙화 현상을 설명할 수 없다. 유아는 이런 형태의 문법적인 실수를 하는 모델을 쉽게 접할 수 없으며 그런 부정확한 구조를 일반화하도록 격려받지도 않는다. 과규칙화는 단순한 모방 이상의 유아의 능동적인 규칙적용 행동을 시사해 준다.

02 생득주의

1950년대 말과 1960년대 행동주의이론의 제한점이 제기되면서 언어의 형태와 이들 형태의 표현에 있어서의 기초적인 정신 과정에 대해 설명하려는 생득주의이론이 대두하였다. 이 이론의 대표적인 학자로는 촘스키(Noam Chomsky)를 들 수 있다.

Noam Chomsky(1928~)

Chomsky는 1928년 미국의 필라델피아에서 태어났으며, 존경받는 히브리어 학자인 그의 아버지로 인해 언어학에 눈을 떴다. 그는 펜실베이니아 대학에서 언어학, 수학, 철학을 공부하였으나, 대학생활 2년 동안 너무 지루하여 자퇴하려고 하였다. 그는 언어학자 Zelig Harris와의 만남으로 언어 연구에 몰두하기 시작했으며, 자신의 이론을 만드는 일에 착수하였다. 수학과 언어학이 혼합된 Chomsky의 이론은 기존의 이론들과 상당히 달라서 전통적인 학파들로부터 배척당하기도 하였다. 1957년 Chomsky는 『*Syntactic Structures*』를 발표함으로써 그동안 아동 언어 연구에서 무시해 왔던 통사론에 관심을 돌리게 함과 아울러 언어심리발달에 새로운 장을 열게 했다.

촘스키는 인간 언어의 선천성과 보편성에 관한 자신의 생각을 언어획득장치(Language Acquisition Device: LAD)와 변형생성이론이라는 개념으로 요약하였다. 촘스키에 따르면 인간은 태어나면서부터 생물학적인 기초를 가지고 있는 선천적인 언어 능력이 있어서 어떤 언어를 배우든지간에 이 언어획득장치(LAD)의 도움으로 자신의 모국어를 획득하게 된다고 한다. 이 이론은 3~4세경에 어휘가 급증한다든지 각 문화권에서 아동이 범하는 문법적 오류가 유사하며 매우 체계적이라는 면에서 설득력을 갖는다. 이 이론에 따르면 인종이나 지능 등의 개인차에 관계없이 모든 인간은 자신의 모국어를 획득하여 사용하는 일에 그리 큰 어려움을 겪지 않게 된다.

앞에서 설명한 것과 같이 유아는 언어획득장치를 가지고 태어나며, 이를 통해 주변에서 말하여진 언어에 포함된 문법적 규칙들을 하나의 법칙으로 인식하고 추출하여 여과시키게 된다. 언어획득장치는 일반화된 규칙들을 이용하여 이전에는 듣지 못했던 아주 새로운 방식으로 단어를 조합해 낸다. 이는 유아가 만들어 내는 수많은 독창적인 발화들과 유아가 교정의 기회나 형식적인 교수 없이도 어떻게 언어를 획득하게 되는가 등의 문제를 설명해 준다.

또한 촘스키는 모든 언어에 공통적인 언어 구조와 낮은 연령의 학습자들에 의해서도 쉽게 인지되는 구문 규칙들이 있다는 사실에 주목하여 변형 생성이론을 주장하였다. 이에 따르면 모든 문장은 심층구조(의미구조)와 표층구조(문장의 구성성분 구조)의 두 수준으로 구성되어 있으며, 인간은 자신의 의사를 상대에게 전달하기 위해 의미를 문장으로 바꾸며, 여기에 변형이라는 문법을 적용시키는 것이다. 즉, 촘스키에 의하면 언어의 의미와 내용을 전하는 추상적 기본구조인 심층구조는 여러 변형 문법들이 적용되어 다양한 형태의 문장들로 표현된 표층구조로 전환된다. 영유아는 심층구조를 먼저 습득한다. 그런 다음 자신의 의사를 상대에게 전달하기 위해 의미 즉 심층구조를 변형문법을 이용하여 자신의 모국어만이 갖는 표층구조로 바꾸게 된다.

인간이 변형 문법을 적용시킬 수 있는 것은 생득적으로 갖고 태어난 언어획득장치 때문이다. 즉, 언어획득장치가 일정 기간 동안(사춘기까지) 작용하여 변형문법을 적용하게 되고, 이 기제의 작용으로 자연스럽게 언어를 습득해 나간다.

생득주의이론의 가장 큰 단점은 구체성의 결여라고 볼 수 있다. 어느 누구도 아직까지 선천적으로 타고난 언어의 보편적 특성들에 대한 지식이 어떻게 하여 유아가 획득하는지, 특정의 언어가 구체적인 지식으로 전환되는지를 설명해 주지 못하고 있다는 것이다.

03 구성주의

언어발달에서 사고 과정을 중요하게 생각하는 입장이다. 언어와 인지(사고)의 관계를 설명하는 방식에 따라 크게 두 가지 입장으로 나눌 수 있다. 피아제는 인지가 언어에 우선하며 영향을 미친다고 생각하였고, 비고츠키는 인지가 언어보다 선행하지만 언어적 구조에 영향을 받는다고 하였다.

1) 피아제

Jean Piaget(1896~1980)

Piaget는 스위스 Neuchatel에서 태어났다. 아버지는 중세의 역사가였고, 어머니는 정서적으로 불안정한 여인이었다. Piaget는 어려서부터 과학자의 자질을 보였다. 10세 때 〈Albino 참새에 관한 논문〉을 발표했으며, 1918년 Neuchatel 대학에서 〈연체동물에 관한 논문〉으로 동물학 박사학위를 취득하였다. 그 이후 그의 관심은 신체구조의 발생에서 정신구조의 발생으로 옮겨갔다. Piaget는 지식의 근원에 관한 발생학적 의문에 답을 얻기 위해 한동안 인식론적 철학에 몰두하였으나 지나치게 사변적인 철학적 접근에 과학자로서 실망했다고 털어놓았다. 그는 아동의 정신구조의 발생과 변화 과정의 연구에 전 생애를 걸었으며 스스로 자신의 연구분야를 '발생론적 인식론'이라 불렀다. Piaget는 파리에 있는 Binet 연구소에서 아동용 지능검사 제작에 관여하면서 어린이의 오답과 실수는 일정한 유형을 지니고 있음을 발견하고 아동들의 사고체계는 전적으로 어른들과 다르다는 사실을 확인하였다. 이러한 발견은 아동의 정신세계의 독특성과 사고의 질적 변화를 전제로 하는 그의 인지발달 단계이론을 형성하는 계기가 되었다.

피아제는 유기체로서의 인간이 자신의 인지발달 과정에 매우 능동적인 역할을 수행한다고 보았으며, 환경과의 상호작용을 통해 자신의 세계를 스스로 구성한다는 의미에서 이러한 입장을 구성주의(constructivism)라고 불렀다. 또한, 인지가 발달함에 따라 언어가 발달한다는 인지우선론을 주장하였다. 즉, 특정한 지능 발달이 이루어지고 난 후 거기에 맞는 언어발달이 이루어진다고 주장하였다. 피아제의 인지발달 단계를 살펴보면, 감각 운동기는 출생 후 2세까지의 시기로, 이 시기의 유아는 말이나 글이 아닌 감각적 경험과 신체적 활동을 통해서 세상을 이해한다. 이렇게 얻은 지식들은 유아가 말을 시작하게 되면 언어를 통해 나타나게 된다. 따라서 유아가 사용하는 초기 단어들은 유아와 친숙한 사람이나 사물의 이름이 대부분을 차지하고 대상 영속성 개념이 가장 발달하는 시기와 '없다-있다'와 같은 단어가 출현하는 시기가 비슷하게 나타난다(장유경, 1997). 전조작기 단계의 인지적 특성인 자기중심성은 유아의 언어에도 그대로 반영되어 나타난다. 유아기 특징인 자기중심적 언어에는 반복, 독백, 집단적 독백이 있다. 반복은 상대방에게 어떤 내용을 전달하려는 의사를 갖고 하는 것이 아니라 반사적으로 익힌 단어나 구절 또는 남이 한 말을 그대로 되풀이하여 흉내 내거나 말 놀이를 하는 것이다. 독백은 자신의 말을 들어줄 상대가 없어도 자신의 생각을 말로 표현하는 것이다. 집단적 독백은 다른 사람이 주위에 있을 때 소리 내어 말하는 것이다. 피아제는 유아가 진정한 의미로 언어를 사용할 수 있는 능력은 자기중심적 사고에서 벗어나는 7~8세 때라고 생각하였다. 자기중심성에서 벗어난 사회화된 언어 형태로는 정보 교환, 비판, 명령, 요구, 위협, 질문과 대답이 있다.

2) 비고츠키

비고츠키(Vygotsky)는 지식이 인간 내부에서 구성된다고 주장하는 점에서 피아제와 같은 구성주의적 입장을 취하고 있다. 하지만 유아를 스스로 발견하고 독립적으로 지식을 구성하는 존재로 간주한 피아제와는 달리 유아의 발달에 영향을 미치는 환경의 역할, 즉 사회문화적인 영향을 강조하였다.

Lev Semenovich Vygotsky(1896~1934)

Vygotsky 는 러시아 서쪽에 위치한 항구도시 Gomel에서 태어났으며 은행원인 아버지, 교사인 어머니, 그리고 일곱 명의 형제 사이에서 성장하였다. 토론하기를 좋아하는 가족 사이에서 자란 Vygotsky는 모의재판이나 논쟁에서 항상 친구들을 주도했기 때문에 '작은 교수'로 불렸다. 그는 역사, 문학, 시를 좋아했다. 17세에 모스크바 대학에 입학하여 문학을 전공하였다. 1917년과 1924년 사이 Vygotsky는 고등학교에서 문학을, 지방사범대학에서 심리학을 가르쳤으며, 신체부자유아에 대한 교육에도 관심을 가졌다. 그는 1925년 〈예술심리학에 관한 박사 논문〉을 출판하였고 Gesell, Werner, Piaget의 초기 저서들을 읽고 그들이 강조한 내적 인지발달의 중요성을 인지하였을 뿐만 아니라 사회역사적 맥락 내에서의 발달을 고려하였다. 폐결핵으로 인해 자신의 삶이 다해 감을 안 Vygotsky는 가능한 한 많은 책을 읽고 강의와 연구를 수행하였으며 38년의 생을 마칠 때까지 계속 일을 하였다. 『*Thought and language*』, 『*Mind in society*』가 대표적 저서이다.

비고츠키는 유아의 발달은 생득적 요소와 함께 사회적 상호작용의 경험에 따라서도 달라진다고 보아, 발달에 미치는 환경, 즉 부모나 성인의 역할을 강조하였다. 성인이나 더 유능한 또래가 유아의 경험에 매개적 역할을 함으로써 정신발달을 돕게 된다고 주장한다. 이처럼 성인이나 유능한 또래가 도움을 제공하여 발달을 촉진하는 것을 비계(scaffolding)라고 한다. 비계란 건축학에서 빌려온 용어로, 건물을 지을 때 발판으로 사용하고 건물이 완성되면 제거해 버리는 장치를 말한다. 교사나 부모는 유아의 언어발달 정도에 따라 비계를 조절하여 유아 스스로 언어적 과제를 수행할 수 있도록 도울 수 있다. 대개의 경우 주양육자인 어머니는 영아기 언어발달 초기부터 가정에서 언어적 상호작용을 통하여 자녀에게 자연스럽게 비계설정을 하게 된다.

피아제는 인지발달이 이루어진 후 그에 맞는 언어발달이 이루어질 수 있다고 생각한 것에 반해 비고츠키는 영장류 관찰을 통해 인지와 언어는 별개의 유전적 기원을 가지고 있으며, 만 2세경이 되면 언어와 인지가 서로 만나게 되어 언어가 인지를 돕고 인지가 언어를 도와줌으로써 생각한 것을 말로 표현하는 것이 가능하고 논리적으로 말할 수 있게 된다고 하였다. 그 과정을 구체적으로 살펴보면 다음과 같다.

- 사회적 언어: 유아 초기의 언어는 '엄마', '빠빠'와 같이 사회적 의사소통을 위해 이루어진다. 언어의 일차적 기능은 사회적 의사소통에 있으며, 사회적 언어의 성격을 띠게 된다.
- 과도기적 언어: 2세경 언어와 인지가 만나면서 의사소통을 위한 외적 언어인 사회적 언어가 내적 언어로 발달하는 과정에서 나타나는 과도기적 언어가 바로 혼잣말(private speech)이다. 피아제는 혼잣말이 전조작기 유아의 자기중심성을 나타내는 것으로 아직 탈중심화 되지 않은 미숙한 사고의 반영이라고 한 것에 반해 비고츠키는 혼잣말은 자신의 행동을 통제하는 자기조절, 자기 지시의 기능을 하며 더 추상적인 사고의 발달을 반영한다고 하였다.
- 내적 언어: 혼잣말은 점점 축약되고 사고와 융합되어 내면적인 언어로 발달하게 된다.

이상에서 설명한 피아제와 비고츠키 견해의 차이를 정리해 보면 〈표 3-1〉과 같다.

〈표 3-1〉 피아제와 비고츠키의 견해 차이

구분	피아제	비고츠키
상호작용	• 물리적 환경과의 능동적 상호작용 • 또래와의 상호작용 • 유아 스스로 인지적 갈등 극복	• 교사나 우수한 또래와의 협동적 상호작용 • 전달받은 사회적 경험의 내면화
자기중심적 언어	• 자기중심적 사고의 결과 • 논리적 사고의 발달을 통해 자기중심적 언어는 점차 사라짐	• 문제 해결을 추구하고 계획을 주도하기 위한 자기 지시 및 자기 조절 사고의 수단 • 자기중심적 언어가 내적 언어로 진행되면서 논리적 사고가 발달함
언어와 인지	• 인지발달이 언어발달에 영향을 미침	• 언어는 사고의 도구임

단원 평가

[문항 1] 다음은 유아의 혼잣말에 대한 설명이다. 괄호 안에 들어갈 용어는 무엇인가?

> 비고츠키(Vygotsky)에 의하면 혼잣말(private speech)은 자기지향적인 언어이며, 연령이 증가함에 따라 점점 축약되고 사고와 융합되면서 ( )(으)로 발달해 간다.

[문항 2] Chomaky가 주장하는 유아기 언어발달 과정과 관련이 없는 것은? ( )

① 모든 언어는 심층구조와 표층구조로 되어 있다.

② 언어습득 과정은 보편적이다.

③ 언어습득의 시기와 과정은 사회문화적 배경에 따라 다르다.

④ 언어획득장치는 일정 기간 동안만 작용한다.

〈직무수행 능력평가〉

1. 평가 개요
   - 성취기준: 혼잣말에 대한 유아기 언어적 행동특성을 피아제와 비고츠키의 발달이론적 관점을 비교 분석할 수 있다.
   - 성취수준: 상– 과잉확대와 과잉축소를 정의하고 구체적 실례를 들어 설명한다.
     중– 과잉확대와 과잉축소를 이해하여 설명한다.
     하– 과잉확대와 과잉축소를 부분적으로 이해하여 설명한다.
2. 문항형태: 구술형
3. 평가문항: 유아의 혼잣말에 대한 피아제와 비고츠키의 발달적 관점을 비교 분석하여 설명하시오.

〈정답〉

- 문항 1: 내적언어 문항 2: ③
- 직무수행평가: 피아제에 의하면 언어는 사고발달을 반영하므로 유아기의 혼잣말은 자기중심적 사고의 반영이라고 본다. 비고츠키는 언어란 사고발달 과정에 있어 정신적 도구의 역할을 한다. 따라서 혼잣말은 자기조절 등 정신의 도구로 기능한다.

제 4 장

언어교육 접근법

이 장은 영유아의 읽기와 쓰기를 어떻게 지도할 것인가에 대한 대표적인 접근법을 소개한다. 전통적인 문자지도 방법은 부호중심 접근법이다. 부호중심 또는 발음중심 접근법에 대한 새로운 대안으로 총체적 접근법, 문학적 접근법, 균형 잡힌 접근법 등이 대두되었다. 각각 문자지도 방법에 대한 충분한 이해를 바탕으로 영유아교육 현장에 효과적으로 적용할 수 있는 지도 방법에 대해 숙고할 수 있도록 구성하였다.

교육 목표

- 영유아의 문자언어 지도 방법에 대한 네 가지 대표적 접근법을 비교하여 설명할 수 있다.
- 각각의 언어지도 접근법을 이해하여 실제 교수전략에 적용할 수 있다.

유아에게 읽기와 쓰기를 어떻게 가르칠 것인가? 그 방법에 대한 견해는 다양하며, 지금까지도 논쟁거리가 되고 있다. 가장 전통적인 문자지도 접근 방법은 문자를 구성하는 가장 작은 단위인 음운 인식 지도부터 시작해서 차근차근 좀 더 큰 단위로 진행되어야 한다는 입장이다. 이러한 언어지도 접근 방법을 부호중심 접근법이나 발음중심 접근법 혹은 분석적 방법이라고 부른다. 이와 같은 전통적 문자지도 교육 방식에 반기를 든 대표적 견해가 총체적 언어이다. 굿맨(Goodman, 1976)은 총체적 언어를 언어에 있어 구성주의적 입장을 취한다고 보고 행동주의의 대안이라고 설명하였다. 즉, 언어는 총체적일 때만 언어일 수 있다고 보아 총체적 구조로 유지되어야 한다고 했다. 따라서 유아를 위한 읽기와 쓰기 지도는 이야기에서 글자와 음운으로 향하는 전체에서 부분으로의 모델을 제시한다. 그러나 1980년대에 들어서면서 의미를 구성하는 읽기에 초점을 맞춘 총체적 접근법은 읽기 능력 저하라는 논쟁을 남기게 된다. 그래서 최근 이 두 입장의 대안으로 균형 잡힌 접근법이 대두되었다.

이 장에서는 언어지도 방법에 대한 대표적 네 가지 접근법을 제시하려고 한다. 영유아의 언어지도를 담당하는 교사나 부모는 요즘 유행하는 언어지도 방법에 대한 관심을 집중하기보다는 각각의 언어교육 접근법에 대한 정확하고 충분한 이해가 선행되어야 하며, 개별 유아에게 적합한 최선의 지도 방법이 무엇인지 숙고하는 자세가 바람직할 것이다.

01 부호중심 접근법

부호중심 접근법(code emphasis approach)은 유아가 읽기를 학습할 때 제일 먼저 필요한 기초 지식과 기술을 습득하도록 글자나 단어를 중심으로 명시적이고 체계적으로 교사가 직접 지도하는 것을 목적으로 한다. 부호중심 언어지도 접근법의 주요 특성을 정리해 보면 다음과 같다.

읽기와 쓰기와 같은 문자언어는 형식적 교수가 필요하다.

말하기와 듣기는 일상생활 속에서 자연스럽게 습득할 수 있는 언어이지만 읽기와 쓰기는 배우지 않으면 사용할 수 없는 언어이므로 성인의 가르침이 필요하다고 생각한다.

읽기 준비도가 선행되어야 한다.

부호중심 접근법의 준비도는 성숙주의자들의 읽기 준비도 개념과는 다르다. 성숙주의자들은 유아가 어느 수준의 성숙이 이루어져 읽기를 배울 만큼 발달이 충분히 적절해졌다고 생각할 때까지 기다리는 것을 '준비도'라고 생각했다. 그러나 부호중심 접근법에서는 경험을 통해 읽기 준비도를 만들어 낼 수 있다고 보았다. 즉, 읽기 준비도 프로그램은 읽기를 배울 수 있는 일련의 사회, 정서, 신체 및 인지적 발달 능력을 숙련시킨다. 읽기 준비도를 평가하기 위한 체크리스트는 〈표 4-1〉과 같다.

〈표 4-1〉 읽기 준비도 체크리스트

1. 사회와 정서적 발달

	항상	가끔	전혀	비고
나누기				
또래와 성인과 협동				
자신감, 자기통제, 정서적 안정 보이기				
과제 완성하기				
책임감 충족				

2. 신체적 발달

	항상	가끔	전혀	비고
대근육 발달				
소근육 발달				
이름을 쓸 수 있고 글자를 모방하고 사람 그림을 그릴 수 있음				
건강하고 기운이 있음				
시각적 · 청각적 결점이 없음				
손, 눈, 발이 우성형질임				

3. 인지적 발달

	항상	가끔	전혀	비고
청각적 변별 능력 (친숙한 소리를 알아내고 다른 소리를 변별하고, 리듬 있는 단어를 인식하고, 두운과 각운을 구분하고, 청각적 기억을 가지고 있음)				
시각적 변별 능력 (왼쪽에서 오른쪽으로 눈을 진행시키는 것을 이해하고 있음. 유사점과 차이점을 알아낼 수 있음. 시각적 기억이 있음. 모양, 색, 철자와 단어를 구분할 수 있음. 형태 지각 능력이 있음)				

출처: Morrow(2001).

◉ 읽기를 위해서 먼저 '해독'이 이루어져야 한다고 본다.

해독(decoding)을 위해서는 자음과 모음의 체계에 대한 지식과 더불어 글자와 말소리의 관계를 이해하는 음운 인식이 발달하여야 한다. 따라서 읽기를 위한 가장 기초적 기술은 음운 인식이다. 음운 인식(phonemic awareness)이란, 단어가 각각의 소리로 이루어졌다는 것을 유아에게 알게 하는 것을 의미한다. 음운 인식 발달을 위해서는 낱말을 이루고 있는 낱자의 소리들을 식별할 수 있고 그런 소리들을 조합하고 분절하고 삽입하고 빼고 대체할 수 있도록 지도하는 것을 강조하게 된다.

◉ 부호중심 언어지도법은 낱자에서 시작하여 단어, 문장, 이야기의 순서로 체계적인 읽기 지도를 하며, 이를 상향식 접근이라고 한다.

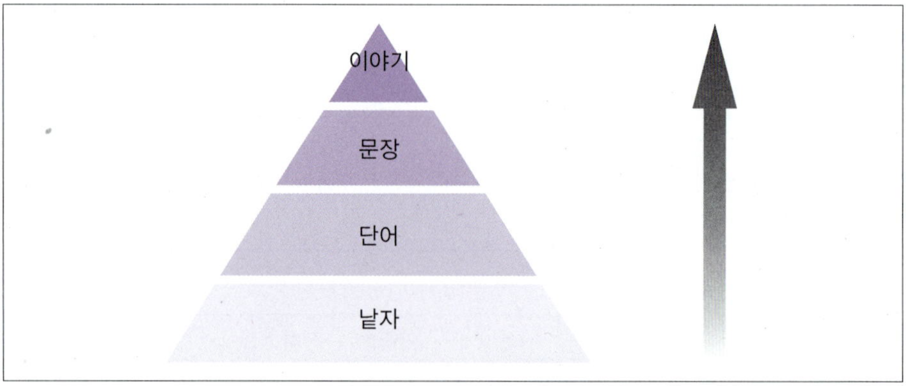

[그림 4-1] 부호중심 접근법 읽기 교수 모형

◉ 읽기나 쓰기를 위해서는 체계적이며 반복적 연습이 중요하다고 생각한다.

음운 인식은 연습과 훈련에 의해 습득된다. 여러 연구자들은 음운 인식은 읽기 성취를 강화시키며 정음법(phonics)의 전조이며 유아교육기관에서 가르쳐야 한다고 주장한다(Byrne & Fielding-barmsley, 1991, 1993, 1995; Stanovich, 1986). 따라서 부호중심 접근법에서는 파닉스를 소홀히 하는 언어지도 교수법이 유아의 문해 습득을 방해할 수 있다고 지적한다.

◎ 한글 지도에 효율적으로 이용할 수 있다.

한글은 모음과 자음의 체계, 즉 음운에 따른 발음 규칙이 과학적이고 체계적이어서 음운 인식을 통해 어떤 낱자도 쉽게 읽을 수 있다. 부호중심 언어교육 접근법은 교사가 주도적으로 학습을 계획하여 가르쳐 주는 성인중심의 체계적이며, 직접적인 교수 방법을 사용하게 된다. 부호중심 접근법에 의한 언어지도는 자칫 유아의 발달에 부적절하게 이루어질 수 있는데 그 이유는 다음과 같다.

- 유아교육기관의 하루 일과를 통해 다른 교육활동과 문자 교육이 통합되지 않고, 유아에게 탈맥락적인 상황에서 읽기 교재나 연습지를 반복적으로 사용하여 지도한다.
- 표준적인 읽기와 쓰기를 강조한다. 즉, 정확하게 읽고 쓰는 것에 중점을 두어 읽기와 쓰기 과정의 동기는 중요하게 여기지 않는다.
- 유아의 자발적 참여를 유도하기보다는 교사가 일방적으로 과제를 부과하며 종이와 연필을 가지고 또래와의 상호작용 없이 조용히 과제를 수행하는 형태로 이루어진다.

유아교육기관에서 부호중심 접근법을 사용할 때는 형식적이고 명시적인 교수에서 벗어나려고 노력해야 한다. 부호중심 접근법에서 강조하는 음운 인식에 초점을 두면서도 형식적이고 성인 중심적 교수에서 벗어난 의미 중심 전략을 추천할 수 있다.

> 해독(decoding)
> 글자를 말소리로 바꾸고 그 말소리를 조합하여 인식할 수 있는 단어로 바꾸는 능력으로 모음과 자음에 대한 체계적 지식을 통해 가능하다.
>
> 정음법(phonics)
> '파닉스'라고도 부르며, 문자언어와 음성언어 간에 일정한 규칙이 존재하여 이러한 원리를 가르침으로써 문자를 읽게 하는 문자언어 지도 방법이다. 즉, 모음과 자음 그리고 결합된 소리들을 지도하고 활용하여 단어를 소리 내어 읽게 하는 지도 방법이다.

02 총체적 접근법

총체적 접근법은 부호중심 접근법의 대안으로 등장한 하나의 철학으로, 교육과정으로서의 형식적인 계획이나 조직, 관리에 대한 언급은 없다. 따라서 언어교육 프로그램이 아닌 총체적 원리나 신념에 의해 이루어지는 언어교육은 모두 총체적 언어 접근법이라고 할 수 있다. 총체적 접근법은 루소, 페스탈로치, 프뢰벨 등이 주장한 아동 중심 교육사상의 영향을 받았으며 듀이의 진보주의 교육의 영향을 받아 유아의 흥미와 직접적인 경험을 강조하고 다른 교과 영역과의 통합 활동을 통한 언어교육을 강조한다. 총체적 접근법의 특성은 다음과 같다.

◎ 유아는 언어가 전체적이고 의미 있을 때 가장 잘 배운다.

언어의 학습 과정에서 의미 없는 맥락이나 전체적이 아닌 분절된 언어를 소개한다면, 그 언어는 유아의 생활과 흥미와 동떨어진 것이 된다. 그래서 우선 배운 글자를 유아가 읽고 쓸 수 있다고 하더라도 다른 맥락에서 배운 단어를 적용할 수 없다. 즉, 학습한 글자에 대해 진정하게 자신의 것으로 만들지 못한다. 총체적 접근법에서는 읽기와 쓰기 교육은 '이야기'라는 의미 있는 맥락을 소개한 다음, 그 이야기와 연결된 낱자가 소개되어야 한다고 주장한다. 따라서 '이야기'에서 '낱자'로 향하는 언어 접근 모델을 제시하였다.

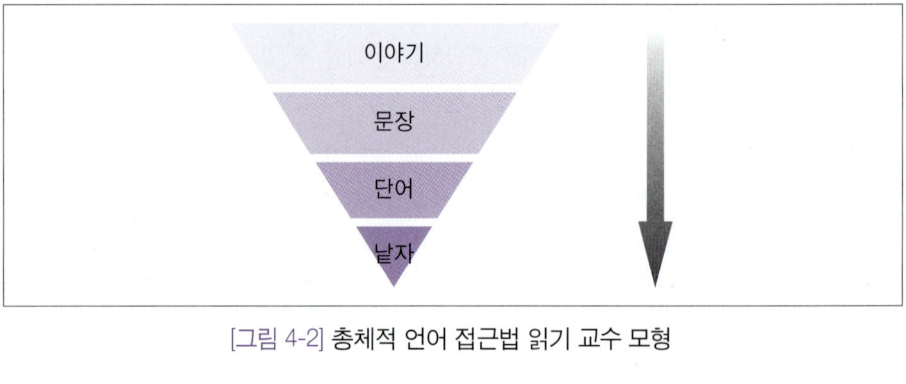

[그림 4-2] 총체적 언어 접근법 읽기 교수 모형

◎ 연습지가 아닌 진짜 책을 읽음으로써 읽기와 쓰기를 배운다.

총체적 접근법에서는 읽기와 쓰기 기술을 배우는 것이 아니라 그 활용법을 배우는 것이라고 말한다. 즉, 총체적 언어교육의 목표는 숙련된 언어 사용자이지, 언어 기술을 배우는 것이 아니다. 이는 마치 자전거 타기를 배우는 것과 같다. 자전거를 타는 데는 페달을 밟는 기술과 핸들링하는 기술, 공간 능력, 방향 감각 등 여러 가지 기술이 필요하다. 하지만 이러한 기술들을 모두 각각 가지고 있다고 해서 실제로 자전거를 잘 탄다고는 할 수 없다. 이 모든 각각의 기술들이 통합되어서 자전거를 타는 순간 어떻게 활용되는지 알아야 자전거를 탈 수 있다. 언어도 마찬가지이다. 읽기, 쓰기에 필요한 기술을 따로따로 가지고 있다고 해서 실제로 잘 활용할 수 있는 것은 아니다(이경화 외, 2003). 총체적 언어 접근법에서는 자전거를 직접 타면서 배우는 것처럼, 읽기와 쓰기 교육도 연습지를 이용하여 필요한 부분의 기술을 배우는 것이 아니라 진짜 문학을 직접 사용하면서 활용 방법을 배워야 한다고 본다.

> 진짜 책, 문학(authentic, real literature)
> 작가가 쓴 책으로 이야기 문법을 가진 내러티브나 설명적인 내용을 담고 있는 글로 본래의 문학 형식을 갖춘 책을 말한다. 진짜 책은 다양한 형태로 이루어지는데, 여러 장르의 책, 문집, 잡지나 신문의 글 등이 포함된다.

03 문학적 접근법

그림책을 통해 유아의 언어기술과 발달을 증진시키는 접근 방법이나 전략을 '문학 중심 프로그램' 혹은 '문학적 접근법'이라 불린다. 문학적 접근법은 실제적 교육 프로그램을 의미하여 이러한 프로그램에 기초하고 있는 교육 신념은 '총체적 접근법'이라고 할 수 있다. 총체적 접근법이 교육철학 또는 교육신념으로서 실제적인 교육 내용을 암시하지는 않는 데 반해, 문학적 접근법은 총체적 접근법을 실제적으로 실천하고 있다. 문학적 접근법은 그림책을 중심으로 듣기, 말하기, 읽기, 쓰기 영역을 통합하여 활동을 구성할 수 있고 문학을 중심으로 교육과정을 구성하기도 한다. 또한, 문학적 접근법에서는 읽기는 물론 쓰기에서도 대집단 활동, 소집단 활동, 개별 활동의 균형을 이루며 교사 주도 활동과 아동 주도적 활동 간의 균형이 이루어지도록 노력한다.

여러 학자들(Cullinan, 1992; Holdaway, 1979; Routman, 1988; Stlickland, 1991)은 언어는 모든 학습의 중심 위치에 있으며 통합적 접근이 가능한 문학적 자료, 즉 그림책을 사용할 것을 권장한다. 특히, 어린이는 좋은 그림책을 통해 본문을 가지고 생각하는 데 몰두하게 된다는 것에 중점을 둔다. 즉, 그림책을 읽으며 생각하고, 읽은 것을 반영하여 쓰면서 생각하게 된다는 것이다. 그러므로 그림책은 듣기는 물론, 말하기, 읽기, 쓰기(짓기), 생각하기가 통합적으로 발달하게 한다. 문학적 접근법에서 사용하는 교수법의 특성은 다음과 같다.

◎ 연습지가 아닌 좋은 책을 사용하여 언어 기술을 기른다.

문학적 접근법에서 사용하는 좋은 책은 그림과 함께 다양하고 독특한 언어 경험을 제공하는 진짜 문학으로 인정받는 문학 자원이어야 한다. 즉, 문학성, 예술성, 교육적 요소가 조화를 이루는 좋은 유아 도서를 선택하여 언어 학습을 계획한다.

◎ 책 읽기 과정에서 예측 전략을 사용한다.

문학적 접근법을 실천하는 유아교육 현장에서는 유아에게 매일 규칙적으로 책을 읽어 주거나 읽을 기회를 제공한다. 교사가 유아에게 책을 읽어 주는 경험은 유아로 하여금 혼자 책을 읽어 보고자 하는 강한 동기를 부여하여 독립적 읽기를 배울 수 있는 간접적 경험을 제공해 준다. 특히, 교사와 유아 간의 책 읽기 과정에서의 의미 있는 상호작용은 유아의 언어발달에 중요하며 가장 효율적인 언어 학습 방법으로 본다. 예측하기(predict)는 총체적 언어의 학습기술로서 상위 인지 체제 발달에 중요한 영향을 준다. 상위 인지, 즉 메타인지(metacognition)란 '한 단계 고차원'을 의미하는

'메타'와 어떤 사실을 안다는 뜻의 '인지'가 합쳐진 용어로 자신의 사고를 계획하고 감시조정하며, 반성하는 사고이다(김영채, 2005). 따라서 메타인지는 '사고들에 대한 사고'라고 말할 수 있으며 더러는 '오케스트라의 지휘자'에 비유된다.

문학적 접근법의 책 읽어 주기 활동 지도에서의 예측 전략을 살펴보면 다음과 같다.

- 책 읽기 전: 사실 책을 읽어 주기 전 활동의 핵심은 예측하기이다. 교사는 유아들로 하여금 '이 책은 무엇에 관한 것일까?'에 대해 예측하는 연습을 하도록 유도한다. 책 표지의 그림을 감상하면서 책의 내용을 추측해 본다. 표지의 제목을 짚으며 천천히 읽은 후, 책의 제목과 관련 지어 책의 내용을 추측해 본다.
- 책 읽기 중: 읽기 중 활동의 핵심은 예측을 확인하는 것이다. 읽기 중에 교사는 이야기의 주요 시점에서 잠시 멈춰 유아들로 하여금 예측한 것을 확인하거나 새로운 정보에 기초하여 예측한 것을 변화시키도록 한다.
- 책 읽기 후: 자신이 예측한 것이 맞았는지 확인해 본다.

그림책 표지 읽기

『곰 사냥을 떠나자』(마이클 로젠 글/헬린 옥슨버리 그림/시공주니어/1994)

단어 가지 만들기 활동을 한 이후에 주로 이루어지며 예측하기를 위한 활동이다.

[방법]

① 그림책의 표지 그림을 보여 준다.
"여기 그림을 잘 보도록 하자."
② 표지의 제목, 저자, 삽화가에 대해 이야기 나눈다.
③ 표지 그림을 보고 어떤 이야기가 있을 것인지 예측해 보는 질문을 한다.
"이 그림책에는 어떤 이야기가 있을 것 같아?"
④ 유아들이 예측한 것을 큰 종이에 예측한 유아의 이름과 함께 적어 놓을 수 있다.
유아의 어떠한 반응도 수용하도록 한다.

◎ **그림책을 중심으로 통합적 활동을 구성할 수 있다.**

책 읽어 주기에서는 읽기 후 활동이 가장 통합과 관련된 활동이다. 유아는 소개한 책을 다 읽어 준 다음 이전에 알았던 것과 새로 이해한 것을 통합하고, 이미 읽었던 책과 연관 짓거나, 읽은 책의 주제와 유아 자신의 삶을 연결시킴으로써 통합 활동을 하게 된다. 또한, 그림책을 기초하여 말하기, 듣기, 읽기, 쓰기, 생각하기를 통합적으로 경험하게 되고 책을 중심으로 과학, 수학, 신체, 조형 등의 활동과 통합된 교육과정을 계획할 수 있으며, 교육과정 웹을 사용하게 된다. 웹(web, 망)은 잠정적 계획으로서 교사들에게 그 활동이 가치가 있을지, 발달적으로 적합할지, 활동을 활성화시킬 방법은 무엇인지, 유아의 흥미는 얼마 동안 지속될지에 대한 의사결정을 하기 위한 가능성을 타진하려는 작업이다.

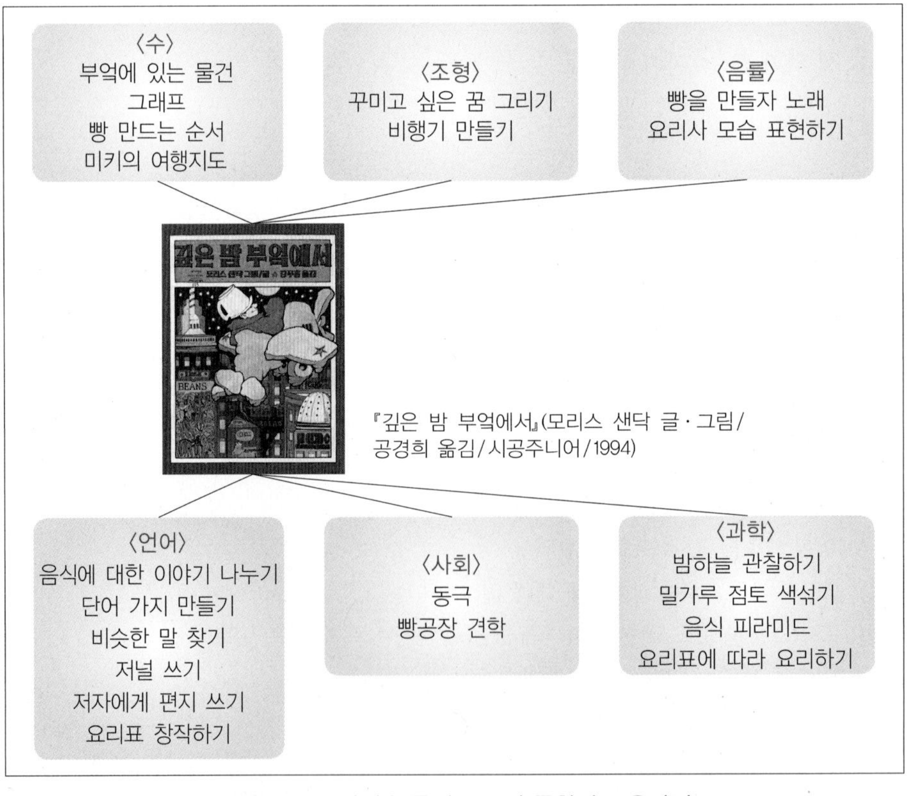

[그림 4-3] 그림책을 중심으로 한 통합적 교육과정

모엔(Moen, 1991)은 문학적 접근을 위한 교수 방법을 요리에 비유하면서 8가지 교수 전략을 소개하고 있다. 8가지 교수 전략은 작가 전략, 협동적 학습 전략, 게임 전략, 이해를 위한 전략, 이야기 구조의 인식을 위한 전략, 듣기 전략, 무대예술 전략, 시각예술 전략으로 그 내용은 다음과 같다.

(1) 작가 전략

생각을 그림이나 글과 같은 상징으로 나타내는 '글짓기'를 활용하는 것이다. 즉, 유아가 생각하고 느낀 것을 그림이나 만들어 낸 글자로 기록하여 다른 사람들에게 보여 주는 활동을 통해 자신이 훌륭한 작가가 될 수 있다는 것을 알게 된다. 구체적인 활동으로는 저널 쓰기, 편지 쓰기, 등장인물 단평, 이야기 지어 책으로 묶기, 가상하기 등이 있다.

먼저 저널 쓰기 활동은 유아교육 현장에서 성공적으로 이용할 수 있는 활동으로 매일 또는 일주일에 몇 번씩 할 수 있다. 저널은 공책이나 종이에 써서 묶으면 책이 되는 형태를 말한다. 어떤 유아는 저널을 그림으로만 구성할 수 있고, 끼적거리는 정도의 쓰기를 하는 유아는 자기만 아는 만들어 낸 글자로도 저널을 만들 수 있다. 또한, 저널은 날씨나 식물이 자라는 것을 기록하는 것같이 주제와 관련될 수도 있고 그림책을 읽은 뒤 이야기에 반응하는 것이 될 수도 있다. 글에 코멘트를 해 주면 대화형식으로 저널을 이끌어 갈 수 있다.

단, 주의할 것은 저널은 문법이나 철자에 맞게 쓰는 것에 관계없이 자신의 생각을 종이에 옮긴다는 것이 중요하다는 것을 명심해야 한다.

유아가 할 수 있는 그림책과 관련한 저널 쓰기 활동은 등장한 주인공에 대해 쓰거나 그림책을 읽은 느낌을 적거나 그림으로 그릴 수 있다. 누적적인 패턴을 유아 자신의 쓰기에 모방할 수도 있다. 만들어진 저널은 묶어서 책으로 만드는 것이 가장 보편적인 방법이며 보통은 도서 영역에 전시하여 다른 사람들이 볼 수 있도록 활용한다. 그 외에도 융판 자료로 이야기를 만들거나 친구들에게 말로 들려주기, 컴퓨터로 쳐서 인쇄하기 등의 활동을 할 수 있다.

편지 쓰기는 책의 주인공 혹은 작가에게 편지 쓰기를 하는 활동이다. 등장인물 단평은 유아가 등장인물의 특징을 검토한 후 각 등장인물을 묘사하는 문장을 생각해 보는 활동이다. 이야기 지어 책으로 묶기는 뒤가 트인 질문을 하여 유아로 하여금 뒷이야기를 짓도록 격려하는 활동이다. 이 활동은 인쇄해야만 책을 출판하는 것이라는 생각에서 자유로워지도록 돕는다. 즉, 유아가 그린 그림이나 꾸민 글을 다른 사람들이 읽는다는 것 자체가 '출판'이라는 자유로운 생각을 하도록 해 재미있고 다양한 생각, 즉 확산적 사고를 키워 주는 활동이다. 가상하기는 창의력을 돕기 위한 방법으로서 글쓰기(글짓기)를 하기 전 사고를 확장시키는 역할을 한다.

가상하기

『멋진 뼈다귀』(윌리엄 스타이그 글 · 그림/조은수 옮김/비룡소/1995)

『멋진 뼈다귀』는 꼬마 돼지 펄이 강도와 여우를 숲에서 만나지만 뼈다귀가 부린 마술의 도움으로 무사히 돌아온다는 이야기이다. 교사는 『멋진 뼈다귀』를 읽은 후 가상하기 활동을 할 수 있다. 가상하기 교수 전략은 글쓰기를 하기 전 사고를 확장시키는 역할을 한다. 교사는 다음과 같은 질문을 하고 유아와 함께 말이나 글 또는 그림으로 의견을 나눈다.

교사: 만약 나에게 멋진 뼈다귀가 있다면 무엇을 하고 싶은지 말해 볼까?

(2) 게임 전략

흥미 있는 게임을 통해 언어적 경험을 제공하는 교수 전략이다. 유아는 게임에 즐겁게 참여함으로써 언어적 경험(말하기, 듣기, 읽기, 쓰기)를 하게 된다.

게임하기

『새앙쥐와 태엽쥐』(레오 리오니 글 · 그림/이명희 옮김/마루벌/1999)

재미있는 게임을 통해 유아들은 일상생활 속에서 언어 사용을 통합하게 된다. 『새앙쥐와 태엽쥐』는 생쥐가 태엽쥐가 되기 위해 보라색 조약돌을 찾는 이야기이다. 교사는 『새앙쥐와 태엽쥐』를 유아들에게 읽어 준 뒤, 다음과 같은 숨기고 찾는 게임을 해 볼 수 있다.

교사: 두 편으로 나누어서 보라색 조약돌을 숨기고 찾는 게임을 해 볼 거야.

(3) 이해를 위한 전략

글을 잘 이해하고 글의 의미를 파악하기 위한 활동으로 주원문해(SWBS), 큰 책 만들기, 소리 내어 읽기, 벤다이어그램, 단어 가지 만들기 등이 있다. 특히, 소리 내어 읽기는 읽는 동안 등장인물과 줄거리를 쉽게 이해하도록 도와준다.

[그림 4-4] 소리 내어 읽기는 글의 이해를 돕는다.

(4) 이야기 구조의 이해를 위한 전략

글의 구조가 아닌 이야기의 운율과 반복, 사건의 연속 등 문학적 패턴에 대한 이해를 돕는 것이다. 다음과 같은 문학적 패턴으로 그림책을 분류할 수 있으며, 이야기 구조에 대한 이해와 감각을 유아가 키울 수 있도록 활용할 수 있다.

단어 가지 만들기

『눈 오는 날』(에즈라 잭키츠 글·그림/김소희 옮김/비룡소/1995)

교사는 그림책을 소개하기 전에 단어 가지 만들기를 할 수 있다. 『눈 오는 날』은 흑인 어린이 피터가 눈 오는 날 겪은 여러 가지 일에 대한 이야기이다. 교사는 그림책을 읽어 주기 전 그림책에 나오는 단어 하나를 선택하여 문장을 만들어 보는 단어 가지 활동을 진행할 수 있다. 교사는 큰 종이 가운데 동그라미를 그린다. 동그라미 중앙에 단어를 적은 다음 방사선으로 몇 개의 선을 긋는다. 그리고 다음과 같은 질문을 한다.

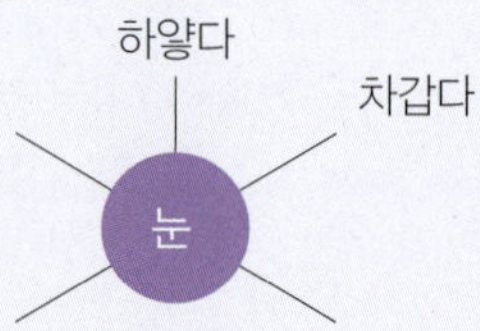

교사: 눈 하면 어떤 말이 생각나니?

유아가 말로 표현한 것을 문장으로 적는다.

사건의 연속이 있는 이야기

『괴물들이 사는 나라』(모리스 샌닥 글 · 그림/강무홍 옮김/시공주니어/1994)

대부분의 그림책은 사건이 연속적으로 이어지는 구조이다. 이런 구조의 이야기는 주인공이 간 곳이 어디인지 그림으로 그려 보면 사건들을 이해하는 데 도움이 된다. 「괴물들이 사는 나라」 그림책은 어머니의 꾸중을 들은 맥스가 상상하는 괴물들이 사는 나라를 묘사한 이야기이다. 아래와 같이 주인공 맥스가 이동한 곳을 그림으로 그려 보는 활동으로 진행할 수 있다.

교사: 맥스가 있었던 곳을 차례대로 그림으로 그려 볼 거야. 맥스가 처음에 어디에 있었니?

유아: 맥스의 집이요.

교사: 그다음 어머니에게 혼나고 맥스는 어디로 갔었지?

유아: 맥스는 자기 방으로 갔어요.

교사: 맥스는 방에서 그다음 어디로 갔었지? (바다→괴물들이 사는 나라→맥스의 방).

질문과 대답이 있는 이야기

『아기 오리는 어디로 갔을까요?』(낸시 태퍼리 글 · 그림/박상희 옮김/비룡소/1999)

그림책에 질문이 있고 답이 있는 책이 있다. 교사가 질문을 하면 유아들이 대답을 하는 식으로 바꾸어 본문이나 그림에서 찾아보며 이야기를 전개할 수 있다. 「아기 오리는 어디로 갔을까요?」 그림책을 읽은 후 교사는 엄마 오리가 하는 질문을 하고 유아가 대답을 하는 식으로 진행하면 재미있는 활동이 된다.

교사: 얘들아, 아기 오리 못 봤니?

유아: 나무 뒤에요.

운율과 반복이 있는 이야기

『친구를 데려가도 될까요?』(베아트리체 드 레그니에스 글/베니 몽트레소 그림/장미란 옮김/시공주니어/2005)

유아들은 반복되는 운율이 있는 책을 좋아한다. 이런 책은 읽고 난 후 이야기를 지어 책으로 묶는 활동으로 연결할 수 있다.

『친구를 데려가도 될까요?』는 임금님과 왕비의 초대를 받은 꼬마가 반복적으로 새 동물 친구들을 데려가는 이야기이다. 교사는 『친구를 데려가도 될까요?』 그림책을 끝까지 읽어 준다. 그런 다음 이야기는 끝이 났지만 마지막 부분을 이어서 어떤 이야기가 계속될지 유아들이 상상하여 이야기를 만들어 보게 한다.

교사: 차를 마신 뒤에 주인공은 무엇을 했을까?

(5) 듣기 전략

유아가 이야기 듣는 것을 즐길 수 있도록 이야기나 동시가 녹음된 테이프, 효과음 또는 배경음악을 활용하여 들려주면 좋다.

효과음으로 잘 듣기

『검피 아저씨의 뱃놀이』(존 버닝햄 글·그림/이주령 옮김/시공주니어/1996)

녹음테이프를 들으면서 책을 보는 것을 유아들에게 유익한 경험이다. 교사는 『검피 아저씨의 뱃놀이』 책에서 나오는 다양한 동물의 소리(고양이, 개, 닭, 염소, 돼지 등)가 녹음된 테이프를 이용하여 책을 들려줄 수 있다.

(6) 시각예술 전략

유아는 자르고 색칠하고 그리는 일을 하는 과정에서 단지 근육을 사용할 뿐 아니라 많은 사고를 한다. 그림을 그리고 종이를 자르고 붙이고 글을 꾸며 내용을 적는 활동을 통해 언어를 학습하게 된다. 교사는 『눈사람 아저씨』 그림책을 읽어 준 후 눈사람 만들기 작업을 할 수 있다. 이러한 과정을 통해 유아는 그림책의 내용을 더욱 깊이 이해할 수 있다.

시각예술 활동

『눈사람 아저씨』(레이먼드 브릭스 글 · 그림/이명희 옮김/마루벌/2003)

교사는 『눈사람 아저씨』를 읽어 준 뒤 눈사람 만들기 조형 활동을 할 수 있다. 교사는 유아들이 준비된 재료들을 다양하고 효과적으로 사용할 수 있도록 격려한다.

[준비물]

- 눈사람 몸체: 스티로폼 공, 두루마리 화장지 심, 요구르트 통, 플레인 요구르트 통
- 꾸미는 재료: 젤리 용기, 각종 뚜껑, 부직포 조각, 모루, 수수깡, 빨대 자른 것, 스팽글 본드, 본드 받침, 유성매직 등

(7) 무대예술 전략

유아는 동극 활동이나 인형극을 준비하는 활동을 통해 읽기에 적극적으로 참여하게 된다.

(8) 협동적 학습 전략

유아가 다른 유아를 도와주는 것으로 유아와 유아가 서로 상호작용하면서 언어 학습이 일어나게 하는 언어 학습 전략이다.

▶ 나이 많은 유아가 어린 유아에게 책을 읽어 주는 활동은 어린 유아에게는 책을 접할 기회를, 나이 많은 유아에게는 읽기 습관을 길러 주는 가치가 있다.

04 균형 잡힌 접근법

1990년 이후 미국에서 가장 총체적 언어를 적극적으로 도입한 캘리포니아 주의 읽기 성취도 검사가 하위권을 기록하는 결과를 통해 총체적 언어의 실패를 논의하게 되었다. 이러한 과정에서 등장한 것이 균형 잡힌 접근법(balanced approach to literacy instruction)이다. 균형 잡힌 문해 교수 접근법은 무엇인가? 우리가 명심해야 할 것은 균형 잡힌 접근법은 무작위적 교수 전략의 결합이 아니라 개별 유아의 학습 양식에 잘 맞는 차별화된 언어 학습 전략을 선택하는 것을 의미한다. 균형 잡힌 접근법에서는 그림책과 같은 문학적 경험과 동시에 개별 유아의 요구에 초점을 둔 직접적인 교수를 병행하게 된다. 즉, 교사 주도적 수업과 학습자 중심 활동을 결합시킨 프로그램을 의미한다.

균형 잡힌 언어지도의 모형은 독립적 혼자 읽기와 쓰기, 협동적 읽기와 쓰기, 안내하는 읽기와 쓰기, 함께 읽기와 쓰기, 소리 내어 읽기와 쓰기이다. 구체적인 내용은 다음과 같다.

1) 독립적 혼자 읽기와 쓰기

독립적 혼자 읽기, 즉 스스로 책을 보거나 읽는 활동은 매일 이루어진다. 처음에는 그림을 보거나 글자를 손으로 짚으면서 읽는 척 하는 데서 시작한다. 이 시간을 통해 독립적 읽기 습관을 형성하게 된다. 이때 유아가 책을 스스로 선택하는 것을 도와줄 수 있다. 처음에는 표지나 그림을 보고 선택한다. 읽기를 배워 감에 따라 자신이 읽을 수 있는 책을 선택하도록 도와줄 수 있다. 독립적 읽기는 5분에서 시작하여 1년 정도 지나면 10분으로 늘릴 수 있다.

'독립적 혼자 읽기' 발달을 위해 중요한 것은 흥미 영역 중 도서 영역 활용을 극대화하는 것이다. 유아 혼자 힘으로 읽기를 잘할 수 있게 하기 위해서는 도서 영역을 활용하는 것이 중요하다. 잘 조직된 도서 영역은 유아로 하여금 책에 대한 흥미를 증진시킨다. 잘 조직된 도서 영역은 어떤 것을 의미하는가? 다양한 장르의 책을 전시한다. 새 책은 전체 표지가 보이도록 하고 이전에 소개되었던 책은 책꽂이에 제목만 보이도록 꽂는다. 큰 책(big book)은 이젤에 놓고 볼 수 있도록 전시한다. 대략 2주에 25권 정도의 새 책을 소개한다. 이미 소개했던 책들은 다른 곳에 보관해 두었다가 몇 달 뒤에 다시 소개하면 새로운 느낌으로 이용할 수 있다.

독립적 혼자 쓰기란 매일 쓰고 싶은 것을 쓰는 시간이다. 처음에는 그림을 그리거나 그림에다 몇 글자 끼적거리는 것으로 시작한다. 5분에서 시작하여 1년이 지나면 10분 정도로 늘릴 수 있다. 구체적인 교수 전략은 다음과 같다.

처음에는 그림을 그려 본다. 그림에 몇 글자 끼적거리는 것으로 발전할 수 있다. 5분 정도에서 시작하여 1년 후에는 10분으로 늘이고 초등학교에 들어가면 매일 10~15분 정도 할 수 있다. 독립적 쓰기 시간은 매일 유아의 활동에 중요한 영향을 미친다.

유아의 혼자 쓰기를 교사가 수정하는 방법은 다음과 같다. 유아가 생일카드를 쓰고 있을 때 끼적거리기 형태를 사용하더라도 교사는 "무엇을 썼는지 읽어 볼래?"라고 이야기한다. 그런 후 유아가 끼적거린 그 밑에다 유아가 말한 내용을 적어 준다. 브레인 스토밍 활동도 쓰기를 준비시키는 활동이 될 수 있다. 유아의 쓰기를 격려하기 위해서 교사는 유아에게 쓰기는 읽기를 위해서라는 것을 알려 주어야 한다. 어린 유아는 쓴 것을 다시 읽는 과정에서 그림을 보고 읽을 때마다 다르게 읽는 현상이 나타나기도 한다. 그러나 점차 읽기는 일관성을 가지게 된다. 유아가 쓴 내용에 대해 고쳐 쓰는 것(overwriting)에 대해서는 찬반의 논쟁이 있으나 '의미를 만들어 가는 것'에 대해 얼마나 발전하였는지를 평가하기 위한 목적으로 고쳐 써주는 것을 추천하고 있다.

교사는 독립적 읽기와 쓰기를 평가하기 위해서 평소 영유아의 읽기와 쓰기에 대한 태도 체크리스트를 활용하면 도움이 된다.

영유아 이름: 날짜:

	항상 그렇다	가끔 그렇다	그렇지 않다	의견
자발적으로 책을 보거나 읽는다.				
책을 읽어 달라고 한다.				
책을 읽어 주면 집중해서 듣는다.				
읽어 주는 책에 대한 질문이나 의견 등의 반응을 보인다.				
자발적으로 책을 집으로 가져간다.				
집에서 자발적으로 쓰기를 한다.				

교사의 의견
:

출처: Morrow L.B.(2001).

2) 협동적 읽기와 쓰기

협동적 읽기는 협력 학습의 원리를 사용하여 글에 대한 이해를 향상시킨다. 유아가 짝을 이루어 서로 돌아가며 책을 읽고 읽은 부분에 대해 이야기 나누기를 한다. 보통 협동적 읽기의 단계는 다음과 같다.

① 책의 그림을 대충 보고 어떤 내용일지, 즉 어떤 이야기가 나올 것이지 또는 어떤 것을 배우는 책인지 예측해 본다.
② 각자 유아가 책 전체를 대충 훑어본다.
③ 첫 부분을 한 유아는 소리 내어 읽고 다른 유아는 눈으로 따라 읽는다.
④ 읽은 부분에 대해 어떻게 느꼈는지 이야기 나누거나 읽은 내용에 대해 말해 본다.
⑤ 앞으로 어떤 일이 벌어질지, 어떤 것에 배우게 될지를 예측한다. 그리고 다른 유아가 그다음 부분을 읽는다.
⑥ 계획한 분량의 읽기를 마친 후 읽은 부분에 대해 요약해 본다. 느낀 점, 배운 점 등을 그림이나 글로 써 본다.

협동적 쓰기는 유아가 짝을 이루어 하나의 공동의 주제에 대해 서로 도와가며 그림을 함께 그리거나 글을 쓰면서 아이디어를 교환하는 작업이다.

3) 안내하는 읽기와 쓰기

'guided reading'이라고 하는 안내하는 읽기는 해독 기술을 향상시키는 교수 방법이다. 개별 유아의 언어적 기술에 초점을 맞추는 읽기 교수로써 어떤 유형의 책도 사용이 가능하지만 너무 쉽지도 어렵지도 않아야 하는데, 보통 내용의 90% 정도를 읽을 수 있는 책이면 적절하다. 수준별 시리즈 책이 가장 흔히 이용되는데, 교사는 유아의 읽기 수준을 잘 파악하여 그림책을 선정하면 된다. 안내하는 읽기의 특징은 다음과 같다.

- 소집단으로 보통 네 명 정도로 이루어지나 유아의 읽기 능력에 따라 인원수는 달라질 수 있다.
- 교사의 평가에 의거하여 유아의 읽기 능력이 바뀌면 소집단 구성도 달라진다.
- 연령에 상관없이 유아의 요구에 맞는 책을 선정한다.
- 안내하는 읽기는 유아가 혼자 힘으로 글을 유창하게 읽을 수 있도록 도와주는 교수 전략을 사용한다.
- 교사는 개별 유아에 대한 읽기 능력을 계속적으로 기록한다.
- 교사는 부모에게 쪽지를 보내 유아의 글자 인식을 도와줄 수 있는 방법을 제안한다.

- 쉬운 책 시리즈(『아침에 일어나면』-아침에 일어나서 유치원에 갈 때까지의 활동을 순서대로 기술한 이야기이다.)

① 교사는 책을 소집단 유아들에게 한 권씩 나누어 준다.
② 표지를 보고 제목을 읽는다. '아침에 일어나면.'
③ 어떤 내용인지 예측해 본다. '어떤 이야기일까 생각해 보자.'
④ 유아의 이름을 써서 각자 예측한 것을 기록한다.
⑤ 그림을 중심으로 몇 페이지 정도만 살펴본다. 그림책 끝까지 하지 않도록 한다.
⑥ 작은 소리로 소집단 모든 유아가 읽어 보게 한다.
⑦ 유아들이 책을 읽을 때 교사는 유아들을 관찰한다. 유아들이 어떤 단어를 잘못 읽는지 또한 틀리게 읽는지 관찰 기록하며, 뒤떨어지는 유아는 교사 옆에 앉혀서 더욱 세심하게 관찰해야 한다.
⑧ 교사의 관찰 결과를 토대로 소집단 모든 유아가 함께 학습할 수 있는 한두 가지를 찾아내어 직접적 교수를 한다. 예를 들어, '밥'이라는 단어를 잘 모른다면 칠판이나 큰 종이에 '밥'은 ㅂ, ㅏ, ㅂ 으로 이루어져 밥이라고 소리가 나게 된다는 것을 분석해 준다.
⑨ 예측한 내용에 대해 논의하거나 내용의 이해를 위한 활동을 하기도 한다.
⑩ 확장 활동으로 역할 놀이를 할 수도 있다.

안내하는 쓰기란 유아가 혼자 글쓰기를 하는 동안 교사가 개별적으로 쓰기에 관한 지도를 하여 유아에게 도움을 주는 시간을 의미한다.

4) 함께 읽기와 쓰기

'shared book experience'라고 불리는 이 읽기 방법은 큰 책을 이용하며, 보통 대집단 형태로 이루어진다. 만 2세부터 시작하여 초등학교 3학년까지 가장 효율적으로 이용할 수 있는 방법이다. 큰 책은 교사가 들고 조작하기가 힘들기 때문에 이젤을 사용하고 대집단용 교수 자료로 이용한다.

새 책을 소개할 때는 처음부터 끝까지 교사가 읽을 동안 조용히 듣도록 지도하는 것이 좋다. 점차 책의 이야기가 친숙해지면 유아의 참여를 권장한다. 왼쪽에서 오른쪽으로 글의 진행이나 소리와 글자의 대응을 가르치기 위해 [그림 4-5]에서 보는 바와 같이 지시봉을 사용하기도 한다. 예측 가능한 부분에서는 멈추어서 어떤 단어가 들어갈지 유아를 참여시킨다. 큰 책은 보통 크기의 그림책도 함께 준비되어 있어서 독립적 읽기 활동을 겸할 수 있어야 한다. 큰 책으로 적합한 그림책은 리듬과 반복 패턴이 있는 그림책이 좋다. 즉, 『아기 돼지 삼형제』나 『배고픈 애벌레』와 같은 예측 가능한 패턴이 있는 그림책이 적합하다.

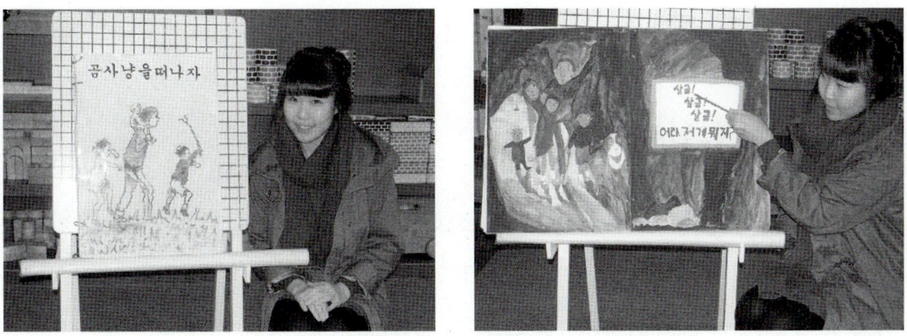

[그림 4-5] 큰 책을 이용한 함께 읽기

큰 책 만들기

큰 책은 대형크기의 그림책을 말하며, 크기는 36×51cm에서 70×76cm 정도로 만들 수 있다. 그림책을 확대 복사하여 간단하게 큰 책을 만들 수 있다.

- 준비물: 하드보드 표지 2장, 속지용 두꺼운 종이 10장 이상, 링 6개, 펀치
- 만드는 법: ① 표지와 속지의 위, 중간, 아래에 두 개씩 구멍을 뚫는다.
  ② 속지는 10장 이상 되도록 하여 링을 끼운다.
  ③ 그림책은 4~5cm 더 크게 확대 복사하여 붙인다.

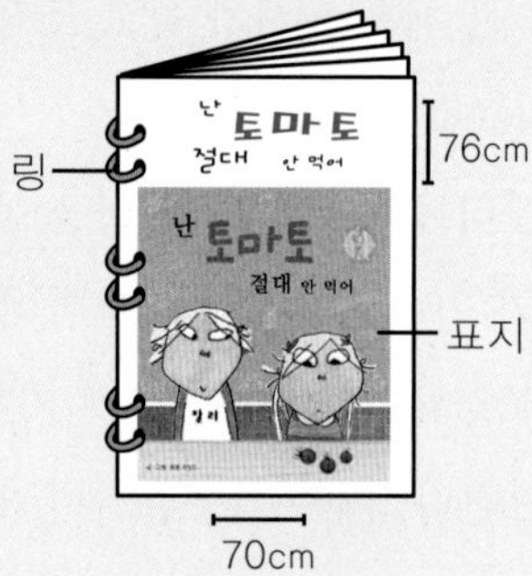

출처: Morrow L.B.(2001).

함께 쓰기는 상호작용적 쓰기라고도 불리는데, 교사와 유아가 함께 글쓰기 단계에 따라 화이트보드나 차트, OHP 등을 이용하여 집단으로 함께 이야기 쓰기를 하는 시간이다.

5) 소리 내어 읽기와 쓰기

소리 내어 읽기는 교사가 영유아에게 소리 내어 책을 읽어 주고 어떤 내용이었는지 함께 이야기 나누는 활동으로, 책의 내용이 현재 영유아에게 어렵지만 언어발달을 위해 필요하다고 판단될 때 사용하는 교수전략이다. 소리 내어 읽기는 현재 유아의 수준보다 좀 더 복잡한 내용의 언어를 들을 수 있는 기회를 제공해 준다. 교사는 유아의 발달 수준을 고려해야 하고 이야기가 너무 길거나 구성이 너무 복잡하면 효

율성이 떨어진다. 소리 내어 읽기는 그림책에 나오는 단어나 개념이 어려울 때 사용하므로 교사가 영유아에게 도움을 많이 제공하는 교수 방법이다. 따라서 [그림 4-6]에서와 같이 소리 내어 읽기 활동 후에 안내하는 읽기, 협동적 읽기, 독립적 읽기 활동을 하면서 교사의 개입을 점차 줄여 간다.

소리 내어 쓰기는 교사가 글쓰기를 할 때 어떤 사고 과정을 통해 글을 쓰기 되었는지 말해 주고 유아는 교사의 이야기를 들음으로써 글쓰기의 과정에 대한 이해를 하게 되는 교수전략이다.

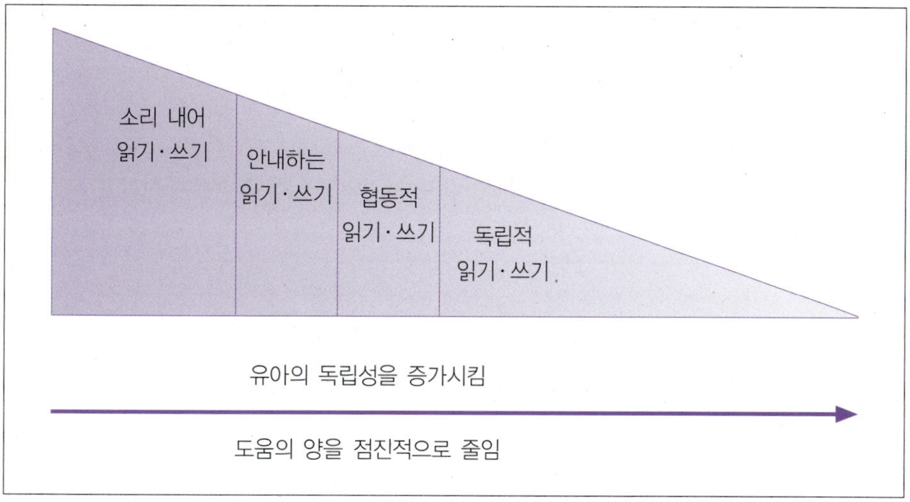

[그림4-6] 균형 잡힌 접근법의 언어지도 모형에 따른 직접적 교수 양의 조절

출처: Cooper(2003).

단원 평가

[문항 1] 다음 내용 중 총체적 언어교육의 특징과 거리가 먼 것은? (　　)

① 읽기 준비도 강조　　② 읽기 쓰기의 통합적 지도

③ 읽기에서의 이해 강조　　④ 다른 교과와의 통합 활동 강조

[문항 2] 모엔(Moen, 1991)의 문학적 접근을 위한 교수 방법 중 성격이 다른 하나를 고르시오 (　　)

① 이야기 지어 책으로 묶기　　② 가상하기

③ 벤다이어그램　　④ 등장인물 단평

[문항 3] 다음의 글을 잘 읽고 괄호 안에 적절한 단어를 쓰시오

(　　　　) 접근법에서는 자음과 모음의 체계, 철자법 등 글자의 형태를 강조하며 해독(decoding)을 중시한다. 총체적 언어 접근법은 듣기, 말하기, 읽기, 쓰기의 순서대로 가르치기보다는 (　　　　)적으로 가르쳐야 한다는 관점이다.

〈직무수행 능력평가〉

1. 평가 개요

- 성취기준: 부호중심과 총체적 문자언어 접근법에 대해 설명할 수 있다.
- 성취수준: 상– 각 문자언어 접근법을 지도사례에 따라 요소별로 설명한다.
  중– 각 문자언어 접근법을 이해하여 설명한다.
  하– 각 문자언어 접근법을 부분적으로 설명한다.

2. 문항형태: 토론형

3. 평가문항: 문자언어 접근법에 대한 다음의 사례를 보고 각 교사가 선호하는 언어 접근법은 무엇이며, 지도 사례별 문제점 및 장단점 보완을 위한 방법을 주제로 하여 토론하시오.

	A 교사	B 교사
지도 사례	**부호중심 접근법** 읽기 지도를 하기 위해서는 어릴 때부터 자모음 체계, 철자법 등을 반복해서 가르칠 필요가 있어요. 그래서 저는 우리반 유아들에게 매일 꾸준히 '점선 따라 쓰기'를 시키고 있어요.	**총체적 접근법** 읽기 지도는 자모음보다는 의미를 구성하는 전체적 이야기를 기본 단위로 가르쳐야 하죠. 그래서 저는 교실을 풍부한 문해 환경으로 만들어 주는 데 신경을 쓰고 있어요.

〈정답〉

- 단원평가: 문항 1: ① 문항 2: ③ 문항 3: 부호중심, 통합
- 직무수행평가: 부호중심 접근법은 문자 사용의 맥락과 분리된 반복된 문자지도로 유아의 흥미를 떨어뜨리고 실생활과 관련이 없다. 총체적 접근법은 이해에 초점을 두어 형식적으로 배우지 않은 단어나 문장은 거의 읽을 수 없어 학습의 효과가 떨어진다.

제 5 장

듣기와 말하기 지도

이 장은 영유아교육 현장의 교사를 위한 듣기와 말하기에 대한 실제적 지도 방법에 대한 내용이다. 듣기와 말하기는 영유아의 자연스런 일상생활 속에서 일어나며, 읽기와 쓰기를 위한 기초적 언어 능력이다. 따라서 단순히 소리를 듣는 것을 넘어서서 상대방의 생각을 알고 추론하고 예측하는 고등 수준의 정신작용이 포함된 듣기 지도 방법에 대해 소개한다. 말하기 역시 사고와 밀접한 관련이 있음을 염두에 두고 지도할 수 있는 방법에 대해 살펴보고자 한다.

교육 목표

- 듣기 지도 방법과 유형에 대해 이해하여 영유아를 위한 듣기 활동 실제를 수행할 수 있다.
- 말하기 지도 원리와 방법을 말하기 활동 실제에 적용할 수 있다.

문자언어인 읽기와 쓰기 발달의 기초가 되는, 듣기와 말하기는 유아교육 현장에서 계획되기도 하지만 흔히 일상생활의 속에서 일어나게 된다.

01 듣기 지도

듣기는 말하기와 함께 음성언어 혹은 구두 언어 또는 구어(oral language)에 속한다. 듣기(listening)는 말하기보다 먼저 발달하며 영아의 듣기 능력은 말하기와 그 이후의 읽기와 쓰기 발달에 중요한 영향을 미친다. 듣기에 문제를 가진 유아는 보통 말하기, 읽기, 쓰기의 문제도 함께 갖는다는 점에서 듣기는 가장 기초적인 언어 능력이다(이지현 외, 2009).

듣기 능력에는 청각적인 기능과 인지적 사고 과정이 포함된다. 듣기는 단순히 소리를 듣는 것만이 아니라 소리 자극들을 종합하여 그 의미를 능동적으로 구성하는 과정이다. 따라서 듣는다는 것은 상대방의 말소리를 청각적으로 구분하고 사고 과정을 통해 그 의미를 이해해야만 한다. 낮은 수준의 듣기는 말소리를 지각하고 해독하는 것이다. 높은 수준의 듣기는 말하는 사람의 중심 생각 알기, 드러나지 않은 내용 추론하기, 그리고 앞으로의 내용 예측하기 등을 포함하는 고등 수준의 정신 작용이다. 이와 같은 고등 정신 작용은 지도가 가능한 것이며, '높은 수준의 듣기'는 곧 '높은 수준의 사고'라고 할 수 있다.

듣기의 두 과정을 구별하면 〈표 5-1〉과 같다.

〈표 5-1〉 듣기의 두 가지 수준

낮은 수준 듣기(hearing)	높은 수준 듣기(listening)
• 자연스럽게 발달되는 청각 기능	• 학습되고 연습되는 인지 능력
• 소리를 받아들이는 행위로 출생 전부터 시작됨	• 사고 과정으로 들리는 소리를 해석하려고 시도하기 전에는 시작되지 않음
• 청각 자극을 두뇌로 전달하는 귀의 생리적 기능에 의존함	• 경험과 기술 및 연습에 좌우된다.
• 주의를 기울이지 않아도 되는 무의식적 작용임 • 다양한 소리를 동시에 들음	• 주의를 기울여 듣는 의도적인 작용이다. • 의식적으로 주의를 분산시키는 요소들을 걸러 내며 주의를 집중함
• 특정 목적이 있는 것은 아님	• 마음속에 분명한 목적이 있을 때 일어남
• 기술적 장치(예: 보청기)를 통해 더 나아질 수 있음	• 연습과 훈련을 통해 증진될 수 있음
• 노년이 되면서 기능이 감퇴함	• 연령이 증가하면서 생기는 인내와 지혜로 더 잘하게 됨

출처: 이지현 외(2009).

정리하면, 듣기 경험은 높은 수준의 지적 능력을 요하는 중요한 교육경험이다. 교사는 좋은 듣기 습관, 높은 수준의 듣기 능력, 듣기를 중요하게 여기는 태도를 보여주어 이러한 것들을 유아가 자연스럽게 학습할 수 있도록 배려해야 한다.

1) 듣기 지도유형

듣기 지도는 다음의 네 가지로 구분할 수 있다(Wood, 1994, 임미선, 2014, 재인용).

(1) 반동적 듣기(reactive listening)

교사가 들려준 그대로 따라 말하게 하는 방법이다. 이 방법은 의미 구성적 처리과정이 별로 필요 없다. 청자의 역할은 단순히 그대로 따라 하면 된다. 말소리, 단어, 그리고 세부내용을 기억하는 능력을 길러 줄 수 있다.

(2) 집중적 듣기(intensive listening)

발화의 여러 가지 요소들에 초점을 둔다. 예를 들면, 음소, 단어, 억양 등 상향식 처리과정을 중요시하는 방법이다. 교사는 단어나 문장을 반복하여 들려주고 유아가 마음속에 새겨 두게 한다. 문장이나 또는 조금 더 긴 담화를 들려주고 특별한 요소들, 억양, 강세, 대비, 문법적 구조 등을 찾아내게 하는 방법이다

(3) 반응적 듣기(responsive listening)

교사가 하는 말을 유아가 듣고 즉각적으로 그리고 적절하게 대답하게 하는 방법이다. 예를 들면, 간단하게 질문하기(안녕하세요? 어젯밤에는 무엇을 했나요?), 간단하게 요구하기(연필과 종이를 꺼내세요), 명료화하기(네가 한 말이 무슨 뜻이야?), 이해를 점검하기(그래서 불이 꺼졌을 때 엘리베이터에는 몇 사람이나 있었니?) 등의 방법을 사용할 수 있다.

(4) 선택적 듣기(selective listening)

한두 문장이 아니라 그 이상으로 말이 길어지면 유아는 화자가 말하는 모든 정보들을 다 처리하지 않고 특정 정보들을 선택적으로 처리한다. 이런 수행은 매우 포괄적이고 일반적인 의미를 찾기 위한 것이 아니라 중요한 의미를 찾기 위한 것이다. 따라서 선택적 듣기는 집중적 듣기와는 다르다. 선택적 듣기를 위한 지도는 예를 들면 교사가 사람들의 이름, 날짜, 특정 사건이나 사실, 위치, 상황, 맥락, 주요 아이디어, 결론 같은 것 등을 물어봄으로써 지도할 수 있다.

(5) 상호작용적 듣기(interactive listening)

토의, 토론, 대화, 역할 놀이, 그 밖의 집단 놀이 등을 통해서 지도하는 방법이다. 즉, 유아가 이런 상황에서 능동적으로 듣고 말하게 함으로써 지도하는 방법이다. 이는 말하기 기술과 통합하여 지도할 수 있다.

2) 듣기 지도 방법

영유아교육 현장에서 유용하게 이용할 수 있는 듣기 지도 방법을 소개하면 다음과 같다.

(1) 교사가 듣기의 모델이 되어야 한다.

교사는 유아가 하는 말을 주의 깊게 경청함으로써 듣기 모델이 되어 준다. 좋은 듣기 모델이 되기 위해 교사는 유아의 눈높이로 자세를 낮춘다. 얼굴을 바라보면서 유아의 말을 듣는다. 유아가 말을 하는 동안 고개를 끄덕여 주거나 유아의 말을 확인하여 잘 듣고 있음을 보여 주어야 한다.

(2) 교사는 유아의 듣기를 돕기 위해 교수 매체를 활용한다.

듣기를 위해 방해를 받지 않는 조용한 공간을 제공하고, 듣기를 도울 수 있는 다양한 교수 매체(녹음기, 오디오, 인형 등)를 준비하여 이용한다.

(3) 유아의 듣기를 위해 교사의 말은 간단 명료해야 한다.

유아에게 지시를 할 때 한 개에서 두 개씩 점차 늘려 나가도록 한다.

[그림 5-1] "손 씻고 간식 먹자."

(4) 소리를 듣고 변별하는 경험을 한다.

여러 가지 소리에 관심을 갖고 주의를 기울이며 들은 소리나 단어를 지각하고 변별할 수 있도록 다양한 소리를 들려주는 활동을 계획한다. 유아교육기관의 하루 일과 중 이루어질 수 있는 듣기 변별 활동으로는 듣기를 위한 효과적인 신호로서 소리나 음악을 사용할 수 있다. 예를 들어, 종소리나 피아노 소리 등은 '지금은 모이는 시

[그림 5-2] 녹음기를 이용하여 다양한 소리를 변별할 수 있다.

간'이라는 신호 소리로 유아들이 변별하게 된다. 자유 선택 놀이 시간에 배경음악을 들려주면 '자유 선택 놀이 시간'이라는 신호 소리로 변별할 수 있게 된다. 또한, 듣기 영역에서 녹음기를 이용하여 다양한 소리를 인식하고 구별하는 활동을 하는 것도 효과적이다.

3) 듣기 지도 실제

(1) 소리 변별하기

여러 가지 소리에 관심을 갖고 주의를 기울이며 들은 소리를 변별할 수 있는 활동을 준비할 수 있다. 음향효과 만들기 활동은 듣기 기술을 증진시킬 수 있는 좋은 활동이다. '동물농장'과 같은 노래에 실제 동물의 울음소리를 녹음하여 들려주고 이를 주의 깊게 들어보게 한 후 이를 흉내 내거나 다양한 주변 용품을 이용하여 소리를 만들어 보게 함으로써 유아가 주의 깊게 듣는 것에 대한 관심을 유발시킬 수 있다.

〈표 5-2〉 소리 변별하기 활동 실제

음향효과 만들기	
활동 자료	앞치마 동화, 등장 동물 인형, 녹음테이프
활동 방법	① '닭장 속에는 암탉이'라는 노래를 부른다. ② 동물농장에 나오는 동물의 울음소리를 들려준다. ③ 녹음기에서 나오는 동물의 울음소리를 듣고 해당하는 동물 인형을 찾아 앞치마에 붙인다.

(2) 듣기 게임

말 전달하기, 소리 알아맞히기, 언어적 지시에 따르기 등 다양한 게임을 통해 듣기를 경험해 본다.

〈표 5-3〉 듣기 게임 활동의 실제 1

이야기 듣고 움직이기		
목표	낱말과 문장을 듣고 이해하기 낱말과 지시사항을 주의 깊게 듣고 이해하여 몸으로 표현한다.	
자료	여러 가지 악기 또는 동작 표현을 돕는 음악	
활동 방법	교사가 지시하는 이야기를 듣고 몸으로 표현한다.	"우리 같이 걸어 보자." "뱀처럼 기어 볼까?" "토끼처럼 뛰어 보자." "큰 곰처럼 걸어 보자."
	교사는 유아가 활동에 흥미 있게 참여하도록 악기를 연주한다.	큰 북을 느리게 친다. "큰 곰이 산으로 천천히 올라가고 있네."

〈표 5-4〉 듣기 게임 활동의 실제 2

들은 것을 그림으로 바꿔 보기		
활동 자료	그림 그릴 종이, 그림 그릴 도구(그림물감, 사인펜, 연필 등), 들려줄 이야기 내용	
활동 방법	① 교사가 활동 내용에 대해 유아에게 설명을 한다.	"오늘은 선생님이 짧은 이야기를 들려줄게. 잘 듣고 들은 대로 그림으로 그려 보자." "다 듣고 난 뒤에 선생님이 들려준 대로 잘 그렸는지 맞혀 보기로 하자."
	② 교사는 다음의 이야기를 큰 소리로 여러 번 들려준다.	"사람이 한 명 땅 위에 서 있습니다. 그 사람은 머리가 아주 길어요. 그리고 노란색 치마를 입고 있어요. 빨간색 신발도 신었어요. 손에는 네모난 가방을 들고 있어요. 그리고 그 사람의 옆에는 커다란 나무가 서 있어요. 하늘에는 구름이 떠 있어요. 그런데 다리가 6개 달린 까만 개미 한 마리가 그 사람의 발을 향해 기어가고 있네요."
	③ 유아는 교사가 들려준 대로 그림을 그린 후 이야기 내용을 비교해 본다.	

(3) 음악 듣기

음악 듣기는 유아의 감상적 듣기 능력뿐만 아니라 심미감을 키우는 데 도움이 된다. 교사는 유아가 다양한 음악을 들을 수 있도록 계획한다. 음악 듣기 활동은 음악을 듣고 음악의 느낌, 소리, 악기 등을 표현해 보는 활동, 언어 음률 영역에서 헤드폰을 통해 개별적으로 듣기, 일과 활동 중 자유 놀이 시간, 간식 시간, 휴식 시간, 미술 활동 시간에 적합한 음악을 배경음악으로 들려주기 등이 있다. 음악의 종류는 동요, 전래동요, 민요, 국악, 서양 고전음악, 왈츠 등 다양한 문화권의 다양한 음악을 포함한다. 음악 감상 활동을 소개하면 다음과 같다.

〈표 5-5〉 음악 감상 활동의 실제

「결혼행진곡」 감상하기		
활동 목표	음악을 바른 태도로 듣고 감상한다. 형식에 따라 변화를 주어 악기 연주를 할 수 있다.	
활동 자료	멘델스존 '결혼행진곡' CD, CD 플레이어, 리듬악기, 우드블록, 트라이앵글, 탬버린, 리듬막대 등	
활동 방법	① 결혼식 비디오를 소개한다.	"결혼식에 가 본 적이 있니?" "신랑과 신부가 입장할 때 어떤 음악이 나왔니?"
	② 멘델스존의 '결혼행진곡'을 감상한다.	"음악을 들으니 어떤 느낌이 드니?"
	③ 제목과 작곡가를 소개한다.	
	④ 음악 속에서 반복되는 부분을 찾아본다.	
	⑤ 음악과 어울릴 만한 악기를 정한다.	"이 부분은 어떤 악기로 연주하면 어울릴까?"
	⑥ 음악에 맞추어 리듬악기로 연주한다.	
	⑦ 연주한 '결혼행진곡'을 녹음하여 감상한다.	"악기로 연주한 음악을 들으면 어떤 차이가 있을까?"

출처: 교육과학기술부(2010).

(4) 동화 · 동시 듣기

유아에게 들려줄 동화는 주제가 간단하면서도 명료하며 대화체가 풍부하고 친숙한 사건으로 구성되어 있는 것이 좋으며 반복과 운율이 있어 리듬감이 있고 쉽게 기억할 수 있는 것이 좋다. 또한, 진행하고 있는 생활 주제와 관련이 있는 것이 더욱 효과적이다. 동화는 교사가 직접 구연을 통해 들려주는 것이 좋으며 그림동화나 융판 등 매체를 활용할 경우 동화의 내용에 적합한 매체를 활용하는 것이 좋다.

유아에게 동시 감상은 듣기 능력뿐 아니라 언어표현력, 정서함양 및 창의력 증진을 돕는다. 동시는 생활 주변이나 자연 현상에 관한 내용, 신비롭고 환상적인 내용, 유머가 담겨 있는 것 등으로 다양하게 선정하되, 리듬과 운율이 있는 것으로 한다. 적절한 음악을 배경으로 들려주는 것도 좋다. 동화나 동시를 듣고 난 다음에 내용을 다시 회상해 보도록 할 수도 있고 그 내용과 관련된 유아의 경험이나 느낌 등을 자유롭게 이야기할 수 있는 시간을 가질 수도 있다.

〈표 5-6〉 동시 감상의 실제

「배」		
목표	동시를 즐겨 듣는다. 동시를 듣고 배의 특성을 이해한다.	
자료	「배」 동시 판, 파도 소리와 갈매기 소리를 녹음한 테이프, 녹음기	
활동 방법	녹음기를 통해 바다의 파도 소리, 갈매기 소리를 들어 본다.	"이 소리를 들어본 적이 있니? 무슨 소리일까?"
	동시를 들려준다.	
	어떤 느낌이 들었는지 이야기 나눈다.	"어떤 생각이 드니? 재미있는 말은 무엇이니?"
	녹음된 파도 소리, 갈매기 소리와 함께 동시를 한 번 더 들려준다.	

출처: 교육과학기술부(2010).

02 말하기 지도

유아의 말하기 지도는 생활 속에서 자연스럽게 이루어지는 여러 가지 대화를 통해서 쉽게 길러질 수 있다. 따라서 교사는 말하기의 모델이 되어야 한다. 질문을 하고 답을 할 수 있는 기회를 많이 주고 자연스러운 대화, 토의, 보고, 지시, 요구 등 다양한 형태의 말을 많이 해 볼 수 있게 하는 것이 말하기 지도의 가장 좋은 방법이다.

1) 말하기 지도 기본 원리

유아의 말하기 지도의 기본 원리는 다음과 같다.

(1) 아이디어와 생각을 나타내기 위해 말하는 경험을 하도록 지도한다.

아이디어와 생각을 나타내기 위하여 말하기는 진짜 이유가 있는 말을 여러 가지 상황에서 여러 유형의 사람들에게 말해 보는 기회를 가져야 가능하다. 1960년대 이후 연구들은 반복과 연습이라는 인위적인 방법을 통해 분절된 언어 능력을 가르치는 것이 별 효과가 없다는 것을 인식하게 되었다. 그래서 인위적이고 분절된 말하기 지도보다는 이야기하기, 토의하기, 그리고 창의적인 극놀이 등을 통해 창의적인 언어 활동을 하는 것이 유아의 말하기 발달에 좀 더 효과적이라는 생각을 하기 시작했다.

(2) 능동적인 의미 구성의 과정을 경험시켜야 한다.

언어교육은 다른 지식 교육과는 달리 언어 사용 기술을 익히게 해야 한다. 언어 사용 기술은 추상적인 규칙을 암기하거나 반복적으로 연습한 것을 재생해 내는 그런 기술이 아니다. 언어 사용 기술은 자신의 경험을 논리적으로 연결하여 설명할 수 있어야 하고 이야기를 창의적으로 만들어 낼 수 있어야 하며, 자신의 말을 다른 사람이 이해하고 반응할 수 있도록 의미를 메시지로 구성하고 바꿀 줄 알아야 한다. 그러기 위하여 화자는 비판적으로 생각하고 자기 판단의 목소리를 낼 수 있어야 한다. 또한, 말하기를 통해서 나타난 자신의 잘못된 표현을 인식하고 그것을 교정할 수도 있어야 한다. 이처럼 말하기는 학습 및 사고의 발달과 밀접한 관계가 있다.

말하기는 유아가 자신의 생각을 조직하고 아이디어에 초점을 맞추어야 하는 사고 활동인 것이다. 이런 능력은 능동적이고 직접적인 경험을 통해서만 길러질 수 있다. 따라서 능동적 말하기는 질문하기, 대답하기, 소개하기, 설명하기, 주장하기, 논쟁하는 등의 경험을 통해서 이루어지도록 지도해야 한다.

(3) 사회적 맥락 내에서 말하기를 경험시켜야 한다.

인간은 사람, 물건, 장소, 사건, 그리고 개인의 감정 등 의미 있는 정보를 타인과 나누기 위해서 말을 하며 다른 사람의 마음을 변화시키기 위해서 말을 한다. 다른 사람의 마음을 효과적으로 설득하기 위해서는 반드시 말을 듣는 대상의 특성(연령, 성별, 태도, 성격 등)을 고려해야 한다. 또 말을 잘하기 위해서는 여러 가지 상황적인 요구를 배려할 수 있는 능력도 필요하다. 말을 할 때 여러 가지 사회적 장면들이 있기 마련이다. 교실에서, 대중 앞에서, 소집단에서 둘만의 조용한 곳에서 말하기는 각각 달라야 한다. 혼자서 길게 말해야 하는 경우, 많은 사람들이 함께 토론할 때, 두 사람이 형식 없이 자유롭게 말해야 하는 경우 등 상황에 따라 적절하게 말을 할 수 있어야 잘하는 말이 된다. 말을 할 때 사회적 규칙이나 문맥 요인을 민감하게 고려할 줄 아는 능력은 3, 4세가 되어야 생기기 시작한다. 사회적 장면에 따라 달리 말하는 것을 배우는 것도 유아의 말하기 발달과제 중 하나이다(조정숙 외, 2007).

(4) 각 언어 능력이 서로 긴밀히 연결된 통합된 언어 사용 능력을 경험시켜야 한다.

말하기는 읽기와 연결된 활동으로 계획할 수 있으며, 말하기의 주요 요인을 따로 가르칠 것이 아니라 이 모든 요인들이 총체적으로 작용하여 언어가 기능적으로 사용되는 것을 경험해야 한다.

2) 말하기 지도 방법

영유아의 발달 수준에 따른 말하기 지도 방법에 대해 알아보면 다음과 같다.

말하기를 시작하는 영아를 위한 말하기 지도

① 말할 때 교사의 얼굴과 입을 분명하게 보게 한다.

② 교사는 자세를 낮춰 영아의 눈높이에 맞추어 말을 한다.

③ 간단한 몸짓을 사용하여 손에도 말하는 내용의 의미가 들어가게 한다.

④ 영아의 비언어적 반응에 주의를 기울여서 그 상황에 적절한 단어로 말한다.
(예 "여기 공이 있네.", "이 개는 물지 않아.", "과자 먹고 싶니?")

⑤ 말을 하려는 영아의 시도를 받아들인다.

⑥ 단어나 소리를 따라 하는 게임을 한다. 흥미를 보이지 않으면 즉시 그만둔다.

⑦ 몸짓을 사용하여 짧게 말한다.
(예 "장남감을 바구니에 담자.", "이제 들어갈 시간이다.")

⑧ 영아가 어떤 말을 모방하면 미소를 짓거나, 만져 주거나 혹은 말로써 격려해 준다.

⑨ 교사는 반응해 주기 전에 영아의 말이 다 끝날 때까지 충분히 기다린다.

유아를 위한 말하기 지도

① 유아의 개념형성을 위해 말하는 문장의 적절한 분류나 범주를 포함하는 것이 좋다.
(예 "개와 고양이는 동물이야.", "개나리도 꽃이고 진달래도 꽃이지.")

② 특성을 발견하기 위한 질문을 한다.
(예 "꼬리가 있니?")

③ 차이점과 유사점에 대한 질문을 한다.

④ 대화 속에서 문장 패턴을 시범 보인 후 그 패턴을 적절히 모방할 수 있는 간단한 질문을 한다.
(예 "이 포도는 시네. 너는 포도 맛이 어떠니?")

⑤ 순서에 대한 개념을 형성하도록 돕는다.
(예 "처음에 어떤 일이 일어났니?", "그다음에는 어떻게 되었니?", "마지막에는 어떻게 되었니?")

⑥ 지시는 분명하게 말하는 것이 좋다. 처음엔 하나의 지시에서 시작하여 두 개로, 두 개에서 세 개로 늘려 가는 것이 좋다.
(예 "먼저 손을 씻고, 과자를 먹도록 하렴.")

⑦ 말할 때 전치사를 사용한다.
(예 "선반 위에 장난감을 놓자.", "블록이 박스 안에 들어 있네!")

⑧ 형용사나 비교급을 사용한다.
(예 "이 축구공이 저 야구공보다 크다.", "보들보들한 인형을 찾아보자.")

⑨ 유아에게 언어 전달을 해 보게 한다.
(예 "하늘반 선생님에게 인형극 보러갈 시간이라고 말씀드릴 수 있겠니?")

⑩ 원인과 결과를 발견하도록 돕는다.
(예 유아: "선생님, 벌레 무서워요." / 교사: "벌레가 왜 무서울까?")

⑪ 유아의 말을 잘 듣고 모든 유아의 말에 반응할 수 있도록 노력한다.
(예 "선생님은 너희들 얘기를 모두 듣고 싶어.", "지혜가 다시 얘기해 보겠니?", "종우야, 지혜가 말한 다음에 말하도록 하자.")

3) 말하기 지도 실제

(1) 극놀이

놀이는 대화를 자극한다. 어떤 놀이는 다른 놀이보다 말하기를 더 증진시키는데, 그림 그리기나 퍼즐 맞추기와 같은 조용한 놀이는 말하기가 제한되는 경향이 있는 반면, 극놀이를 하는 동안 유아는 끊임없이 말과 행동을 반복하게 된다. 극놀이를 통해 유아는 자신의 생각을 단어로 말하는 능력과 대화의 기술을 발달시키게 된다.

극놀이는 유아 주도적이며, 아이디어는 유아의 생각과 경험에서 나오게 된다. 유아가 극놀이에 흥미를 잃어 가거나 놀이를 시작하는 데 어려움이 있을 때, 교사는 놀이에 함께 참여할 수 있다. 이때 교사는 유아가 만든 상황의 역할에 대해서 이야기하면서 말하기를 격려할 수 있으며 사물을 상징적으로 사용하고 새로운 어휘를 소개하고 제안하고 질문하는 등 다양한 맥락에서 언어를 사용하도록 도울 수 있다. 극놀이에서 놀이참여 형태에 따른 교사의 말하기를 정리해 보면 다음과 같다.

❶ 공동 놀이자

공동 놀이자(coplayer)의 역할을 하는 교사는 극놀이에서 최소한의 역할을 맡고 유아가 중요한 역할을 맡도록 하여 유아가 대부분의 놀이 시간을 주도해 가도록 한다. Johnson 등은 다음과 같은 놀이상황을 제시하여 공동 놀이자의 역할을 하는 교사의 말하기를 소개하고 있다.

〈표 5-7〉 공동 놀이자로서 말하기

역할 놀이 영역에서 두 명의 유아가 밀가루 반죽을 가지고 햄버거 만들기를 하고 있다. 교사는 몇 분 정도 놀이하는 모습을 보면서 관찰하고 있는데 유아들이 교사를 놀이에 초대한다.			
유아 1:	햄버거 좋아해요?	교사	네, 좋아해요.
유아 1:	(둥그런 밀가루 반죽 덩어리를 내밀면서) 여기 있어요.	교사	어머나! 고마워요. 맛있어 보이네요.
유아 1:	소스를 발라서 먹으세요.	교사	고마워요. 케첩 있어요?
유아 1:	네. 지혜야, 여기 케첩.		
유아 2:	자, 여기요(작은 블록을 주면서).	교사	고마워요. 그런데 이 케첩은 어떻게 열어야 해요?
유아 2:	내가 해 줄게요(블록을 돌려서 뚜껑을 여는 흉내를 낸다).	교사	정말 고마워요(케첩을 햄버거에 뿌리는 시늉을 한다).
유아 1:	맛이 어때요?	교사	아주 맛있어요.

〈표 5-7〉에서 교사가 유아와의 대화를 이끌어 가는 데 세 가지 말하기 유형을 사용한 것을 알 수 있는데, 이 세 가지 유형은 공동 놀이자로 참여할 때 교사가 가장 빈번하게 사용하는 말하기이다(Wood et al, 1980).

① 정보에 대해 질문하기: "케첩 있어요?"
② 지시에 대해 질문하기: "이 케첩은 어떻게 열어야 해요?"
③ 유아의 행동과 말에 대한 반응하기: "아주 맛있어요."

❷ 놀이 교수자

놀이 교수자(play tutor)로서 교사는 놀이에 더 많은 영향력을 발휘하고 새로운 놀이 주제를 제안하여 놀이를 시작한다. 놀이 교수자의 역할을 하는 교사의 말하기는 극놀이를 활성화시키는 데 초점을 두어야 하는데 〈표 5-8〉을 통해 살펴보자.

〈표 5-8〉 놀이 교수자로서 말하기

자유 선택 놀이 시간에 교사는 한 유아가 쌓기 영역에서 혼자서 놀이하는 것을 발견하였다. 그런데 이 유아는 블록으로 구성 놀이나 극놀이를 하는 것이 아니라 단지 쌓았다가 부쉈다를 반복하고 있는 것을 관찰하였다. 교사는 오늘 이 유아가 새 신발은 신고 온 것에 착안하여 다음과 같은 대화를 진행한다.			
방법 1 (외적 개입)			
유아		교사	신발가게 아저씨! 정말 신발이 많네요. (블록들을 가리키면서) 신발은 많이 팔았아요?
유아	아뇨.	교사	그럼 신발을 사람들이 잘 볼 수 있도록 큰 블록을 꺼내서 선반을 만들면 어때요? (신발가게를 구경할 다른 유아를 데리고 온다.)
방법 2 (내적 개입)			
유아		교사	신발가게 아저씨! 저기 있는 저 신발을 사러 왔어요. (작은 블록을 가리키면서)
유아	어떤 거요?	교사	이 갈색 신발 어때요? (작은 블록을 집어 들어 발에 신어 보는 척한다.)
유아	마음에 들어요?	교사	아뇨, 조금 작아요.
유아	자, 이거 신어 보세요. (교사에게 두 개의 조금 큰 블록을 내민다.)	교사	네, 고마워요.

교사는 적절한 말하기를 통해 극놀이에서 유아의 말하기를 증진시키고 다른 유아와의 언어적 상호작용을 일으킬 수 있다.

(2) 이야기 나누기

이야기 나누기는 교사와 유아가 함께 모여 앉아 서로 정보를 교환하거나 서로의 생각을 들어 보거나 의사 결정하기 등을 하는 것이다. 이야기 나누기의 주제는 주로 하루의 일과 계획 및 평가, 날씨 계절의 변화, 주변 사물이나 사회 현상, 사람들의 활동 등 일상생활에 관련된 것과 진행 중인 교육 주제와 관련된 것으로 이루어질 수 있다. 유아는 이야기 나누기를 통해 관심과 지식의 범위를 넓혀 가고 자신이 경험한 것이나 생각한 것을 말로 표현하는 의사소통 능력을 기르며 의사 결정에 참여하게 된다. 이야기 나누기 하는 동안 교사의 말하기 지도 방법은 다음과 같다.

- 유아가 자유롭게 말할 수 있는 수용적인 분위기를 만들어 다양한 질문과 의견을 제시하도록 격려하는 것이 중요하다.
- 어떤 주제를 중심으로 토의할 때는 자신의 관점과 다른 사람의 관점이 다를 수 있음을 수용할 수 있도록 지도한다.
- 교사는 수렴적 · 확산적 발문을 적절히 활용하여 유아가 다양한 생각과 이야기를 할 수 있도록 해야 한다. 또한, 교사가 유아에게 질문을 한 후에는 생각할 시간을 주는 것이 좋다

〈표 5-9〉 이야기 나누기 활동-말하기 지도

<table>
<tr><th colspan="3">여러 가지 거미들</th></tr>
<tr><td colspan="3">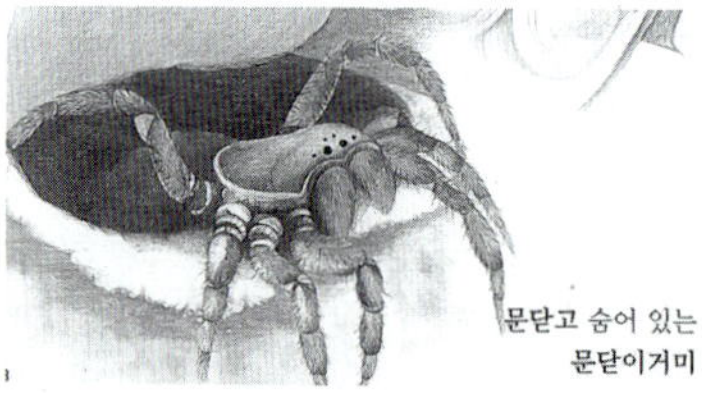

</td></tr>
<tr><td>활동 목표</td><td colspan="2">거미에 관심을 갖고, 사는 곳과 생활 습성에 따른 거미의 종류를 안다.</td></tr>
<tr><td>활동 자료</td><td colspan="2">여러 가지 거미들 그림책</td></tr>
<tr><td rowspan="2">활동 방법</td><td>① 거미에 대해 경험한 것을 이야기 나눈다.</td><td>"거미를 본 적이 있니?"<br>"어디에서 보았니?"<br>"무엇을 하고 있었니?"<br>"거미를 보았을 때 어떤 느낌이 들었니?"</td></tr>
<tr><td>② 책을 보여 주고 이야기 나눈다.</td><td>"어떤 거미들이 있는지 볼까?"<br>"어떤 거미가 마음에 드니? 그 거미의 이름은 어떻게 지어진 걸까?"<br>"큰 나뭇가지 사이에 둥근 그물을 치고 있는 나는 호랑 무늬가 그려진 거미란다. 내 이름은 뭘까?" (호랑거미)
"벼랑의 비탈진 곳에는 문닫이 거미가 굴을 파고 숨어 있어." (문닫이거미)
"잎이나 나뭇가지에서 깡충깡충 다니며 먹이를 찾고 있는 거미가 있네. 깡충깡충 다니는 나는 이름이 뭘까?" (깡충거미)</td></tr>
</table>

출처: 한국어린이육영회(2002).

(3) 동극

동화의 내용을 중심으로 극화해 보는 활동이 동극이다. 유아에게 들려준 동화 중 대사나 동작이 재미있거나 반복적인 내용의 동화를 동극으로 연계하여 활동을 진행할 수 있다. 유아는 동극을 준비하거나 상연하면서 자신의 생각, 느낌 등을 표현할 수 있는 기회를 얻는다. 또한, 동화 내용에 대한 이해 능력뿐 아니라 이야기의 구성 능력, 언어표현 능력이 증진될 수 있다.

(4) 말하기를 돕는 그 외 활동들

❶ 인형을 이용하여 활동하기

유아들이 인형을 이용하여 공연하는 것을 다른 유아들이 관람하는 활동은 말하기를 도울 수 있는 활동 중 하나이다. 인형을 이용한 활동은 의사소통 기술을 향상시키고 일상생활과 관련된 언어를 사용하기 때문에 그 내용을 추론할 수 있고 협동할 수 있도록 도와주며, 교육과정을 통합하도록 해 준다.

❷ 인터뷰하기

면담하기는 유아가 미리 문제를 만들어 말을 할 수 있는 기회를 제공한다. 원장, 버스 기사, 요리사, 부모, 지역사회의 다양한 구성원들을 교실에 초청하여 직업이나 다양한 주제에 대하여 이야기해 볼 수 있다.

❸ 이야기 꾸미기

- 글자 없는 그림책 보면서 이야기 꾸미기
- '마치 ~인 것처럼' 행동하며 이야기 꾸미기
- '만일 ~면' 상상하여 말하기

〈표 5-10〉 상상하여 말하기 활동

상상하여 그리고 말하기		
활동 자료	활동지, 그림 그릴 도구(크레파스, 사이펜, 연필 등)	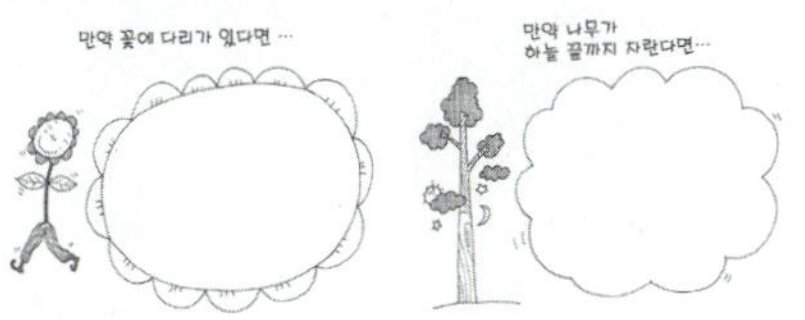
활동 방법	① 교사가 활동 내용에 대해 유아들에게 설명한다.	"만약 꽃에 다리가 있다면 / 만약 나무가 하늘 끝까지 자란다면 어떤 일이 일어날까?" "선생님이 나누어 준 종이에 자기가 상상한 것을 그려 보고 친구들에게 말해 보기로 하자."
	② 유아는 그림을 그린 후 이야기 내용을 교사와 다른 유아들에게 말한다.	

단원 평가

[문항 1] 다음 듣기 지도에 관한 사례 중 적절하지 않은 내용은 무엇인가? (　　)

① 유아가 말을 하는 동안 고개를 끄덕여 주거나 유아의 말을 확인하여 잘 듣고 있음을 보여 주었다.
② 다양한 게임을 통해 듣기를 경험해 본다.
③ 유아의 듣기를 위해 교사는 길고 복잡한 구조로 말한다.
④ '지금은 모이는 시간'이라는 신호 소리로 종소리를 사용하였다.

[문항 2] 다음은 교사가 유아의 말하기 지도를 위해 어떤 부분을 강조한 것인가? (　　)

"개와 고양이는 동물이야.", "개나리도 꽃이고 진달래도 꽃이지."

① 순서에 대한 개념을 형성
② 말하는 문장의 적절한 분류나 범주
③ 차이점과 유사점에 대한 질문
④ 원인과 결과를 발견

〈정답〉

- 단원평가: 문항 1: ③　　문항 2: ②

제 6 장

읽기 지도

영유아의 읽기 지도를 해독과 이해로 나누어 실제적 교수전략을 소개하였다. 많은 사람은 해독과 읽기를 같은 것으로 인식하지만, 해독은 읽기를 위한 충분한 요소가 아니다. 글의 해독과 이해는 분리된 것이 아니라 상호작용적인 것으로 영유아교육 현장에서 어떻게 접근할 것인지에 대한 구체적인 내용을 살펴보았다.

교육 목표

- 읽기의 해독과 이해과정에 대한 이론적 특징을 열거할 수 있다.
- 해독과 이해 교수전략을 적용한 모의수업을 수행할 수 있다.

01 읽기는 무엇인가?

읽기는 시각적으로 제시된 글자를 부호화할 뿐 아니라 그 의미를 이해하는 과정이며 의미의 이해는 상호 관련된 정보들이 통합되고 결합되는 고도의 정신적 기술이 요구된다. 따라서 읽기 지도의 전략은 글자의 해독과 글의 이해를 잘하기 위해 필요한 기술을 훈련시키는 것이다.

읽기는 단순한 과정이 아니다. 유아가 읽기를 할 때는 많은 요인과 요소들이 상호작용하게 된다. 그런 과정 중 중요한 두 가지는 말하는 것이 글로 쓰여져서 읽을 수 있다는 해독과 의미를 추출해 내는 과정을 이해하는 것이다. 읽기를 처음 배우는 유아와 글자를 잘 읽을 수 있게 된 유아에게 있어 이 두 가지, 즉 해독과 이해에 대한 강조는 달라져야 한다.

많은 사람들은 글자를 해독하는 것과 읽기를 동일한 것으로 생각하지만, 그렇지 않다. 해독은 필수적인 요소이지만 읽기를 위한 충분한 요소는 아니다. 유아는 읽기를 배워 가면서 해독과 이해를 상호작용하게 된다. 따라서 읽기 지도는 자모음 원칙에 대한 관심과 유창성 개발의 기회를 제공함은 물론, 의미 구성에 대한 관심을 통합해야 한다(Snow Burns & Griffin, 1998).

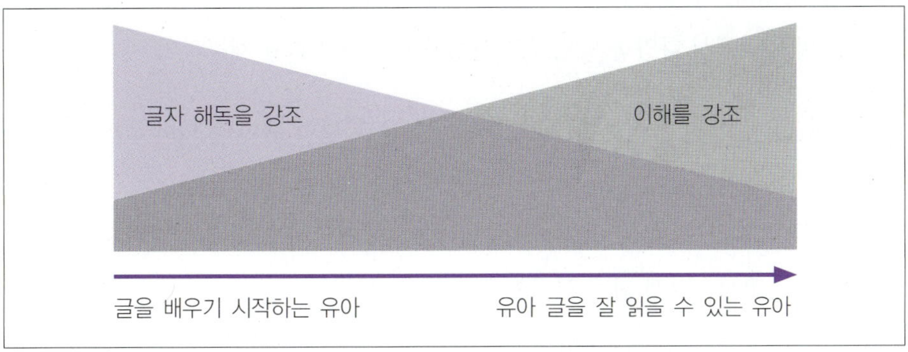

[그림 6-1] 읽기 학습에 대한 강조의 변화

02 해독하기

앞에서 살펴보았듯이 읽기는 해독과 이해의 상호작용 과정이다. 읽기에서 해독은 어떤 의미인지 알아보자.

1) 해독의 요소

글자를 해독(decoding)하는 것은 정확하게, 그리고 자동적으로 글자를 인식하는 과정이다. 해독을 체계적으로 가르치는 것은 문자를 처음 배우는 유아에게 중요한 부분이다. 글자를 잘 해독하기 위해서는 다섯 가지 중요한 요소를 개발해야 하는데, 음성언어, 음운 인식, 활자에 대한 개념, 유추, 단어에 대한 사고방식이다. 그 외에도 자주 나오는 글자들은 목록을 만들어 가르치고 배워야 한다. 읽기 해독을 위한 다섯 가지 요소를 자세히 알아보면 다음과 같다.

(1) 음성언어

음성언어가 결핍되어 있거나 약하면 읽기, 즉 해독과 이해를 방해하게 된다. 음성언어를 활성화시키는 활동은 다음과 같다.

- 견학, 영화, 비디오를 본 후 이야기 나누기 활동하기
- 흥미 영역에서 다양한 방법으로 언어를 사용할 기회를 제공하기

활동의 예: 강아지 사진을 보면서 교사는 다음과 같이 유아와 이야기할 수 있다.

유아: "강아지다."

교사: "작은 갈색 강아지구나. 강아지 얼굴이 어떻게 생겼지?"

유아: "갈색 점이 있어요."

(2) 음운 인식

말하는 언어는 일련의 소리로 이루어져 있음을 알게 하는 것이 음운 인식이다. 음운 인식은 직접적인 교수를 통해 이루어져야 한다(Adams, 1990). 음운 인식의 일반적인 요소는 다음과 같다.

- 소리 대체하기: 오리의 'ㅇ' 대신 'ㅅ'을 넣으면 소리가 되는 것 알기
- 음운을 분리하고 혼합하기: 목은 'ㅁ'에다 'ㅗ'를 부치면 '모'가 되고 거기에 'ㄱ'을 부치면 '목'이 되는 것 알기.

(3) 활자에 대한 개념

단어는 의미를 구성하는 데 도움을 주는 단어를 알게 하는 것으로 책, 문장, 단어, 철자의 개념으로 이루어진다. 책을 처음 읽는 유아는 책은 활자(print)를 통해 의미를 가지게 된다는 것을 배워야 한다.

(4) 유추

읽기와 쓰기를 배우기 시작할 때는 단어를 알아내기 위해 유추를 종종 사용한다. 예를 들어, 'ring'이라는 모르는 단어를 만났을 때 유아는 그 단어가 'sing'과 비슷하게 생겼다는 것을 인식할 것이다. 낱자와 소리를 연결시킴으써 'r'에 대한 것과 'sing'에 대해 알고, 유추를 사용하여 'ring'을 해독한다. 유추를 잘못 해석함으로써 읽기를 처음 시작하는 유아들이 혼란을 겪기도 한다. 대부분 유아는 유추를 즉시 사용하지 않는다. 처음에는 자기 나름의 읽기 과정을 시작하기 전에 낱자와 소리 연결에 먼저 배워야만 한다. 하지만 독립적 글자 해독을 위해 글을 읽기를 배우는 유아에게 유추는 중요한 전략이 된다. 유추를 통한 낱말 읽기를 가르치려면 일견단어(기억해서 읽을 수 있는 낱말을 의미하며, 그 낱말을 충분히 연습하여 기억하고 있어서 자동적으로 읽을 수 있는 낱말을 뜻한다)와 마찬가지로 유사 낱말도 기억에 저장되어 있어야 한다. '토마토'라는 친숙한 낱말을 사용해서 낯선 낱말을 읽게 하려면 유아는 이

미 '토마토'라는 낱말을 충분히 연습하여 그것을 일견단어로 가지고 있어야 한다. 아동은 새로운 낱말을 처음 보았을 때 친숙한 낱말을 찾을 수 있는 전략을 배울 필요가 있다. 낱말장벽 놀이는 교실에서 자주 사용되는데, 이 기술은 대부분의 유아가 특정 조건에 따라 벽에 붙여진 낱말을 읽고 쓸 수 있게 도와준다. 공통된 글자 패턴에 따라 낱말 읽기를 하게 한다. 유추를 통해 읽기를 배우게 하기 위해 교사는 공통 철자법으로 된 낱말을 모으게 하고 그 낱말을 여러 번 읽고 쓰게 할 수 있다(김정미 외, 2014).

> **유추(analogy)**
> 유추는 유사하고 낯익은 영역(source)의 문제를 바탕으로 낯선 영역(target)의 문제를 추론해서 이해하고 풀게 되는 과정이다. 해독(decoding)과 관련한 유추란 단어에서 유사점이나 일정한 패턴을 알아차리는 과정으로, 유추를 사용하여 친숙하지 않은 낯선 단어를 이해하게 된다.

(5) 단어에 대한 사고방식

읽기를 배우기 시작하는 유아는 혼자 힘으로 글자를 해독하기 위한 단어 접근 전략을 배워야 한다. 즉, 모르는 단어 혹은 처음 보는 단어를 만났을 때 독립적으로 그 문제를 해결해 가는 사고전략을 가진 유아는 읽기를 더 잘하고 더 많이 하게 된다. 모르는 단어에 접근하는 전략은 다음의 그림과 같다.

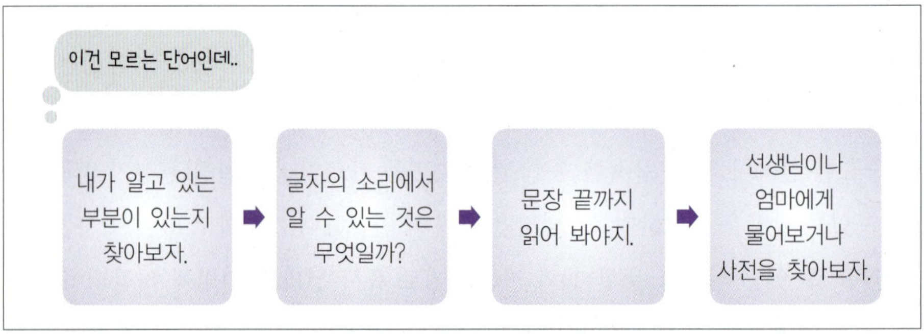

[그림 6-2] 단어에 대한 사고방식

2) 한글 해독 지도

한글은 음소의 대응관계가 매우 규칙적이다. 한글은 음소문자이면서 음절표기를 하는 문자이다. 따라서 한글 해독의 지도 방법은 영어와는 달리 글자와 음절 대응의 교수 전략을 사용하고 후반기에 가서는 단어가 아니라 글자 중심의 전략을 사용해야 한다고 한다. 그러므로 한글 해독 지도는 '음절 읽기→어느 정도 아는 글자가 생김→글자를 구성하고 있는 낱자의 차이 인식→음소인식'의 순으로 지도하는 것이 좋다.

- 음절 읽기: 흔히 유아는 글자를 하나씩 손가락으로 가리키면서 "이건 뭐야."라고 성인에게 묻는다. 이것이 음절읽기의 시작이다.
- 글자 알기
  유아: "난 '이종우', '가방', '나비' 알아!"
- 낱자 차이: 자음과 모음의 체계에 대한 지식

[그림 6-3] 한글 해독 지도 과정

3) 해독의 개인차

취학 전 유아는 문해에 대한 많은 것을 배운다. 다양한 문해 환경(인쇄물)에 노출된 유아는 유치원에 들어오면서 자 · 모음체계를 어느 정도 알고 글자를 인식하며 컴퓨터를 사용하고 자신의 이름과 몇 개의 낱말을 쓰고, 12개 이상의 낱말을 읽을 수 있는 능력을 갖고 있는 것은 흔한 일이다. 그와 같은 문해에 관한 광범위한 지식을 갖고 학교에 들어가는 유아는 문해에 대한 지식이나 경험이 없이 학교에 들어가는 유아보다 상당히 유리하다. 교사들은 제한된 문해 지식과 경험을 갖고 오는 유아이 학습 장애나 지체가 아니라는 것을 인식해야 한다. 문해에 대한 지식과 경험이 풍부한 집단이나 그렇지 못한 두 집단 유아들 모두 비슷한 언어와 인지 집중 능력을 가졌을 것이다. 그러나 영유아기에 문해에 대한 경험이 충분하지 못한 유아가 풍부한 문해 환경 속에서 지식과 경험을 쌓은 유아를 따라 잡으려면 즐겁고 재미있는 읽기와 쓰기 활동과 함께 음운 인식과 글자 재인 능력에 집중적이며 체계적인 교수가 절실히 필요하다.

03 해독을 위한 교수 활동

앞에서 설명했듯이 해독은 문자를 처음 배우는 유아에게 중요한 부분이다. 글자를 잘 해독하기 위한 활동과 그 지도법을 소개하고자 한다.

1) 음운 인식 지도

말 속에 들어 있는 여러 가지 소리의 단위와 유형들을 지각하고 아는 것, 즉 낱말을 이루는 낱자의 소리를 식별할 수 있고 또 그런 소리가 결합되어 낱말이 된다는 사실을 알며, 말소리의 최소 단위인 음소들을 합치고 분절하고 빼고 삽입하고 대체할 수 있게 하는 것이 음운 인식 지도법이다.

음운 인식 능력의 중요성에는 대부분의 학자들이 동의하고 있으나 가르치는 방법에 대해서는 의견이 다르다. 어떤 유아는 글자와 소리 관계를 따로 가르치지 않아도 스스로 글자 읽는 방법을 습득하기도 하지만, 어떤 유아는 체계적인 교수가 필요하다. 풍부한 문해 환경, 문해 활동이 포함된 놀이나 읽기나 쓰기와 관련된 활동을 제공해 주어도 스스로 글자와 소리 관계에 관한 규칙을 발견하지 못하는 유아에게는 보다 직접적이고 체계적인 지도가 필요하다(이지현 외, 2009).

유아에게 의미 있는 음운 인식 지도 방법의 실제를 소개하면 다음과 같다.

〈글상자 6-1〉 음운 인식 활동 1

*『곰 사냥을 떠나자』(마이클 로젠 글/헬린 옥슨버리 그림/시공주니어/1994)

- 『곰사냥을 떠나자』 그림책을 읽고 'ㄱ'으로 시작하는 단어를 손가락으로 짚어 보게 한다.
- 책에서 나온 'ㄱ'으로 시작하는 단어 차트를 만든다.
- 동물원 견학을 다녀온다. 'ㄱ'으로 시작하는 동물의 이름 리스트를 만든다.
- 『고슴도치야, 무얼 보니?』 그림책을 보면서 'ㄱ'을 기리키면서 다음을 읽는다.
  "고슴도치야 무얼 보고 있니? 가지, 감, 강아지, 거미, 거북, 고래, 고리, 고릴라, 고양이, 공, 과꽃, 귤"
- 단어 차트에 나오는 크게 써 놓은 'ㄱ'을 보고 유아들이 쓰기를 한다.
- 유아들에게 'ㄱ'으로 시작하는 단어 중에서 좋아하는 단어가 있는지 물어본다. 좋아하는 단어를 모아 '단어 카드'를 만든다.
- 콜라주 미술작업을 통해 'ㄱ' 글자를 만들어 본다.
- 연습지를 이용하여 'ㄱ'을 따라서 써 보고, 'ㄱ'으로 시작하는 단어의 그림에 동그라미를 친다.
- 주제(동물)를 진행하는 동안 경험한 것을 써 보게 한다. 이때 글쓰기는 유아 자신이 만들어 낸 글자이거나 끼적거리기일지 모른다. 하지만 이러한 과정은 음운 인식을 돕게 된다. 왜냐하면 글자를 쓰면 구어를 문어로 대입해야 하는 문제에 직면하게 되면서 구어의 구조에 대해 이해하게 되기 때문이다.

〈표 6-1〉 음운 인식 활동 2

끝말 이어가기	
목표	단어의 끝나는 말과 같은 소리로 시작하는 단어를 말해 보며 관심을 갖는다.
활동 자료	기본 모양판, 그림글자 카드
활동 방법	① 그림과 글자가 쓰여진 그림글자 카드를 보면서 어떤 그림인지 단어의 이름 말해 본다. "카드에 어떤 그림과 글자가 있는지 보자." ② 그림글자 카드의 단어를 보면서 시작하는 말과 끝나는 말을 찾아본다. "이 단어에서 시작하는 말이 무엇이었니?" "끝나는 말은 무엇이었니?" ③ 올려놓은 카드의 끝말로 시작되는 단어의 그림을 여러 가지 카드에서 찾아 기본 판에 올려놓는다. "나무의 끝말이 무엇이지?" "무로 시작하는 단어에는 무엇이 있을까?" ④ 반복하여 끝말에 따라 시작되는 단어를 그림글자 카드에서 모두 올려놓는다.

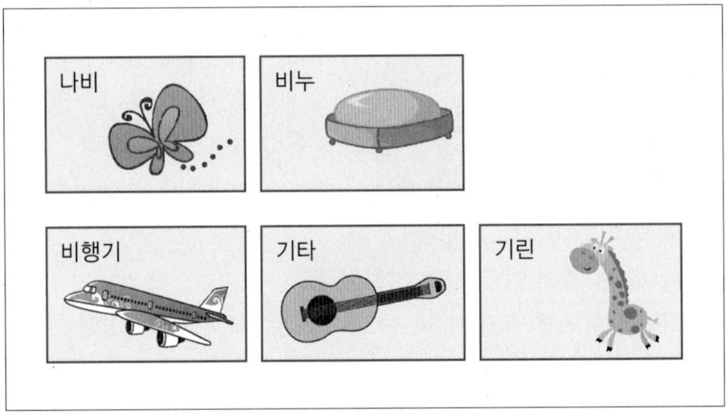

〈표 6-2〉 음운 인식 활동 3

전래동요 부르기	
목표	언어의 소리에 민감하게 하여 음운 인식 능력을 촉진시킨다.
활동 자료	전래동요판 「이 서방」, 화이트보드 이 서방 일하러 가세 김 서방 김 매러 가세 조 소방 조 베러 가세 신 서방 신이나 삼세 배 서방 배 팔러 가세 도 서방 고추 따러 가세 오 서방 오이 따러 가세 방 서방 방석 팔러 가세 
활동 방법	① 전래동요 「이 서방」 동요판을 보며 전래동요를 부른다. 〈이 서방〉 이 서방 이 서방 일하러 가세 고 서방 고 서방 고추 따러 가세 김 서방 김 서방 김매러 가세 오 서방 오 서방 오이 따러 가세 조 서방 조 서방 조 배러 가세 방 서방 방 서방 방석 팔러 가세 배 서방 배 서방 배 팔러 가세 우 서방 우 서방 우물이나 파 주게 "이 노래에 누가 나오지?" "왜 배 서방은 배 팔러 가자고 했을까?" "방 서방은 방석, 우 서방은 우물, 그리고 오 서방은 무얼하러 가자고 했지?" ② 유아들과 함께 새로운 노랫말을 만들어 본다. 교사가 화이트보드에 내용을 써 준다. "이 서방은 무얼하러 간다고 해 볼까?" 〈유아들이 지은 이 서방〉 이 서방 이 서방 이사하러 가세 고 서방 고 서방 고사리 캐러 가세 김 서방 김 서방 김치 담그러 가세 오 서방 오 서방 오징어 먹으러 가세 주 서방 주 서방 주사 맞으러 가세 방 서방 방 서방 방울 달러 가세 배 서방 배 서방 배추 사러 가세

2) 어휘 지도

어휘(vocabulary)는 어떤 개념을 나타내는 단어이다. 보다 정확히 말하면 '개념 단어'라고 할 수 있다. 개념은 우리가 관찰한 것을 기초로 하여 거기에서 공통적인 특징을 가지고 있는 어떤 형태를 만들어 낸 것을 말한다. 이러한 형태에는 어떤 명칭이라도 붙일 수 있지만 대개의 경우 '단어'를 사용하며 이러한 단어를 어휘라고 한다. 글을 읽을 때 관련된 어휘에 대한 지식은 글의 이해하기 위해 선행되어야 한다. 책을 읽다가 모르는 단어를 만나게 되면 무작정 새로 익히는 학습방법이 아니라 유아가 이미 알고 있는 단어들을 알아보는 것이 도움이 된다.

구체적인 어휘 지도는 다음과 같다.

① 글을 읽다가 모르는 단어가 나왔을 때 앞과 뒤의 단어나 문장의 내용을 통해 그 단어의 의미를 추측해 보게 한다.

② 추측이 불가능한 생소한 단어라면 다음과 같은 질문을 해 본다.
- 이 단어를 들어 본 적이 있는가?
- 이 단어를 보고 떠오른 생각(연상)은 무엇인가?
- 생각나는 다른 단어는 무엇인가?

③ 사전에서 의미를 찾아본다. 글의 이해를 위해 중요한 단어라면 반드시 유아와 사전에서 그 단어를 찾아보고 자신이 추측하거나 연상한 것과 비교해 본다. 사전 사용하기는 유치원에서 시작해서 초등학교 아동까지 지속적으로 긍정적인 태도를 형성할 수 있는 방법으로 가르쳐야 한다. 즉, 사전 사용하기는 고립적인 하나의 기술이 아니라 의미 있는 경험으로 지도하여야 한다.

[그림 6-4] 사전은 단어의 의미를 추측하는 전략과 어휘학습에서 독립성 성취를 연결한다

④ 단어의 의미를 알고 난 후 그 의미를 익히기 위해 감각이나 심상을 이용한다.

- 그 단어를 사용하여 글쓰기를 한다.
- 몸으로 표현해 본다.
- 게임으로 단어를 익힌다.

〈표 6-3〉 게임 활동을 통한 단어 익히기

물건 단어카드 갖고 돌아오기	

목표	단어의 글자를 변별할 수 있다.
활동 자료	물건단어 융판 자료(그림과 단어를 같이 그려 넣는다), 물건 단어 카드(단어 카드에 막대를 붙인다), 바구니
활동 방법	① 융판에 유치원 교실에 있는 여러 가지 물건의 단어 카드를 붙여 놓는다. ② 반원으로 앉는다. ③ 게임 자료를 소개한다. – 저기 융판에 무엇이 붙어 있니? – 선생님이 들고 있는 막대에는 무슨 글자가 쓰여 있을까? ④ 게임 방법을 유아들과 함께 이야기한다. – 저기 융판에 우리 교실에서 볼 수 있는 물건이 이름표가 붙어 있단다. – 선생님이 들고 있는 단어 막대에 어떤 글자가 있는지 잘 보고 융판에 뛰어가서 똑같은 글자의 단어 카드를 찾아올 수 있겠니? ⑤ 게임을 할 때 지켜야 할 규칙을 유아들과 함께 정한다. – 신호악기 소리 듣고 출발하기 – 막대에 있는 글자와 같은 단어 카드 찾아 바구니에 담아 오기 – 갖고 와서 선생님과 악수하기 ⑥ 원하는 유아 중에서 두 명의 유아가 게임 방법에 따라 한번 해 보인다. ⑦ 게임을 한다. ⑧ 게임에 대한 전체 평가를 한다. – 어떤 단어가 찾기 어려웠나? – 약속을 잘 지켰나?

어휘 발달을 위해 사전 사용하기에 대해 좀 더 자세히 살펴보자. 유아가 스스로 단어의 의미를 추측하는 전략을 사용하고 어휘 학습에서 독립성을 성취하기 위해, 두 개의 지식 영역은 사전을 사용하는 것과 비슷한 말/반대말 사전을 사용하는 것이다. 사전은 읽기와 쓰기에 도움이 되는데, 비슷한 말/반대말 사전은 쓰기에 더 가치가 있다. 비슷한 말/반대말 사전 사용하기는 초등학교에 들어가서 소개하면 더 적절하다. 유아의 어휘 습득을 돕기 위한 사전 지도 방법을 소개하면 다음과 같다.

- 사전의 개념을 소개하기 위해 그림 사전을 사용하는 것이 좋다. 사전에서 단어를 찾는 방법을 배우기 위해 자신의 사전에 그림을 그리도록 한다.

- 'ㄱ'에서 'ㅎ'까지를 배우고 나서 사전에서 이러한 자음들이 어떻게 배열되어 있는지 가르친다.

• 실제 사전을 경험해 보는 것이 좋다.

04 이해하기

글의 내용을 이해한다는 것은 무엇을 의미할까?

영국의 시인 Colerdge의 비유대로 독해, 글의 이해(book comprehension)는 다이아몬드 광산에서 일하는 노동자가 쓸데없는 것은 버리고 정말 순수한 다이아몬드 물질만을 채취하는 바로 그 작업이라고 할 수 있다. 따라서 읽기에서 이해하기는 의미 이해의 과정으로 상호 관련된 정보들이 통합되고 결합되는 고도의 정신적 기술이 요구된다.

글의 이해는 글의 장르에 따라 달라진다. 글이란 어떤 제목에 대한, 어떤 주제를 중심으로 여러 가지 정보들이 서로 연결되어 구조적이고 응집적인 의미구조를 이루고 있다(김영채, 2005). 글은 뼈대를 중심으로 조직화된 하나의 체제 또는 설계를 이루고 있는 셈이다. 여기에서 뼈대란 글의 중심 '개요'이다. 글은 목적과 조직형태. 내용과 효용에 따라 몇 가지로 다르게 분류해 볼 수 있다. 무엇보다 중요한 것은, 저자는 글을 쓰는 목적이나 주제의 성격에 따라 글을 쓰는 방식을 달리한다는 것이다. 읽기 이해를 위한 교수 활동을 글의 장르에 따라 살펴보도록 하자. 글의 장르를 크게 이야기 글(내러티브)과 정보 글(논픽션)로 나누어 보기로 한다.

1) 이야기 글

이야기 글(내러티브) 장르에 속하는 글의 형식 및 구조의 특징은 이야기 구조에 있다. 이야기 구조는 배경, 인물, 발단, 절정 및 결말이 있다. 이야기 글은 전형적인 구조적 특징이 있다. 즉, 일련의 사건들이 나열되어 있고 이 사건들은 주인공이 달성하려는 어떤 목표를 중심으로 이야기 문법을 이루고 있다. 이야기 문법의 구조는 [그림 6-5]와 같다.

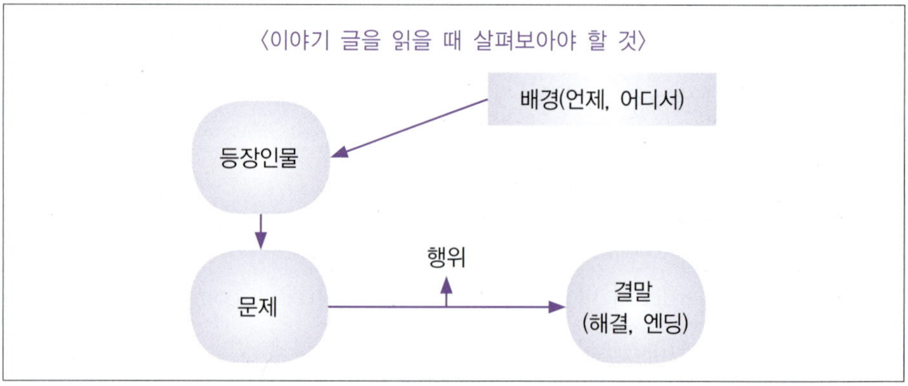

[그림 6-5] 이야기 글의 문법적 구조

출처: Cooper & Kiger(2003).

또한, 이야기 글에서는 주제라는 말을 자주 사용하게 된다. 주제는 저자가 말하고 싶어 하는 메시지이며, 그 이야기가 담고 있는 교훈 같은 것이다. 주제를 찾아내려면 그 이야기의 자세한 내용을 자신의 경험에 비추어 반성해 보고, 이를 기초로 하여 저자가 독자를 상대로 말하고 싶어 하는 메시지에 대하여 결론을 내리는 추론적 사고가 요구된다. 따라서 주제를 발견하는 능력은 개인의 배경지식, 경험적, 추론적 사고 능력에 따라 달라질 수 있을 것이다. 주제는 문제를 중심으로 제시되지만, 주인공이 해결하려고 노력하는 '문제' 자체가 주제인 것은 아니며, 이야기의 일반적인 초점을 제공해 준다. 이야기 글은 책을 읽는 독자가 허구에 대한 인식을 하면서 즐기는 장르라고 할 수 있다.

2) 정보 글

정보 글(논픽션), 즉 정보 책은 정보를 알리거나 자세히 설명하고자 하는 의도를 가진 설명적인 텍스트와 같은 문학이다. 정보는 과학, 수학, 사회학, 음악 등 여러 분야에서 제공된다. 정보 글의 구조는 이야기 글보다 구조가 다양하며, 유아뿐 아니라 성인에게도 어떤 분야에 대해 자세히 알 수 있는 유용한 장르이다. 정보 글의 구조적 특징은 다음과 같다.

〈표 6-4〉 정보 글의 구조적 특성

구분	정보 글의 특징
내용	• 제목에 의해서 주제를 강조한다. • 첫 문장에 주제를 드러낸다. • 제시된 주제의 활동, 사건, 행동에 대한 보고에 초점을 둔다.
구조	• 특정한 위치보다는 불특정한 환경을 사용한다. • 이야기 글의 시간 흐름을 통한 사건전개와 대조적으로 정적인 시간의 구조를 나타낸다.
문제	• 세부적인 설명이 곁들어진 새로운 용어를 소개한다. • 정확하고 명확한 설명을 제공한다. • 이따금 독자를 정보에 참여시킨다.

중요한 것은 저자가 글을 쓴 목적을 이해하게 되면 글의 구조에 대한 이해가 자연스럽게 따라오게 되는 것이 정보 글의 특징이다. 즉, 글은 그 목적에 따라 구조화되므로 동일한 목적으로 쓰인 글은 동일한 구조를 갖게 된다는 점이다. 버스와 카노브스키(Buss & Karnowski, 2002)는 어린이용 논픽션의 종류를 회고문, 절차에 관한 글, 정보 제공 글, 설득 글로 나누어 그 구조를 설명하고 있고, 루이스와 레이(Lewis & Wray, 1995)는 회고문, 보고서, 절차에 관한 글, 설명문, 토론 등의 어린이를 위한 논픽션을 여섯 가지로 분류하기도 한다. 유아를 위한 정보 책의 소재는 매우 다양하다. 그중 가장 쉽게 접할 수 있고 많이 출판되어 있는 것을 살펴보면 글자, 수, 단순한 개념(모양 등), 동식물에 대한 지식과 정보, 성에 관한 지식, 교통수단, 장소, 전통문화, 위인전기 등을 들 수 있다.

3) 이해를 위한 교수 전략

읽기 지도의 전략은 글자의 해독뿐 아니라 글의 이해를 잘하기 위해 필요한 기술을 훈련시키는 것이 요구된다. 책을 잘 읽는다는 것, 다시 말해 잘 이해하며 읽는다는 것은 어떤 특징을 말하는지 살펴보도록 하자(Pressliy & Afflerbach, 1995).

- 처음부터 끝까지 책을 읽되 내용을 명료화하는 데 도움이 되는 정보를 찾기 위해 뛰어넘기도 한다.
- 이미 알고 있고 기억나는 것과 연관이 있는 내용이 나오면 책의 읽는 속도를 늦춘다.
- 책의 주제에 대한 선행지식에 기초하여 책의 내용을 예측해 본다.
- 읽은 책의 내용을 짧게 요약할 줄 안다.

위에서 살펴본 것처럼 책의 의미, 즉 글의 의미를 알아낸다는 것은 적극적 사고과정을 의미한다. 책을 읽는 사람은 그 주제에 대한 선행 지식에 기초하여 의미를 구성하고 해석하는 사고 과정을 거치게 된다. 의미 구성하기란 무엇일까? 책의 의미, 즉 글의 의미를 이해한다는 것은 글과 상호작용하면서 개인적인 의미를 구성하는 과정이다. 이러한 구성적 상호작용은 개인적 사전 지식과 독서 상황, 내용과 관련된다. 구성적 상호작용은 쓰기에서도 일어난다. 책을 잘 읽는다는 것은 글을 읽기 전, 읽는 동안, 그리고 읽은 후 의미를 구성하고 문제를 해결하는 데 도움이 되는 전략이나 계획을 사용하는 것이다.

유아의 글 이해를 위한 책 읽기 활동의 교수 전략은 크게 3단계별로 지도할 수 있다. 즉, 책 읽기 전, 읽기, 읽은 후의 단계로 나누어 살펴볼 수 있다.

(1) 책 읽기 전 단계

책 읽기 전 활동의 핵심은 '예측하기'이다. 예측하기를 도와줄 수 있는 활동으로는 단어 가지 만들기, K-W-L 등이 있다.

❶ 단어 가지 만들기

교사는 책의 내용에서 글의 내용 이해에 도움이 될 단어 하나를 선택하여 문장 만들기 활동을 한다. 활동 방법은 이야기 글 이해를 위한 활동에서 설명한 것처럼 책의 내용을 예측하기 위해 소개하는 활동이므로 심리적 부담감을 느끼지 않도록 진행하는 것이 좋다.

〈글상자 6-2〉 단어 가지 만들기 활동

『눈 오는 날』(에즈라 잭 키츠 글·그림/김소희 옮김/비룡소/1995)

① 교사는 유아의 경험과 연결할 수 있는 질문을 한다.
교사: 오늘 볼 책은 눈에 대한 것이야.
겨울에 내리는 '눈'을 본 일이 있니?
눈사람이나 눈싸움을 하는 것을 어디에서 본 일이 있니? (책이나 TV에서 본 적이 있는 눈에 대해 말하게 한다.)
교사는 유아들이 생각하고 대답할 수 있는 시간적 여유를 준다. 유아들이 표현하는 내용에 긍정적으로 반응한다.

② 교사는 동그라미를 그린다. 그리고 동그라미 중앙에 '눈'이라고 적고 방사선으로 몇 개의 선을 긋는다.

③ 유아가 만든 단어 가지를 교실의 벽에 붙인다.

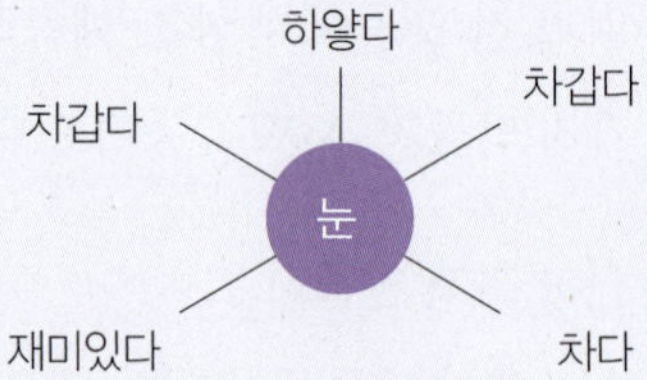

❷ K-W-L

K-W-L은 우리가 이미 알고 있는 것(what we Know), 알고 싶은 것(what we Want to find out), 알게 된 것(what we have Learned)의 약자로 Ogle(1986)에 의해 설명문에 대한 읽기 수업모형으로 개발되었다. 따라서 K-W-L은 정보 글의 이해를 지도할 때 매우 효과적이다. K-W-L은 교사가 중심이 되어 각 단계를 거치면서 진행하도록 되어 있으나, 독립적 혼자 읽기에도 전이시킬 수 있는 모형이다.

① 내가 알고 있는 것(K)은 정보 글의 제목에서 이미 알고 있거나 또는 알고 있다고 생각되는 것을 브레인 스토밍하여 기록한다. 생각해 낸 것 중에서 '잘못된 정보'가 있더라도 이들도 모두 적는다. 이것들은 나중에 다시 읽어 보고 고칠 수 있다. 잘못된 정보가 너무 많으면 '내가 알고 있는 것'이라고 하지 않고 '내가 이미 알고 있다고 생각하는 것'이라고 고칠 수도 있다(김영채, 2011). 교사는 유아가 잘못된 정보를 말하더라도 일단 '내가 알고 있는 것'에 적어두고 나중에 다시 읽어 보고 고치게 할 수 있다. 이미 알고 있는 것들을 브레인 스토밍하다 보면 궁금해지는 것, 또는 더 알아보고 싶다는 생각이 들게 되는 것이 있으면 W로 넘어간다.

② 내가 알고 싶은 것(W)은 제목을 보면서 그리고 제목에 대하여 브레인 스토밍해 보면서 궁금해지는 것, 알고 싶은 생각이 드는 질문들을 기록한다. 그 다음 단계는 책을 읽는 것이다.

③ 책을 목적적으로 읽는다. 즉, 책을 읽을 때는 자신이 제기한 질문에 대한 해답을 발견해 내려는 '목적'을 가지고 읽는다. 읽기를 마치고 나면 L로 간다.

④ 내가 알게 된 것(L)은 제기한 질문에 대한 대답뿐 아니라 알게 된 기타의 중요한 정보도 기록한다. 자신이 알고 있다고 생각한 것이 잘못된 정보였다는 것을 확인할 때 K의 해당 부분에 두 줄을 긋고 바른 내용을 고친다.

⑤ 다시 책을 읽어 보고 부족한 부분을 보충한다.

K-W-L 차트 이용에 대한 활동의 예를 들어보면 다음과 같다.

〈표 6-6〉 K-W-L 차트를 이용한 활동

『신기한 스쿨버스: 꿀벌이 되다』(조애너 콜 글/루스 디건 그림/이강환 옮김/비룡소/2000)

내가 알고 있는 것	내가 알고 싶은 것	내가 배운 것
꿀벌은 꽃의 꿀을 먹는다.	어떻게 꿀을 먹을 수 있을까? 꿀벌을 꿀을 어떻게 찾을까?	빨대처럼 생긴 긴 혀를 꽃 속에 집어넣어 빨아 먹는다. 벌들은 춤을 춰서 먹이가 있는 장소를 잘 알아낸다. 동그랗게 빙빙 돌면서 춤춘다.
꿀벌은 여왕벌이 있다.	여왕벌은 어떤 일을 할까?	알을 낳는다.
벌의 다리는 ~~네 개~~이고 날개가 있다. (여섯 개)	벌은 곤충일까?	벌은 곤충이다. 다리는 여섯 개, 날개와 더듬이가 있고, 몸은 머리, 가슴, 배로 되어 있다.
벌집은 육각형이다.	어떻게 벌집이 만들어지나?	벌집은 밀랍으로 되어 있다. 벌의 몸속에 있는 밀랍샘에서 밀랍을 만들고 다리를 이용해 밀랍을 내보낸다. 밀랍으로 만든 방은 위로 꺾어 올려 꿀이 흘러내리지 않게 된다.

(2) 책 읽기 단계

책 본문을 읽고 읽은 내용을 기억하고 회상하는 단계이다. 이 단계를 도울 수 있는 활동으로는 그림 보여 주기, 소리 내어 읽기 등이 있다. 소리 내어 읽는 것은 유아가 등장인물과 줄거리를 쉽게 이해하도록 돕는다. 그 외에도 책을 읽기 전 예측한 내용을 확인하는 활동을 할 수 있다.

❶ 모니터하기

책 읽기 단계에서 도움이 되는 교수 전략으로는 명료화하기로 불리는 '모니터하기'가 있다. 이 전략은 읽은 내용을 잘 알지 못할 때 알아가는 과정이며 이런 문제를 해결하기 위한 계획을 세우는 과정이다. 이것은 유아의 메타인지발달에 중요한 부분이다. 전문가들은 의미 구성은 읽는 중에 문제를 예견하고 그런 문제가 발생했을 때 수정할 수 있다고 한다. 이런 해결 과정은 다시 읽기, 앞서 읽기, 새로운 질문 제기하기, 예견 변화하기, 새로운 것 만들기, 읽은 것 평가하기, 단어 확인을 위해 전략 사용하기, 단어 찾아보기, 외부에 도움 청하기 등이다. 멈추고 생각하기는 이야기책이나 정보 책 모두에 유용하게 사용된다.

책을 읽어 가면서 '이게 무슨 뜻인가?', '읽은 것을 다 이해했나?' 등 끊임없이 질문하는 사람이 훌륭한 책 읽기를 하는 것이다. 이러한 독자는 '잘 모르겠다.'라고 생각될 때 의미를 잘 알아가기 위해 모니터하기 기법을 사용한다. 교사가 유아에게 이야기를 큰 소리로 들려준 다음 이 기법을 사용할 수 있는데 활동의 실제를 통해 살펴보면 다음과 같다.

〈글상자 6-3〉 모니터하기 교수 활동

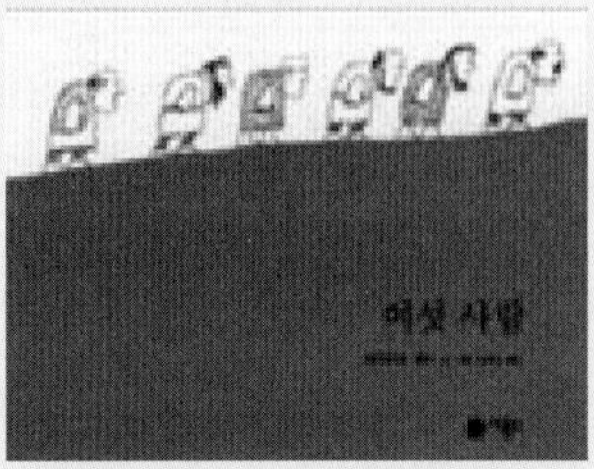

활동 자료: 『여섯 사람』(데이미드 매키 글 · 그림/김중철 옮김/비룡소/1997), 화이트보드

① 소개하기: 유아들에게 책을 잘 읽는 방법인 '멈추고 생각하기'를 소개한다.
교사: 책을 읽는 동안 모르는 부분이 나오면 멈추어서 그게 무슨 뜻인가 생각해야 한단다.
『여섯 사람』 그림책을 유아들에게 소개한다.
책 표지의 그림을 보고 무슨 이야기일지 예측해 보게 한다.

② 시범 보여 주기: 교사는 큰 소리로 책을 읽는다. 교사는 '보초'라는 말이 나오는 문장을 읽고는 멈추어서 '문제' 상황을 만든다.
교사: 선생님은 '보초'라는 말이 무슨 뜻인지 잘 모르겠는걸(보초라고 크게 화이트보드에 적는다). 아직 끝까지 책을 읽지는 않았으니까 지금부터는 '보초'라는 말을 알아보기 위해 멈추지 않고 계속 읽어 보도록 하자. 너희들도 선생님처럼 잘 모르는 부분이 나오면 멈추고 생각하기를 할 수 있단다.

③ 연습하기: 유아들에게 모르는 단어를 말해 보게 한다. 또다시 읽어 보았으면 하는 부분이 있었는지, 처음 예측한 것을 읽는 동안 수정했는지 이야기 나눈다.

④ 시범 보여 주기: 그림책을 계속 읽어 준 후 교사는 '멈추고 생각하기'의 시범을 보여준다.
교사: '보초'라는 말을 처음에는 잘 몰랐지. 그런데 책을 읽다가 보니 강가에서 여섯 사람이 보초를 서서 처음에는 할 일이 없다가 활을 쏘고 싸움이 일어났지. 그래서 나는 '보초'는 서로 다른 편이 싸우러 오는지 안 오는지를 알려주고 지키는 사람이라는 것을 알게 되었어.

⑤ 이야기 토의하기: 읽은 전체 이야기에 대해 이야기 나눈다. 다른 책과 비교하기도 한다.

⑥ 요약하기 반성하기: '멈추고 생각하기'가 무엇인지 물어보고 말로 표현하게 한다.

❷ 시각화하기: 읽은 것을 머릿속으로 그림 그려 보기

심상(mental image)이라고도 불리는데 읽은 내용을 머릿속에서 그림 그려 보는 것이다. 특히, 읽기를 마친 다음 즉시 떠올려 보게 하거나 자주 떠올려 보게 할수록 효과적이다. 유아가 읽는 그림책은 책의 내용의 상당 부분이 그림으로 시각화되어 있다. 그냥 그림만 보는 것이 아니라 유아가 머릿속으로 책의 글을 그림 그려 보는 연습, [그림 6-6]과 같은 읽기 심상 전략 연습은 유아가 성장하면서 글의 이해에 많은 도움이 받게 것이다.

[그림 6-6] 머릿속으로 그림 그려 보기

출처: Cooper & Kiger(2003).

❸ 질문 만들어 대답하기

책 읽는 과정에서 의미 구성을 향상시킬 수 있는 또 다른 교수 전략은 자기 스스로 질문을 만들고 거기에 대답하는 것이다. 읽은 것에 대해 생각하고 정보를 통합할 수 있는 질문 생성 방법을 가르쳐야 한다. 질문 만들어 대답하기 전략은 책 읽기 전, 읽는 동안, 읽은 후 책의 이해, 즉 의미 구성을 향상시키는 데 도움을 줄 수 있다. 이야기 글에서 사용할 수 있는 질문을 만들고 대답하기 전략을 구체적으로 알아보자.

- 책 미리 보기
  - 책 제목, 저자, 책 표지를 살펴본다.
- 이 책에서 어떤 이야기가 나올지 스스로 예측해 본다.
- 자신의 질문에 대답해 본다.
- 자신의 질문에 답하기 위해 책을 읽는다.
- 자신이 만든 질문이 괜찮은 것인지 스스로 물어본다.
- 예측하고 또 다른 질문을 만든다.
- 계속 질문을 만들고 답을 찾기 위해 책을 읽는다.
- 자신이 만든 질문에 답을 하였는가?
  - 답을 하지 못했다면 왜 그럴까?
  - 자신이 만든 질문이 이 책에 맞지 않았나?
  - 이야기를 잘 이해하지 못했는가?
- 다음에 이 책을 읽는다면 질문을 어떻게 바꿀 것인가?

(3) 책 읽은 후 단계

책의 내용을 정교화하는 단계로 벤다이어그램 기법, 가지나 지도 만들기, 극놀이, 주제 확장이 이 단계에 해당하는 활동이다. 구체적인 내용은 다음과 같다.

❶ 벤다이어그램 기법

벤다이어그램 기법은 어떤 두 가지 사항을 비교하고 대조해 볼 것을 요구하기 때문에 비교 대조 능력을 기르는 데 효과적이다. 그런데 여기서 말하는 두 가지 사항이란 두 권의 책일 수도 있고 같은 한 이야기이지만 버전이 다른 두 가지일 수도 있고, 또는 같은 이야기지만 미디어를 달리하고 있는 두 가지일 수도 있다. 다음 그림에서 볼 수 있듯이 같은 책이라도 한국어와 영어로 출판된 것을 보고 유아들이 각각의 특징과 같은 점을 벤다이어그램으로 비교할 수 있다.

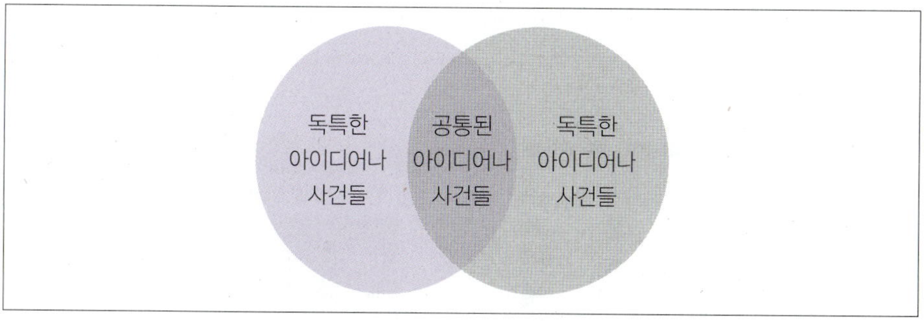

[그림 6-7] 비교 / 대조를 위한 벤다이어그램

출처: 김영채(2005).

- 버전이 다른 두 가지의 벤다이어그램

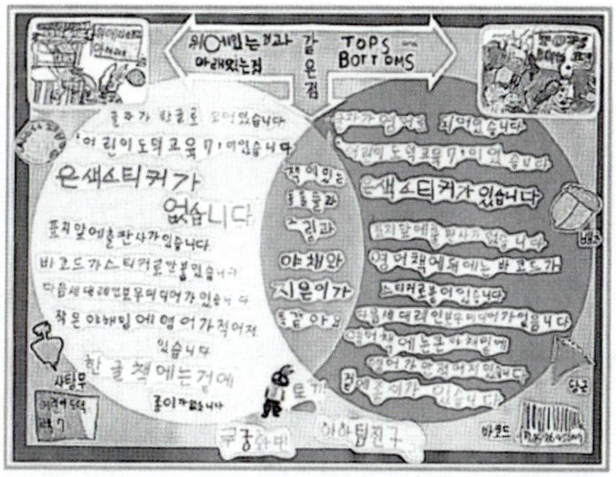

[그림 6-8] 한글판 「위에 있는 것과 아래 있는 것」과 영어판 「*Top and Boottoms*」

출처: 이경우(2003).

- 미디어가 다른 두 가지의 벤다이어그램

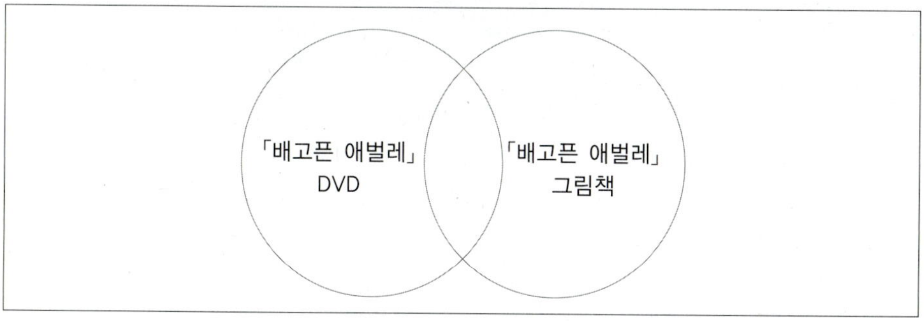

[그림 6-9] 미디어가 다른 두 가지의 벤다이어그램

• 책이 다른 두 가지의 벤다이어그램

『윌리엄의 인형』
- 남자친구의 이야기이다.
- 여자 인형이 나온다.
- 아빠가 사 주지 않았다.
- 속상하지만 말하지 못했다.
- 한글책이다.
- 전기 기차가 있다.
- 할머니에게 이야기해서 가게로 인형을 사러 갔다.
- 우수한 그림책 표지가 가족이 다 나오지 않는다.
- 형이 나온다.
- 글 그림이 다르다.

(공통)
- 표지가 액자 모양이다.
- 아이가 나온다.
- 인형이 나온다.
- 책 속의 이야기이다.
- 집이 나온다.
- 바코드가 있다.
- 머리가 노란색이다.
- 가족이 나온다.
- 제목이 있다.
- 앞표지와 뒤표지에 사람이 나온다.

『소피가 화나면, 정말 정말 화나면』
- 여자친구의 이야기이다.
- 고릴라 인형이 나온다.
- 언니가 인형을 빼앗았다.
- 화를 냈다.
- 영어책이다.
- 트럭이 나온다.
- 소피는 화를 참으려고 밖으로 뛰쳐나갔다.
- 상 표시가 있다.
- 가족이 다 나온다.
- 언니가 나온다.
- 글·그림이 같다.

[그림 6-10] 책이 다른 두 가지의 밴다이어그램

출처: 이경우(2003).

❷ 가지, 지도 만들기

책을 읽고 난 후 가지 만들기(webbing)나 지도 만들기(mapping)는 유아의 이해력은 물론, 어휘 발달에 성공적인 전략임이 밝혀지고 있다. 『눈 오는 날』 그림책을 읽어 준 후 가지 만들기 활동을 소개하면 다음과 같다.

ㄱ. 가지 만들기

가지 만들기(webbing)는 단어와 관련된 어휘의 개념과 단어에 대한 정의를 발달시키는 데 사용된다. 즉, 단어에 대한 생각을 브레인 스토밍하는 것이다.

『눈 오는 날』(에즈라 잭 키츠 글·그림/김소희 옮김/비룡소/1995)

사물의 사실적 묘사를 통해 어린이들이 겨울 눈을 보는 경이로움과 즐거움의 신비로운 감정을 포착하고 있다.

① 어느 겨울날 피터는 일어나 창밖을 봤어요. 밤새 눈이 왔어요.
② 피터는 발자국을 만들며 걸어갔어요.
③ 빙그레 웃는 눈사람을 만들고 눈 천사들도 만들며 놀았어요.
④ 피터는 두 손 가득 눈을 모았어요. 눈을 꼭꼭 뭉쳐서 주머니에 넣었어요.

교사는 『눈 오는 날』 그림책을 읽어 준 후, 다음과 같은 가지 만들기 활동을 할 수 있다. 교사는 유아에게 눈은 무엇과 같은지 물어본다. 교사는 칠판 중앙에 '눈'이라고 쓴 단어를 보여 준 후 책에서 나온 눈에 대한 것을 떠올린 후 단어들을 붙인다. 이것은 그림책을 읽은 후 어휘 증진을 위한 가지 만들기 활동이다.

또한, 가지 만들기를 통해 눈으로 할 수 있는 활동에 대한 생각을 확장시킬 수 있다. 즉, 피터가 눈으로 한 일과 그 외에도 눈으로 할 수 있는 일들로 가지 만들기 활동을 진행할 수 있다.

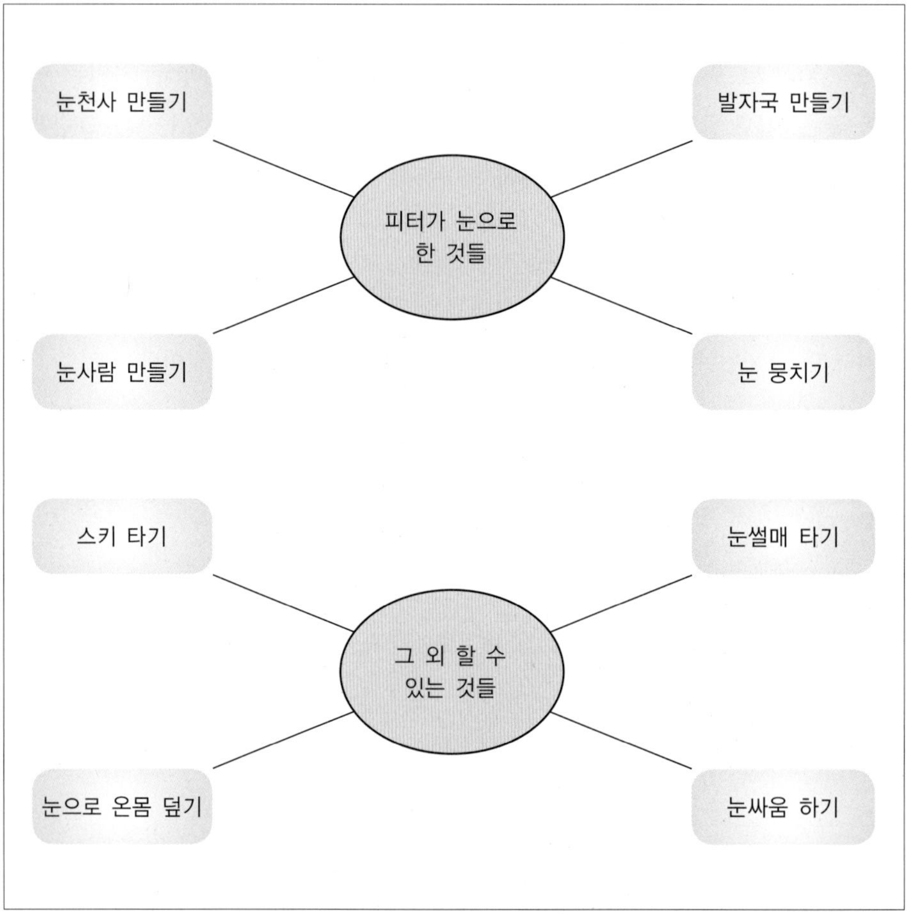

[그림 6-11] 책 읽은 후 아이디어 확장을 위한 가지 만들기

ㄴ. 지도 만들기

지도 만들기(mapping)는 책을 읽기 전이나 후에 모두 사용할 수 있다. 책을 읽어 준 후 이야기 구조에 대해 탐색하는 활동으로 진행할 수 있다. 지도 만들기는 책의 내용을 이해하도록 돕고 문식성 및 학습의 반응을 격려해 주는 도구로써 아이디어와 정보를 표현하고 조직하기 위한 하나의 방법이다. 시각적으로 도안이 되어 있는 다양한 지도를 통해 이야기의 배경, 기승전결의 플롯 등을 이해할 수 있게 된다.

〈글상자 6-4〉 이야기 구조의 지도 만들기

『토끼아저씨와 멋진 생일 선물』(샬롯 졸로토 글/모리스 샌닥 그림/고정아 옮김/보림/2008)

이 그림책은 여자 아이와 토끼 아저씨의 대화로 이루어져 있다. 주인공의 문제와 그 해결 과정 그리고 결과가 잘 드러나 있어, '지도 만들기'를 통해 기승전결 플롯을 이해하는 데 적합한 구조를 가진 책이다.

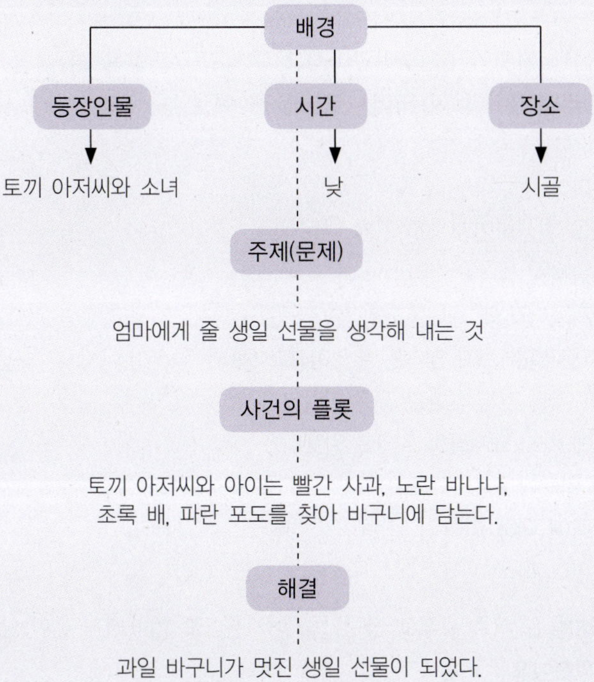

❸ 극놀이하기

책의 이야기를 극놀이로 표현하려면 읽기를 반복적으로 해서 내용을 잘 알고 있어야 한다. 그러는 동안 읽기를 더 잘하게 되고 주인공에 대해 더 잘 이해할 수 있다. 특히, 자신이 맡은 부분을 유창하게 읽을 수 있을 때까지 반복하여 읽는 것이 도움이 된다. 이때 극놀이의 목적은 주인공의 모습을 마음속에 그려 보게 하고 읽기를 반복적으로 하게 하고 극놀이하는 즐거움이 읽기로 전이되게 하는 데 있다. 따라서 의상이나 무대 소품 준비와 설치에 중점을 두지 않도록 주의해야 한다.

활동 자료: 『집 나가자 꿀꿀꿀』(야규마치고 글 · 그림/고향옥 옮김/웅진출판/1999),
머리띠(돼지, 토끼, 악어, 까마귀), 큰 수건

활동 방법:

① 책을 읽는다.

② 동화 내용을 회상하면서 이야기를 나눈다.
- 누가 나왔지?
- 아기 돼지들끼리 왜 싸웠을까?
- 싸우는 돼지들을 보고 엄마는 무엇이라고 했니?
- 돼지들이 제일 먼저 찾아간 집은 어디였지?
- 토끼 집에 가서 돼지들이 뭐라고 말했니?

③ 책을 다시 읽는다.

④ 역할과 소품에 대해 이야기 나눈다.

⑤ 극놀이를 한다.

해설: 아기 돼지들은 서로 싸우고 장난감을 어지른다고 엄마에게 혼이 났어요. 엄마는 이렇게 외쳤어요.

엄마돼지: 엄마 말 안 듣는 아이는 우리 집 아이가 아니야. 나가!

돼지들: 집 나가자 꿀꿀꿀 꿀꿀꿀꿀.

해설: 돼지들은 토끼 아줌마를 처음으로 만납니다.

돼지들: 우리가 이 집 아이가 되어도 돼요?

토끼: 그래. 그런데 우리 집에서는 날마다 당근을 먹어야 한단다.

돼지들: 아무래도 여기는 우리 집이 아닌 것 같아. 집 나가자 꿀꿀꿀

해설: 돼지들은 다음으로 악어부부를 만납니다.
돼지들: 우리가 이 집 아이가 되어도 돼요?
악어: 좋아. 우리는 어린 아기가 좋아. 간식을 먹고 낮잠을 자야 해.
돼지들: 아무래도 여기는 우리 집이 아닌 것 같아. 집 나가자 꿀꿀꿀
해설: 돼지들은 다음으로 까마귀 아줌마를 만납니다.
돼지들: 우리가 이 집 아이가 되어도 돼요?
까마귀: 좋아. 우리 집 일곱 아기 까마귀를 돌보아 주어야 해.
돼지들: 너무 힘들어. 여기는 우리 집이 아닌 것 같아. 집 나가자 꿀꿀꿀
해설: 돼지들은 가지고 온 이불로 집을 만들었어요.
돼지들: 정말 재미있다.
해설: 돼지들은 처음에는 신나게 놀았지만 곧 싫증이 나고 배가 고팠어요.
해설: 그때 멀리서 엄마돼지가 부르는 소리가 들렸어요.
엄마돼지: 얘들아. 어디 있니?
돼지들: 아~ 엄마다.
해설: 아기돼지들은 달리고, 달리고, 달려서 엄마 돼지에게 안겼어요.

출처: 교육과학기술부(2009) 재인용.

❹ 주제 확장

한 가지 주제를 확장하여 다양한 경험을 이끌어 볼 수 있다. 그렇게 하기 위해서 교사는 주제와 관련한 도서를 많이 읽고 어떻게 연관 지을 수 있는지 생각해 보는 것이 필수적이다. 정보 글의 선택은 유아가 주제에 대해 충분히 이야기를 나누고 아이디어를 모으면 교사가 책을 제시해 주고 유아는 그 책을 어떻게 활용할 것인가 고민해 보게 한다. 예를 들어, '벌레'를 주제로 책을 읽을 경우 다양한 마인드맵을 만들어 보고 유아의 요구에 맞는 도서를 교사가 선정해 주는 것이다. 그리고 책을 읽을 목록과 앞으로 더 알고 싶은 것에 대한 일정을 아래와 같이 맵을 만들어 놓는다. 이러한 과정을 여러 번 반복하다 보면 유아의 독서 경험이 선택된 주제를 더 확장하게 해준다. 즉, 맵을 그려 보면서 책 읽기 과정을 쉽게 이해할 수 있다.

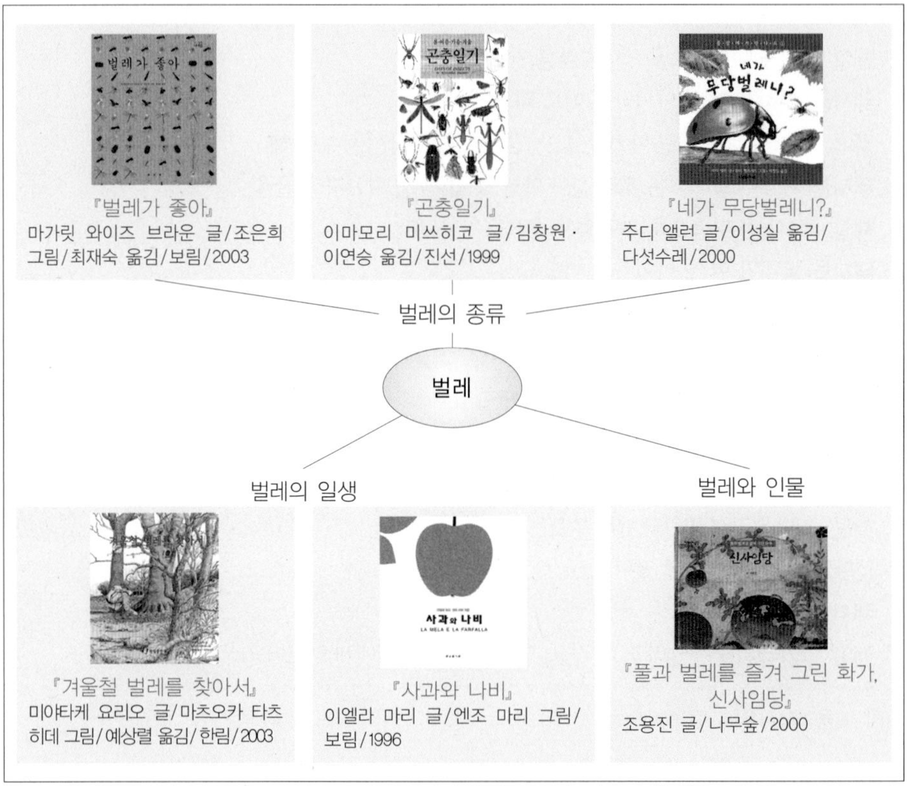

[그림 6-12] 주제에 대한 도서 목록 맵

출처: 오정옥(2006).

4) 글 이해에 대한 평가

글을 읽고 이해하는 교수전략에 대해 이야기 글과 정보 글로 나누어서 살펴보았다. 유아가 이야기나 정보 그림책을 읽고 어느 정도 이해했는지는 제시된 체크리스트 도구를 이용하여 평가할 수 있다. 유아의 이야기에 대한 이해는 이야기 다시 말하기(retelling) 이야기 다시 쓰기(rewriting), 좋아하는 그림책 읽기 시도하기, 역할놀이, 그림 순서대로 맞추기, 그림책 이야기를 재연하기 위해 인형이나 융판 사용을 통해 알 수 있고, 이런 활동들을 통해 평가되어야 하며, 가능하다면 주기적으로 활동 샘플들을 보관하는 것이 좋다.

그림책 내용 이해

	항상 그렇다	가끔 그렇다	그렇지 않다	의견
잘 체계화된 이야기로 된 책을 읽으려는 시도를 한다.				
교사가 책을 읽을 때 이야기하면서 읽기에 참여한다.				
이야기를 다시 말한다.				
이야기를 다시 말할 때 이야기의 구조가 포함된다. 배경				
주제				
줄거리				
결론				
책을 읽거나 들을 때 책에 나오는 글자나 어귀에 대해 언급하거나 질문을 함으로써 책의 내용에 반응한다.				
책을 읽거나 들을 때 책에 대한 해석적 언급을 하거나 질문을 함으로써 책의 내용에 반응한다.				
책을 읽거나 들을 때 책에 대한 비평적 언급을 하거나 질문을 함으로써 책의 내용에 반응한다.				

출처: Morrow(2001).

05 읽기 지도를 위한 제언

증명된 최선의 읽기 방법은 없다. 읽기 지도를 위한 중요한 요인은 유아에게 사용할 교수 방법과 기법을 위한 교사의 열정, 그리고 사용할 교수 방법에 대한 정확한 이해이다. 읽기를 학습하는 데 가장 이상적인 상황은 교사와 유아가 일대일로 학습하는 것으로 유아의 개인적 능력과 학습양식, 그리고 개인적 홍미에 맞춘 읽기 활동이다. 유아교육 현장에서 유아 집단의 수와 교사의 다른 할 일들로 인해 실제로 이렇게 진행하기는 어렵다. 또한, 교사의 읽기 교수 훈련 양이나 읽기 교수에 관한 다양한 방법에 대한 지식이 부족하거나, 문해가 풍부하지 못할 경우, 문해가 풍부한 교실 내에 흥미 있고 적절한 활동을 계획하는 능력이 제한되어 있다면 효율적 읽기 지도가 더욱 어렵다.

읽기 지도를 위해 교사가 꼭 이해해야 할 것은 두 가지로 정리할 수 있다.

첫째, 어떤 다른 방법을 사용하더라도 잘 발달된 구어, 즉 말하기와 듣기, 그리고 질 좋고 풍부한 문학적 경험이 읽기를 성공적으로 이끄는 데 도움이 된다는 점이다.

둘째, 유아는 언어의 의미에 초점을 둔 경험이 필요하다는 점이다. 교사가 어떤 언어 교수 방법을 사용하더라도 무엇보다 중요한 것은 '말하기'는 '쓰여진 말'로 읽을 수 있다는 것을 유아가 인식하도록 돕는 일이다.

단원 평가

[문항 1] 다음의 내용을 읽고 괄호 안에 적절한 내용을 쓰세요.

> 말소리의 최소 단위인 음소들을 합치고 분절하고 빼고 삽입하고 대체할 수 있도록 영유아를 지도하는 것은 (　　　　　) 지도법이다.
> 벤다이어그램 기법, 극놀이, 주제확장 등은 책 읽기 (　　) 단계에서 이루어지는 교수전략이다.

[문항 2] 다음 중 읽기 해독을 위한 요소가 아닌 것은?(　　)

①음성언어　② 유추　③ 단어에 대한 사고방식　④예측

[문항 3] 다음 중 글을 잘 이해하며 읽는 특징과 거리가 먼 것은?(　　)

① 읽은 책의 내용을 짧게 요약할 수 있다.

② 이미 알고 있거나 연관된 내용이 있어도 책을 읽는 속도를 늦추지 않는다.

③ 처음부터 끝까지 책을 읽되 도움이 되는 정보를 찾기 위해 뛰어넘기도 한다.

④ 책의 주제에 대한 선행지식에 기초하여 책의 내용을 예측해 본다.

[문항 4] 정보글 이해를 지도할 때 효과적인 교수전략은 무엇인가?(　　)

① K-W-L　② 단어 가지 만들기　③ 벤다이어그램 기법　④ 시각화하기

[문항 5] 어떤 개념을 나타내는 단어로서, 글을 읽을 때 관련된 이것에 대한 지식은 글의 이해에 선행되어야 한다. 이것은 무엇인가? (　　　　)

〈정답〉

- 단원평가: 문항 1: 음운 인식, 후　문항 2: ④　문항 3: ②　문항 4: ①　문항 5: 어휘

제 7 장

쓰기 지도

어린이집이나 유치원에 다니는 영유아는 쓰기의 결과보다는 종이 위에 무언가를 산출하는 과정에서 즐거움을 느낀다. 예전에는 영유아가 쓰기를 할 수 있게 되려면 쓰기에 대한 준비가 필요한 것으로 인식하였다. 최근에는 '발생적 문식성'의 개념이 소개되면서 읽기와 쓰기의 기초는 정규 학교교육이 시작되기 이전 글자에 대한 경험을 통해 발달하게 된다고 생각하게 되었다. 이 장에서는 쓰기를 위한 교수전략과 활동 실제에 대해 알아보도록 하자.

교육 목표

- 쓰기단계, 지도 방법에 대해 정확하게 말할 수 있다.
- 쓰기 활동의 실제를 수업계획안으로 작성하여 적용할 수 있다.

01 유아의 쓰기

예전에는 초등학교에 가서야 쓰기 교육이 이루어져야 한다고 주장하였지만 오늘날 교육학자들은 읽기나 쓰기와 같은 활동이 직접적이고 형식적인 가르침 없이 이루어지는 듣기나 말하기와는 다르다는 생각을 수정하게 되었다. 즉, 앞장에서 설명한 '발생적 문식성' 개념을 중요시하였는데, 이것은 읽기와 쓰기의 기초는 형식적 학교교육이 이루어지기 전에 글자에 대한 경험을 통해 발달한다는 것이다(Calkins, 1997). 유아의 쓰기 발달단계는 그림글자 쓰기(picture-writing) 단계, 끼적거리기(scribble-writing) 단계, 무작위적 글자(random-letter) 단계, 창안한 글자(invented spelling) 단계, 마지막으로 정확하게 쓰기를 하는 관습적 쓰기(conventional-writing) 단계로 발전하게 된다(Coopper & David, 2003).

- 그림글자 쓰기 단계: 그리기와 쓰기 간의 구별이 없다.
- 끼적거리기 단계: 그림에 상응하는 문자를 나타내는 선이 나타난다.
- 무작위적 글자 단계: 글자와 유사한 형태가 나타나기 시작한다.
- 창안한 글자 단계: 틀린 글자이지만 진짜 글자들만을 쓴다.
- 관습적 쓰기 단계: 대부분 단어를 정확하게 쓴다. 몇 개의 글자를 소리와 연결시키기 시작한다.

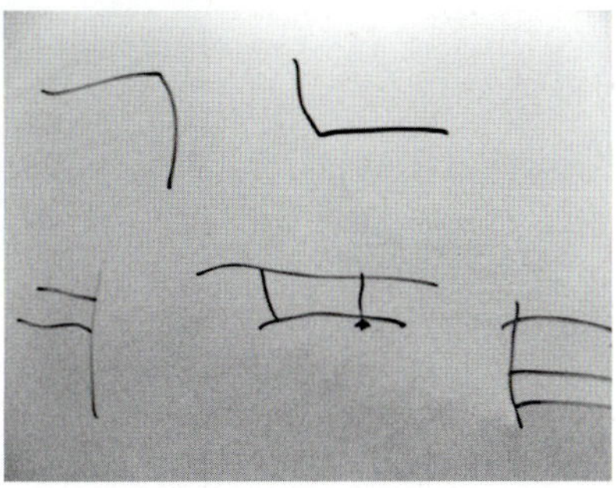

[그림 7-1] 무작위적 글자 단계

한편 이영자와 이종숙(1985, 1990)은 우리나라 영유아의 쓰기 발달을 다음과 같이 제시하고 있다.

- 1단계: 끼적거리기 단계
  - 하위 1단계: 글자의 형태는 나타나지 않으나 세로선이 나타나는 단계
  - 하위 2단계: 글자의 형태는 나타나지 않으나 가로선이 나타나는 단계
- 2단계: 한두 개의 자형이 우연히 나타나는 단계
- 3단계: 자형이 의도적으로 한두 개 나타나는 단계
- 4단계: 글자의 형태가 나타나고 가끔 자모음의 방향이 틀리거나 부분적으로 틀린 단계
- 5단계: 단어 쓰기 단계
  - 하위 1단계: 완전한 단어 형태가 나타나고 자모음 방향이 틀리거나 부분적으로 틀린 단계
  - 하위 2단계: 완전한 단어 형태가 나타나고 자모음 방향이 정확한 단계
- 6단계: 문장 쓰기 단계
  - 하위 1단계: 문장 형태가 나타났으나 부분적으로 틀리는 단계
  - 하위 2단계: 틀린 글자 없이 완전한 문장 형태가 나타나는 단계

어린이집이나 유치원에 다니는 유아는 쓰기의 결과나 산출물보다는 과정에서 더욱 즐거움을 느낀다. 쓰는 척하는 행동에 대한 경험이 부족한 유아는 종이 위에 무엇인가를 표시하는 것을 꺼려한다. 그 이유는 자신들이 쓰는 것이 표준적 글자 쓰기가 아니라는 것을 알고 있기 때문이다. 이들에게 제공할 수 있는 지도 방법은 표준적이지 않은 어떤 표시도 쓰기로 받아들여진다는 것을 인식하게 하는 것이다.

[그림 7-2] 혼자서 쓰기를 할 수 있는 시간을 제공하는 것이 중요하다.

또한, 어떤 유아는 표준적인 글자 표기를 요구하고 정확하다는 것을 알기 전에는 쓰기를 하지 않으려고 하기도 한다. 이런 유아에게는 그의 요구에 맞는 적절한 도움을 주는 것이 바람직하다.

쓰기를 배우는 것은 의미를 전달하는 내용 구성에 대해 배우는 것을 의미한다. 쓰기는 어느 한순간에 갑자기 이루어지는 것이 아니라 점진적으로 쓰기에 관한 경험을 늘려가면서, 쓰기에 대한 연습과 지도를 통해 쓰기 기제(철자법, 띄어쓰기 등)와 기술을 배우게 된다. 유아는 글을 쓸 때 말을 글로 변형시킨다. 이런 과정을 통해 유아는 구어와 문어의 연관구조에 대한 이해를 잘할 수 있게 된다. 쓰기를 많이 해 본 유아는 소리의 분리와 결합을 통해 단어가 된다는 것을 더 잘 이해하게 되고 이런 과정을 통해 쓰기 능력이 발달할 뿐 아니라 독립적 읽기 능력도 기르게 된다.

02 쓰기의 단계

글쓰기는 전체의 내용과 구성을 사전에 계획하고 그에 따라 진행해 가야 한다. 먼저 쓰기를 시작하기 전 마음의 중심에는 글을 쓰는 목적이 있어야 한다.

쓰기는 다음의 4단계를 거치게 된다. 쓰기 전 단계(prewriting), 쓰기 단계(writing), 수정 단계(revision), 편집 단계(editing) 등이 포함된다. 실제 과정에서 글을 쓸 때는 이런 단계들이 중복되고 거꾸로 되돌아가기도 하고 반복되기도 한다. 그럼에도 불구하고 글쓰기 과정을 전체적으로 이해하고 미리 계획하면 글쓰기를 보다 쉽게 시작할 수 있다.

- **쓰기 전 단계**: 이 단계에서 제일 먼저 할 일은 무엇에 대해 쓸 것인지 결정하는 것이다. 선생님이 주제를 제시하거나 자기 스스로 쓰고 싶은 것을 결정한다. 유아가 선택한 제목이 너무 광범위한 것이면 브레인 스토밍 과정을 통해 좀 더

구체적인 주제로 좁혀 줄 수 있다. 선정한 제목에 대해 더 알고 싶은 것이나 이미 알고 있는 것은 무엇인지 유아에게 질문해 보고 생각나는 것을 모두 적어 보게 한다.

- **쓰기 단계**: 단어, 철자의 틀린 것에 개의치 말고 글을 끝까지 쓰도록 격려한다.
- **수정 단계**: 자신이 쓴 글을 소리 내어 읽어 보게 하면서 적절하지 않은 단어나, 철자, 구두점, 그리고 띄어쓰기 등을 교사가 찾아 수정해 줄 수 있다.
- **편집 단계**: 수정 작업이 끝나면 교사는 책 만들기 작업을 한다. 표지와 면지를 만들어 책으로 만드는 작업을 한다. 글자 쓰는 것이 서툰 어린 유아가 그림이나 자신이 만들어 낸 글자로 표현할 때도 이런 과정을 적용할 수 있다.

03 쓰기 지도 방법

유아의 쓰기는 탐색적 놀이와 상당히 유사하다. 구체적인 지도 방법은 다음과 같다.

● 유아의 개별성을 고려한 혼자 쓰기 시간을 제공한다.

쓰기는 각각의 유아가 지니고 있는 언어 능력과 홍미 등을 고려해야 하는데, 혼자 쓰기 활동은 유아에게 중요한 영향을 미친다. 유아가 혼자 쓰기를 할 때 교사의 피드백이 대단히 중요한데, 유아가 끼적거리기 형태를 사용하여 무엇인가를 쓰고 있을 때, "무얼 쓰고 있는지 읽어 볼래?"라고 이야기한다. 그런 후 유아가 끼적거리기 한 그 밑에다 그 내용을 써 준다. 유아가 쓴 내용에 대한 의미를 만들어 가는 과정을 평가하기 위해 이미 코멘트해 준 내용을 다시 고쳐 써 주는 지도 방법을 추천할 수 있다.

◉ 쓰기 활동이 유아에게 의미가 있어야 한다.

일방적 과제로 주어지는 쓰기 활동은 유아에게 아무런 의미 없이 반복적인 글자 연습을 하게 한다. 이러한 학습은 일시적으로 효과가 있는 것처럼 보이지만 금방 유아가 싫증을 내고 글쓰기에 대한 거부감을 가지게 된다. 유아가 글쓰기에 의미를 가질 수 있으려면 일상생활의 일부분으로 기능적인 쓰기 목적을 이용하는 것이 좋은데, 구체적인 활동으로 친구 이름 쓰기, 전화번호 쓰기, 생일 초대장 쓰기, 교실 규칙 정하기, 동시 짓기 등이 있다.

◉ 통합적으로 쓰기 지도를 한다.

쓰기는 말하기, 듣기, 읽기와 연결되고 일과 중의 다른 교육활동과도 연결되어 지도하여야 한다. 예를 들어, 과학 영역에서 싹 틔우기를 실험하면서 관찰한 내용을 저널로 기록해 나가는 활동은 유아의 쓰기 능력을 신장시켜 줄 수 있다.

◉ 매일 쓰기를 하고 하루 일과에서 쓰기를 규칙으로 정한다.

하루 일과 중 유아가 매일 쓰기를 하도록 격려하기 위해서 작가의 장소(Author' spot)를 운영할 수 있다. 작가의 장소는 책 만들기를 위한 여러 재료를 준비된 장소로서 유아의 쓰기를 격려한다. 작가의 장소는 글자를 쓰는 것뿐 아니라 그림 그리기, 끼적거리기 등 다양한 쓰기의 형태가 허용되어 쓰기는 읽기를 위한 것이라는 것을 유아가 인식하게 해 주는 데 도움이 된다.

◉ 유아로 하여금 자신이 쓴 것을 읽어 보도록 격려한다.

유아의 쓰기 시도는 유아가 무엇을 표현하고자 하는지 그 의도를 존중하며 소중히 여겨야 한다. 유아는 자신이 쓰기를 시도한 글을 읽어 봄으로써 말이 글로 바뀌는 과정을 경험하게 된다.

04 쓰기를 위한 환경

유아교육기관의 쓰기 영역은 유아가 쉽게 접근할 수 있고 매력적인 곳이어야 한다. 쓰기 영역은 도서 영역의 일부 공간을 활용할 수 있다. 기본적으로 테이블과 의자가 있어야 하고 바닥에서 쓰고 싶은 유아를 위해 양탄자를 깔면 좋다. 쓰기 활동 자료는 다음과 같이 준비하면 좋다.

- **다양한 종류의 풍부한 필기도구:** 연필, 색연필, 사인펜, 크레파스, 매직펜, 보드마카 펜, 분필 등 다양하고 많은 양의 필기도구를 마련해 놓고 쓰기를 격려한다.
- **다양한 종류의 종이:** 줄 쳐진 종이, 줄 안 쳐진 종이, 전지, 신문지 등 다양한 종이를 제공한다.
- **유아 개인용 단어 카드:** 유아 각자가 알게 된 새로운 단어를 저장할 수 있다.
- **유아 개인용 쓰기 서류함:** 유아교육기관에서 생활하면서 쓰기와 관련된 여러 가지를 수집, 보관할 수 있도록 한다.
- **컴퓨터:** 워드프로세서를 사용할 수 있는 여러 대의 컴퓨터를 마련한다.
- **책 만들기를 위한 자료:** 표지를 위한 여러 가지 색깔의 두꺼운 종이, 내지를 위한 종이, 가위, 스테이플러

〈글상자 7-1〉 간단한 책 표지 만들기

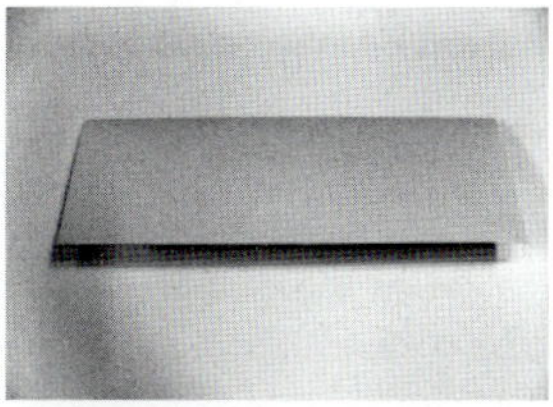

① A2(59.4×42cm) 크기의 용지를 준비한 다음 가로로 반 접는다.

② 그 상태에서 세로로 반 접는다.

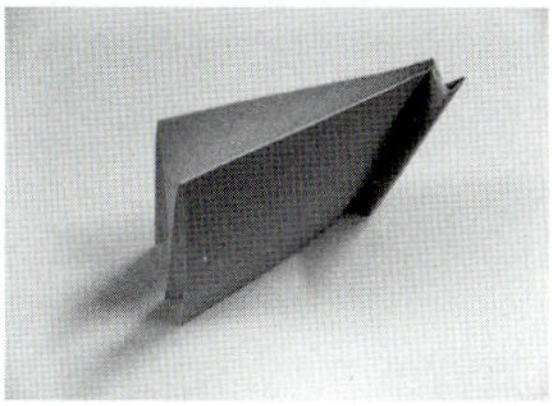

③ 책등 부분을 만들기 위해 그림과 같이 왼쪽 끝부분을 4cm 폭으로 접는다.

④ 왼쪽 끝부분을 2등분해서 접은 후 다시 펼친다.

⑤ 책등 부분을 그림과 같이 접은 선에 따라 지그재그로 접는다.

⑥ 속지를 다음과 같이 준비한다.

- A4(29.7×21cm) 크기의 종이를 준비한 다음 한쪽 끝부분을 4cm 폭으로 잘라낸다.

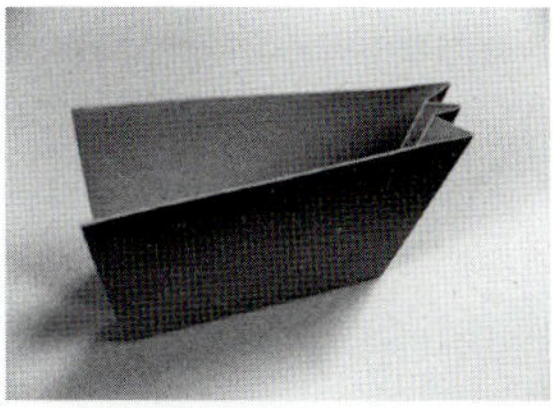

⑦ 5번에서 만든 표지의 한가운데 접힌 부분에 끼워 넣는다.

⑧ 클립을 이용해서 본문 종이를 고정시키다. 책표지를 덮어 주면 이 부분이 살짝 감춰져 보이지 않게 된다.

가정에서는 집 안 여러 곳에 쓰기 자료가 놓여 있어서 마음대로 쓰고 싶을 때 쓸 수 있도록 배려해 주는 분위기 속에서 유아는 자연스럽게 쓰기를 경험하게 된다.

05 쓰기 활동의 실제

1) 이야기 글 요약하여 쓰기

이야기 글은 주인공이 경험한 사건을 말해 주는 글이다. 이야기 글은 배경, 인물, 발단, 절정 및 결말의 전형적인 구조를 가지고 있다. 이러한 구성체제를 이야기 문법이라고 한다. 이러한 이야기 문법을 통하여 독자들에게 즐거움과 감동을 주며, 또한 어떤 교훈을 전하려고 한다. 이야기 글의 교훈을 주제라고 부르기도 한다. 이야기 글은 즐거움과 개인적인 감동을 주는 것이 주된 목적이다. 때문에 재미있고 감동적인 것으로 사건의 전개를 말할 뿐이고 주제의 포인트를 직접적으로 진술하지는 않는다. 따라서 이야기책을 읽고 난 후 요약하여 쓰기 활동을 할 때는 이야기 문법을 기준으로 해야 한다. 요약하여 쓰기 방법은 다음과 같다.

- 이야기에서 나타난 주인공의 주요 행위나 사건을 기술한다.
- 주인공과 사건을 연결시킨다.

요약하여 쓰기

『이야기 이야기』(게일 헤일리 글 · 그림/임혜숙 옮김/보림/2003)

『이야기 이야기』는 어떻게 이 세상에 이야기가 생겨났는가에 대한 아프리카의 옛날이야기이다. 거미 사람 아난스는 하느님에게 이야기를 사고 싶어 하는데, 하느님은 이야기 값으로 세 가지 조건을 제시한다. 아난스는 지혜를 이용하여 말벌과 표범, 그리고 요정을 하느님 앞에 데려와 세 가지 조건을 다 지킨다. 드디어 이야기가 든 황금상자를 갖고 땅으로 돌아온 아난스가 상자를 열자 모든 이야기들이 세상 구석구석까지 흩어졌다는 이야기이다.

주인공이 간 곳은 어디인지 그림으로 그려 보거나 글로 써 보면서 어떤 사건들이 있었는지 요약해 보는 쓰기 활동을 할 수 있다.

교사: 너희들에게 들려준 이야기를 자세히 살펴보자. 『이야기 이야기』 책은 언제, 어디서 일어난 이야기일까?

유아: 옛날. 아프리카.

교사: 그래, 『이야기 이야기』는 아프리카의 옛날이야기야. 책 속에는 누가 나오지? 주인공은 누구일까?

유아: 아난스.

교사: 그런데 아난스는 무엇을 하고 싶어 했지?

유아: 하느님께 이야기를 사고 싶어 했어요.

교사: 아난스가 하느님께 이야기를 사기 위해 제일 먼저 무엇을 했지? 그림으로 그려 보자(글로 써 보자).

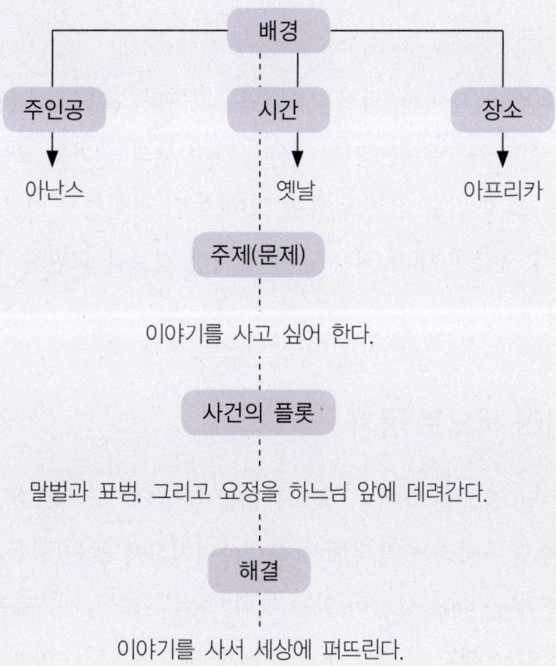

2) 저널 쓰기

저널(journal)은 자신이 선택한 주제를 가지고 그림이나 글로 자유롭게 심리적 부담 없이 표현하는 글쓰기 활동이다. 저널의 주제는 현장 견학, 자신이 읽은 책, 과학 실험 활동, 극놀이, 그리고 개인적인 이야기 등으로 이루어질 수 있다. 유아의 저널에 교사가 코멘트를 해 주면 대화형식을 이끌 수 있다.

저널은 문법이나 철자에 맞게 쓰는 것에 관계없이 자신의 생각을 종이에 옮긴다는 것이 중요하다. 저널을 써 나가는 동안 유아는 자신이 아는 단어를 모두 사용하며 스스로 단어를 찾아 써 보려는 시도를 하기 때문에 쓰기 능력을 키우는 데 상당한 도움이 된다.

3) 내 사전

유아가 스스로 배운 단어를 써서 기록하는 것이다. 교사는 견출지를 구입하여 ㄱ~ㅎ까지 붙여 주고 'ㄱ' 밑에는 가방, 가위, 가지 등의 단어를 모두 적어 사전처럼 묶어주는 것이다. 그 단어를 적은 날짜를 적어 두면 형성평가 자료로 활용할 수 있다. 이야기 나누기 시간에 '내가 적은 단어'에 대한 정보를 교환할 수도 있고 자신만 보관할 수도 있다.

4) 이야기 지어 책으로 묶기

교사는 뒤가 트인 질문을 하여 유아로 하여금 뒷이야기를 짓도록 격려한다. 또한, 인쇄된 것만 책의 출판이라는 생각에서 자유로워지도록 돕는 활동이다. 즉, 유아가 그린 그림이나 쓴 것을 다른 사람이 읽는 것이 '출판'이라는 자유로운 생각을 갖도록 해 줌으로써 재미있는 생각을 키워 주고 창의적 사고를 할 수 있게 해 준다. '만약 ~라면' 활동이 대표적인 예인데, 미녀와 야수의 책을 읽고 난 후 "만약 야수에게 간 딸이 미녀가 아니라 못난이라면 어떤 일이 벌어졌을까?"라고 질문하여 각자 상상한 이야기를 지어 본다.

5) 놀이를 통해 쓰기 경험하기

유아는 놀이 활동을 통하여 글자를 써 보는 경험을 하게 된다. 예를 들면, 동극이나 다양한 역할 놀이 등의 놀이 과정에서 자연스럽게 쓰기를 경험한다. 유아는 자신이 가진 문해 개념과 지식을 놀이에 적용하여 실제 생활의 목적을 위해 쓰기를 하고 자신이 쓴 것을 읽는다. 전화 메모, 쇼핑 목록 작성하기, 요리 순서표 쓰기, 편지 쓰기, 주문서 쓰기 등 역할 놀이에서 자연스럽게 쓰기 활동을 하게 된다.

교사는 놀이에 필요한 간판, 소품 등의 필요성을 제기하고 이것을 글로 적을 수 있도록 자극하여 글자가 지닌 상징적 의미를 유아가 인식하도록 돕는다. 예를 들면, 음식점 놀이에서 교사는 "손님이 음식을 고를 수 있도록 메뉴판을 만들면 어떨까?" 하며 쓰기를 제안할 수 있다. 또한, 기능적 쓰기의 모델을 보이고 문자의 새로운 기능을 소개함으로써 유아의 쓰기 발달을 증진시킬 수 있다(한유미 외, 2005).

6) 쓰기 습관 들이기

유아의 쓰기 습관은 독립적 쓰기 기회를 자주 제공하는 것으로 형성할 수 있다. 유아의 쓰기는 다양한 형태로 이루어져야 하는데 정보적, 기능적, 이야기 글 쓰기 등이 있다. 좋은 쓰기 습관을 형성하고 쓰기에 대한 동기를 유발하기 위해 다음과 같은 활동을 추천할 수 있다.

- 많이 쓰고 다른 유아들이 쓴 것을 듣는다.
- 독립적으로 많이 써 본다.
- 광범위한 장르에서 쓰기를 한다. 동시, 자신의 이야기, 기능적인 글(표지, 제목), 이야기 책이나 정보 책에 관련한 쓰기를 하도록 지도한다.
- 쓴 것을 서로 들어보고 이야기 나눈다.
- 집에서 쓰기를 한다.

단원 평가

[문항 1] 다음은 글쓰기의 단계이다. 괄호 안에 적절한 내용을 쓰시오.

쓰기 전 단계 → 쓰기 단계 → (　　　　　)→ 편집 단계

[문항 2] 쓰기 지도 방법에 대한 설명으로 적절한 것은 무엇인가? (　　)

① 유아가 혼자 쓰기를 하고 있을 때 교사는 피드백을 하지 않고 혼자 하도록 둔다.

② 유아의 쓰기 활동은 워크북이나 시트를 통한 반복적인 글자연습이 될 수 있도록 한다.

③ 매일 쓰기를 하고 하루 일과에서 쓰기를 규칙으로 정한다.

④ 끼적거리기가 아닌 표준적인 쓰기만을 허용한다.

〈정답〉

- 단원평가: 문항 1: 수정 단계　　문항 2: ③

제 8 장

언어교육 환경

효과적 언어지도를 위한 언어교육환경을 교사, 다문화가정, 유아교육기관의 물리적 환경으로 나누어. 살펴보았다. 먼저 영유아교육 현장에서 가장 중요한 인적 환경인 교사의 역할에 대해 다루었다. 다음으로 다문화 사회로 급속히 진전되면서 다문화가정의 언어 환경에 대한 최근의 동향을 소개하면서 이중언어교육에 대해 다루고 있다. 마지막으로, 영유아에게 풍부한 문해 환경을 제공할 수 있는 보육 및 교육 현장의 환경구성에 대해 살펴보았다.

교육 목표

- 영유아의 언어발달을 위한 교사의 역할을 열거할 수 있다.
- 다문화가정의 언어 환경에 대해 말할 수 있다.
- 영유아의 문식성 발달을 위한 유아교육기관의 환경 구성 원리를 현장에 적용할 수 있다.

01 교사

교사는 유아의 언어발달의 중요한 인적 환경이다. 교사는 유아가 유아교육기관에 왔을 때 말하고, 듣고, 읽고, 쓰고 싶어지는 마음이 생기도록 분위기를 조성해야 한다. 이처럼 유아가 적극적으로 언어 활동에 참여하도록 돕기 위해 교사는 다음과 같은 역할을 수행해야 한다.

1) 수용적인 분위기를 만든다.

언어발달은 유아의 정서와 관련이 깊다. 유아는 자신이 생각한 것을 표현하고자 하는 욕구가 있을 때 분위기가 수용적이면 자신감을 갖고 자신의 생각을 표현한다. 그러나 억압적인 분위기에서는 움츠러들고 말을 더듬거나 말문을 닫아버린다. 수용적 분위기를 위한 교사의 역할은 다음과 같다.

- 유아와 눈높이를 맞춘다. 하루 일과 중 유아와 개별적 상호작용할 때 교사는 자세를 낮춰 유아의 눈높이에서 듣기와 말하기가 이루어지도록 하고 집단 활동 시에도 모든 유아와 눈을 마주칠 수 있도록 배려한다.
- 유아의 의사소통의 시도를 받아들인다. 유아가 무슨 말을 하려고 시도하는데 교사가 말을 가로막아 버리거나 "빨리 말해 봐." 등으로 재촉하여 좌절시키지 않도록 한다.
- 유아가 자신의 언어를 향상시킬 수 있는 시도를 하게 한다. 비형식적인 상호작용이나 의미 있는 활동에 참여함으로써 언어기술 향상의 기회를 제공하는 것이 좋다. "아니야 그렇게 말하는 게 아니지. 이렇게 말해야지." 등과 같이 유아의 자신감을 잃게 하는 언어 교정은 하지 않도록 한다.

2) 적절한 발문을 사용한다.

'발문'이란 무엇인가? 교사가 유아의 학습 활동을 조성해 나가기 위해 던지는 물음을 발문이라고 한다(이은화 · 김영옥, 2000). 발문은 주로 수업에서 사용하는 용어로 교사가 학습 활동을 목적으로 유아가 의식하지 않았던 것에 대해 문제의식을 갖게 하고 사고 활동을 촉진하기 위해 사용하는 언어표현이라고 정의하기도 한다(임설빈, 1996; 김성희, 2002, 재인용). 정리해 보면 교사의 발문이란 교수학습 과정에서 던지는 교사의 질문이라고 할 수 있을 것이다. 바람직한 교사의 발문은 어떤 것일까?

(1) 다양한 발문이 될 수 있도록 수업을 계획해야 한다.

교사는 수렴적 질문과 개방형 질문이 어느 한쪽으로 치우치지 않도록 조종해야 한다. 교사의 질문 형태는 폐쇄형 질문과 개방형 질문으로 나눌 수 있다. 폐쇄형 질문은 예를 들면, "선생님과 함께한 오늘 게임 재미있었나요?"와 같은 질문에 "예 / 아니오"로 대답하도록 되어 있는 것이다. 개방형 질문은 '왜', '언제', '무엇을' 등을 다양하게 활용한 질문으로 제한형과 확장형으로 다시 구분하기도 한다.

〈표 8-1〉 질문의 유형

질문의 유형			질문의 내용
폐쇄형			예, 아니오로 대답하도록 되어 있는 질문
개방형	제한형	인지지억형	암기, 회상과 같은 과정을 통하여 기억한 내용을 단순히 이끌어 내는 것
		수렴적	주어진 정보와 자료의 분석을 요하는 것
	확장형	확산적	자발적, 독창적, 주도적으로 이전에 가지고 있던 생각을 정교화하고 내재된 뜻을 끌어내어 새로운 자료와 생각을 일반화시키도록 하는 것
		평가적	가치와 선택의 문제를 다루며 판단적인 특징을 갖는 것

〈표 8-2〉의 내용은 교사가 여러 명의 유아와 함께 모여서 교육활동을 하는 집단 활동인 '이야기 나누기' 활동의 예이다. 소개한 활동을 통해 교사의 질문 유형을 익혀보자.

〈표 8-2〉 이야기 나누기 활동에서 이루어지는 발문의 예

활동 목표: 애완동물의 특성에 대해 자신이 알고 있는 것을 말한다.
애완동물을 아끼고 보살펴 주는 마음을 가진다.
애완동물의 종류에 대해 안다.
활동 종류: 이야기 나누기
준비물: 융판 자료

교사의 발문	유아의 반응	발문의 유형
이제 선생님이 수수께끼를 하나 낼게. 잘 듣고 무엇인지 알아맞혀 볼까?	예	폐쇄형
나는 아기 동물이에요. 다리가 4개고요, 몸에 털이 많이 나 있어요. 난 뼈다귀를 제일 좋아하고, 반가운 사람을 보면 꼬리를 잘 흔들어요. 나는 누구일까요?	강아지요	개방형 (제한형-수렴적)
맞아(강아지 그림을 융판에 붙이며). 강아지. 잘 맞혔어. 그럼 우리, 「강아지」 노래를 불러 볼까?	네. 우리 집 강아지는 복슬강아지 학교 갔다 돌아오면 멍멍멍 꼬리치며 반갑다고 멍멍멍	폐쇄형
너희들, 강아지 본 적이 있니?	예	폐쇄형
그럼 강아지는 어떤 소리를 낼까? 다 같이 강아지 소리를 내어 보자.	각자 소리 내어 본다.	개방형 (제한-인지기억적)
강아지는 무엇을 먹고살까?	밥이요. 우유요.	개방형 (확장-확산적)
선생님도 강아지를 보면 귀엽고 예쁜데 이번에는 집에서 기를 수 있는 다른 동물을 그림으로 보여줄게(고양이 그림 자료를 융판에 붙이면서). 이 동물 이름은 뭘까?	고양이요.	개방형 (제한-인지기억적)
그래, 고양이지. 고양이는 어떻게 생겼니?	귀엽게 생겼어요. 눈이 동그래요. 꼬리가 길어요	개방형 (제한-수렴적)
소리는? 소리는 어떻게 내니(이와 같은 방법으로 각 동물의 이름과 생김새, 특징을 이야기한다)?	야옹야옹	개방형 (제한-수렴적)
어떤 동물을 집에서 기를 수 있는지 다시 한 번 볼까(융판에 애완동물 그림을 하나씩 짚으면서)? 강아지, 고양이, 금붕어, 거북이, 햄스터. 여기 있는 동물들처럼 예쁘고 사랑스러워서 식구처럼 집에서 같이 살면서 키우는 동물을 조금 어려운 말로 애완동물이라고 해. 따라 해 볼까? 애완동물!	예, 애완동물	폐쇄형
그럼 이런 애완동물을 어떻게 돌보아야 할까?	잘 돌보아 줘요.	개방형 (제한-수렴적)
잘 돌보아 주는 것은 어떻게 하는 것일까?	먹이를 잘 줘요. 목욕을 시켜 줘요. 사랑해 줘요.	개방형 (확장-평가적)

(2) 질문은 구체적으로 한다.

질문 내용이 너무 광범위하면 유아가 어떤 답을 해야 할지 모르고 대화 자체에 흥미를 잃을 수도 있다. 또한, 한 가지 답밖에 할 수 없는 뻔한 질문들은 아무런 의미가 없다. 발문할 때 유아의 답을 미리 예상해 보거나 다른 사람에게 질문을 해 봄으로써 교사 자신의 의도가 제대로 전달되었는지 평가해 볼 필요가 있다. 특히, 경험이 적은 예비 교사나 초임교사는 발문 시 유아의 반응을 예상해 보는 연습이 필요하다.

(3) 발문 후 유아의 반응에 따라 재조정이 필요하다.

교사는 질문을 던진 후 유아의 반응을 주의 깊게 관찰해야 한다. 의도하지 않은 유아의 반응이 나왔을 때는 교사가 자신의 발문을 재조정하는 것이 좋다. 또한, 한두 명의 유아가 교사가 의도한 정답을 말했을 때 옳은 답과 관련된 다른 질문을 하여 다양한 방향으로 탐색해 보도록 하는 것이 바람직하다.

3) 문해에 대한 개인차를 인식한다.

영유아 시기에는 풍부한 문해 환경에 접하는 경험을 많이 제공하는 것이 바람직하다. 실제로 가정에서 이미 다양한 문해 환경에 노출된 유아의 경우 유치원에 들어오면서 음운체계를 어느 정도 알고 글자를 인식하며 자신의 이름과 몇 개의 낱말을 읽고 쓸 수 있는 능력을 갖고 있는 것은 흔한 일이다. 반면 문해 경험이 충분하지 못한 유아의 문해에 대한 지식과 경험은 다를 수 있다는 것을 인식해야 한다. 음운 인식과 관련한 체계적인 교수 활동은 자음과 모음, 소리와 상징의 관계에 대한 유아의 이해를 돕는 활동이다.

4) 영유아와의 언어적 상호작용을 주기적으로 점검한다.

〈글상자 8-1〉 교사의 상호작용 평정척도

관찰자: ____________________ 날짜: ____________

문항	정말 그렇다	대체로 그렇다	아니다
1. 다른 사람의 이야기를 주의 깊게 듣도록 지도한다.	3	2	1
2. 교사가 하루 일과를 통해 바람직한 언어 모델을 제시한다.	3	2	1
3. 유아가 느끼고 경험했던 것을 이야기할 수 있는 시간을 마련한다.	3	2	1
4. 교사는 일과 활동 속에서 수시로 유아와 일상적인 대화를 나눈다.	3	2	1
5. 교사는 유아에게 적절한 질문을 한다.	3	2	1
6. 읽기와 쓰기에 관심을 갖게 하는 다양한 활동을 한다.	3	2	1
7. 교사는 깊은 관심과 애정으로 친절하게 유아를 대한다.	3	2	1
8. 유아가 다양한 질문을 할 수 있는 허용적인 분위기에서 하루 일과가 진행된다.	3	2	1
9. 교사는 유아를 대할 때 미소 짓기, 안아주기, 쓰다듬기 등의 신체 접촉을 한다.	3	2	1
10. 유아의 잘못, 실수, 시행착오가 인정되고 수용된다.	3	2	1
11. 유아에게 '예/아니오'의 단순한 대답을 요구하는 질문보다는 '왜 그럴까? 어떻게 될까?' 등의 개방적인 질문을 한다.	3	2	1
12. 유아의 생각에 부언하거나 추가 정보를 제공한다.	3	2	1
13. 유아와 이야기를 나눌 때 유아의 눈높이에 맞게 자세를 낮춘다.	3	2	1
14. 유아의 질문과 요구에 귀를 기울이며, 언어적으로나 신체적으로 민감하게 반응한다.	3	2	1
15. 교사는 비판하기, 꾸짖기, 위협하기 등의 부정적인 방법보다는 칭찬이나 격려하기 등의 긍정적인 방법을 사용한다.	3	2	1
16. 교사는 일과 활동 속에서 유아가 선택할 수 있는 몇 가지 대안적인 활동들을 마련한다.	3	2	1
17. 교사는 자유 선택 활동 시 유아가 참여과정에서 주도적인 역할을 하도록 도와준다.	3	2	1
18. 남녀 유아 모두에게 다양한 활동에 고루 참여할 수 있는 기회를 제공한다.	3	2	1
총점:			

출처: 이은해 · 이기숙(1996).

02 다문화가정의 언어 환경

유아의 언어습득 및 언어발달이 유아교육기관의 인적 환경인 교사와의 상호작용에 의해 영향을 받는다는 점에 대해 기술하였다. 한편 유아가 가정에서 어머니와 함께 지내는 시간을 고려해 볼 때 유아의 언어 능력은 어머니와의 상호작용과 밀접한 관련이 있을 것이다. 어머니의 언어적 자극과 유아의 언어습득 간의 직접적인 관계를 알아보고자 한 연구에서는 어머니의 언어적 입력의 양이 유아기 초기 어휘발달과 밀접한 관련이 있음을 밝히고 있다(이은경 · 석동일, 2006). 유아의 언어발달에 영향을 미치는 변인으로 어머니가 사용하는 언어 사용의 질적 수준에 따른 유아의 언어 능력(어휘 수, 문장의 길이)과의 관계를 본 여러 연구들에서는 어머니가 유아에게 긴 문장으로 의사를 명확하게 제공할 때 유아의 언어발달이 촉진된다고 하였다(이은경, 2007). 이렇듯 부모의 언어자극은 유아의 언어발달에 큰 영향을 미치는 요인이라고 할 수 있다. 이러한 양상은 다문화가정 유아에게서도 유사할 것이다.

1) 다문화가정 유아의 언어발달

다문화가정 유아의 일부는 언어발달에 있어서 어려움을 보이는데, 주된 이유는 이중언어 환경 때문인 것으로 여겨지며, 따라서 이에 관한 관심이 높아지고 있다. 다문화가정 자녀의 발달특성 중 언어발달 연구가 많은 관심을 받는 이유는 언어발달의 민감기인 영유아기 동안 주양육자의 언어적 입력이 유아의 언어발달과 인지발달에 매우 중요한 촉매역할을 하기 때문이다. 그럼에도 불구하고 다문화가정 영유아의 경우 외국인 어머니의 한국어 능력 부족으로 필요한 수준의 언어적 자극을 제공받지 못하여 언어발달은 물론 이와 밀접하게 관련된 인지발달도 더디어질 수 있다는 우려를 낳고 있다. 최근 다문화가정 유아의 언어발달에 대한 연구를 살펴보면 다문화가정 아동들 중 약 23%가 약간의 언어발달지체를, 10%가 언어발달장애에 해당하는 언어발달상의 문제를 보인다고 하였고(황상심 · 정옥란, 2008) 농어촌 지역 다문화가정 아동들을 대상으로 한 연구에서는 68%가 표현언어지체 가능성을 보인다고 하였다(정은희, 2004). 도시와 농촌지역에 거주하는 다문화가정 아동을 대상으로 한 연구(정예리 · 이숙희, 2010)에서는 지역에 상관없이 일반가정 유아의 언어발달 수준에 비하여 낮은 수준의 언어발달을 보인다고 보고하고 있다.

2) 이중언어교육

이중언어교육에 대해 관심을 가져야 하는 이유는 한국사회가 급속히 다문화 사회로 진전되고 있기 때문이다. 우리 사회는 외국인 노동자의 유입과 국제결혼의 증가로 인해 다양한 다문화가정이 늘어나고 있으며 그들의 자녀의 수 또한 빠르게 증가하고 있다.

이중언어교육은 다문화가정에서 자라고 있는 자녀들이 한국어와 모국어 두 가지 언어를 능숙하게 구사하는 이중언어 사용자가 되게 하는 것이다. 많은 이중언어 연구에서 단순히 이주국의 언어를 잘하는 것보다 이주국의 언어와 동시에 모국어 유창성 모두가 높은 아동이 적응을 잘한다고 공통적으로 지적하고 있다. 이는 이주민에게 있어서 모국어는 단순히 의사소통의 수단이 아니라 민족적 정체성과 연관되며 동시에 이주아동의 적응에 보호적 요인으로 작용하는 가족 응집력과도 연관이 되기 때문이다. 실제 이주아동들은 능숙한 주류사회 언어와 모국어 실력을 바탕으로 이주국의 언어를 능숙하게 구사하지 못하는 부모를 위해 부모와 사회를 이어주는 통역 역할을 하게 되면서 가족의 이주사회 적응을 돕고 동시에 가족과 민족 공동체로서의 심리적 지원도 획득하게 된다. 따라서 결혼이민자가 자신의 모국어로 자녀를 양육하고 이중언어 환경에 노출시키는 것이 우선적으로 자녀양육과 자녀와의 상호작용에 있어 바람직하다고 보여진다.

이중언어를 사용하는 유아의 언어 능력에 대해 설명하는 두 가지 이론이 있다.

첫 번째 '감가적 이중언어(subtractive bilingualism)' 관점은 어린 시기에 이중언어를 사용하는 것이 오히려 모국어의 발달을 저해한다고 보며, 이러한 현상은 자신들의 모국어가 자신이 속한 대부분의 사회구성원들이 사용하는 언어가 아닐 때 더 잘 나타난다는 주장이다.

반면, '부가적 이중언어(additive bilingualism)' 관점은 유아가 언어를 배우는 시기인 초기에 가정에서 자연적 이중언어 환경에 노출되어 동시에 두 개의 언어를 습득할 수도 있는데 두 개 이상의 언어가 동시에 주어질 때 보통 같은 비율로 습득하게 된다는 것이다. 비록 구문의 차이, 음운, 어휘의 변경 등을 처음 배울 때는 혼동이 있겠지만 나중에는 두 개 이상의 언어를 같이 유창한 정도로 말할 수 있다는 것이다.

이중언어를 사용하는 유아의 언어 능력을 설명하는 두 이론이 유아의 연령대에 따라 다르게 적용됨을 알 수 있는 것으로, 처음으로 이중언어를 접하게 될 때는 두 언어 간에 혼란을 가지게 되지만 이 혼란기를 거치면서 차츰 두 언어가 모두 안정되어 같이 발달해 가고 있는 것으로 나타났다. 즉, 이중언어를 하는 유아는 언어의 혼란기를 거쳐 안정기로 접어드는데, 혼란기에는 '감가적 이중언어'가 적용되며 안정기에는 '부가적 이중언어'가 적용된다고 볼 수 있다. 유아는 새로운 단어나 문장을 들으면 본능적으로 이를 연습하고 사용해 보려고 한다. 3, 4세가 되어 언어적으로 발화가 유창하게 되면서 두 언어를 통역하고 해석함으로써 가족들과 주변 사람들에게 칭찬을 받고 이중언어를 하는 것이 자신들을 보다 중요한 사람으로 느끼게 해 주는 것임을 깨닫게 되고 더욱 자신감을 가지고 스스로 사회적인 위치를 찾아가게 될 가능성이 높다. 많은 이중언어 구사자가 완벽하게 두 언어를 똑같이 구사하는 것은 아니고 두 언어 중 하나가 더 강한 언어가 있으며, 두 언어는 서로 다른 일을 위한 다른 도구인 것이다. 그러나 한 언어가 다른 언어 성장에 도움을 주며, 이중언어 구사자가 되는 것은 언어발달에 매우 긍정적인 효과를 갖는다. 특히, 유아가 조기에 이중언어를 습득하게 되면 그 효과는 배가 된다. 두 언어가 서로의 발달을 방해하는 것이 아니라 사고의 폭을 넓혀주므로 성장하면서 독해학습에 있어 더 유리한 위치에 서게 되고 사회적, 문화적으로 매우 큰 장점을 얻게 된다.

이는 이중언어교육이 어린 시기에 모국어를 완전히 습득하지 못한 상태에서 다른 외국어를 접함으로써 유아의 언어발달에 혼란을 가져와 결국 유아의 전반적인 언어 발달에 장애가 된다는 일반적인 인식보다는 오히려 혼란기와 안정기를 지나 두 개의 언어 능력을 발달시켜 준다는 것이다. 따라서 혼란기를 극복하고 안정기에 이르도록 하는 바람직한 유아의 가정환경이 매우 중요하다. 이를 위해서는 다음과 같은 점에 유의해야 한다.

- 다문화가정의 유아가 많은 시간을 보내는 유아교육기관에서 이들의 이중언어를 격려하고 촉진할 수 있는 교사의 역할이 중요하다. 다문화가정의 영유아가 유치원이나 어린이집에 잘 적응하도록 돕고, 일반가정 또래와의 상호작용 기회를 확대하여 언어적 표현의 기회를 제공하는 교사의 역할이 필요하다.
- 다문화가정 어머니의 한국어 습득을 위한 프로그램 및 교육기회가 확대되어야 할 것이다. 다문화가정의 영유아가 부모의 잘못된 언어환경으로 인해 의사소통 경험 기회가 저해되는 열악한 가정환경에 대한 개선이 필요하다.

03 유아교육기관의 물리적 환경

유아기의 문식성 발달, 즉 읽고 쓸 수 있는 능력을 기르는 데 도움이 되는 환경 구성은 유아교육기관의 중요한 과제라고 할 수 있다. 유아가 읽고 쓰기를 잘 배우기 위해서는 교실 전체가 시각적으로 잘 볼 수 있는 많은 글자로 구성되어 있어야 한다. 최적의 언어발달, 풍부한 문해 환경을 제공하기 위한 기본적인 환경 구성과 교실의 각 흥미 영역의 환경 구성에 대해 살펴보면 다음과 같다.

1) 기본 환경 구성

- 사진-유아 이름표(사진+이름 글자): 초기에는 자신의 사진을 참조하여 글자를 읽다가 후기에는 글자를 참조할 수 있다.
- 영역 이름표: 언어, 수학, 과학 등 각 영역의 이름을 그림과 글자로 나타냄으로써 유아가 놀이할 영역을 바르게 찾기 위해 그림과 글자를 참조해야 한다.

[그림 8-1] 영역 이름 표시판

- 작업계획 용지, 작성된 작업계획 용지를 모아 두는 파일: 유아가 하루의 놀이 활동을 어떻게 할 것인지 스스로 계획함으로써 작업계획 용지에 나타나는 읽기와 쓰기의 요소를 접할 수 있다.
- 날짜판, 간식판, 당번판: 날짜에 관한 어휘, 간식 종류에 관한 어휘, 매일의 당번 이름 등은 유아가 반에서 원활하게 생활할 수 있기 위해 참조해야 하는 것으로 필요에 의한 문해 경험을 가질 수 있다.

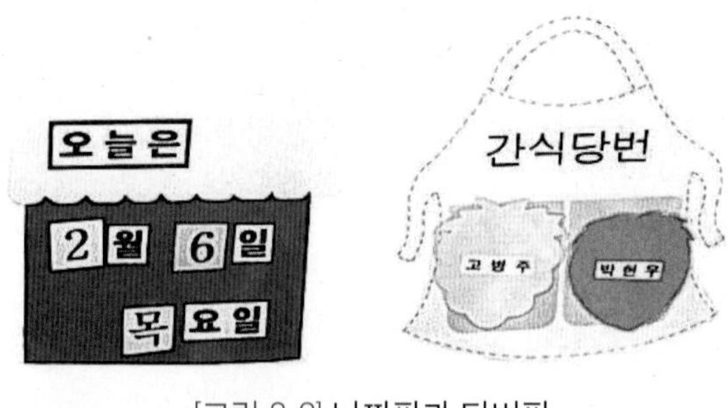

[그림 8-2] 날짜판과 당번판

- **활동안내판**: 매일의 활동 중 변화가 있는 활동을 그림과 글자로 나타낸 것으로 유아가 매일의 활동을 계획하기 위해 참조해야 한다.

[그림 8-3] 활동안내판

- **순서표**: 순서표는 계획한 영역에 활동 인원수가 초과될 경우 유아의 이름을 차례대로 적어 놓음으로써 갈등 없이 놀이할 수 있도록 돕기 위한 것으로 다른 유아의 이름과 자신의 이름을 구별하고 적을 수 있어야 한다.
- **교구와 놀잇감의 모양 그림과 이름, 여러 가지 비품의 이름 적어 붙이기**: 교실에는 유아를 위한 많은 교구와 놀잇감, 비품 등이 있다. 이러한 것의 이름과 모양을 붙여 놓으면 이것을 참조하여 정리하거나 놀이함으로써 읽기와 쓰기 경험을 할 수 있다.
- **규칙표, 교구 및 비품 설명서**: 유아와 함께 결정한 규칙을 적은 규칙표로 구어가 문어로 쓰여진다는 것을 경험할 수 있으며, 교구 및 비품 설명서는 유아가 그림을 사용할 때 문자를 참조하는 경험을 하게 한다.

2) 언어 영역

교실은 다양한 흥미 영역으로 구성할 수 있다. 언어 영역은 언어발달을 촉진시킬 수 있는 활동을 제공하는 기능과 언어 활동에 필요한 공간을 제공하는 기능, 그리고 자료를 전시 보관하는 기능을 한다. 언어 영역에서 교사는 읽기, 쓰기, 듣기, 말하기가 상호연계되어 균형 있게 이루어지도록 지도해야 한다. 만 3, 4세 같이 연령이 어릴수록 안락하고 조용한 분위기를 조성해 주고 읽기, 쓰기, 말하기, 듣기 등 언어 영역의 기초 활동으로 다양한 놀잇감과 교재 · 교구를 제공한다. 반면에 만 5세와 같이 연령이 높아질수록 초기에는 듣기와 책 보기를 위주로 영역을 구성하고 후기에는 읽고 쓰기를 위한 영역을 중점적으로 계획하는 것이 바람직하다. 유아가 부적절한 어휘나 표현을 사용할 경우 올바른 형태로 반응해 줌으로써 언어적 모델을 제공할 수 있다. 쓰기 활동을 수준에 따라 다양하게 제공함으로써 유아가 흥미를 갖고 쓰기 활동에 참여하도록 한다. 이때 정확한 철자나 글자 쓰기에 중점을 두기보다는 유아가 자신의 생각이나 느낌, 사고를 나타내기 위해 쓰기 활동을 하는 과정에 중점을 두고 지원하는 것이 바람직하다. 특히, 취학을 앞둔 만 5세 유아의 경우에는 1~2월에 유아의 준비 정도를 파악하여 개별적인 쓰기, 읽기를 할 수 있도록 교재나 교수, 쓰기 읽기 자료를 준비한다. 언어 영역을 세분화하면 듣기 영역, 말하기 영역, 읽기 영역, 쓰기 영역으로 분류할 수 있고 통합적으로 운영된다.

[그림 8-4] 언어 영역

(1) 듣기 영역

듣기 영역은 헤드폰, 다양한 동화, 동시, 동요, 자연의 소리 등을 녹음한 테이프와 녹음기, CD와 CD 플레이어, 전화기, 소리상자 등을 통해 듣기 경험을 유도할 수 있다.

(2) 말하기 영역

말하기 영역은 전화기, 마이크, 그림자료, 퍼펫, 교구, 이야기 꾸미기 자료, 융판, 자석판, 자석 동화, 막대 인형, 인형극 틀, 녹음기, 테이프 등의 자료를 제시하여 말하기에 대한 동기를 갖게 한다.

(3) 쓰기 영역

쓰기 영역은 모래 글자판, 여러 가지 필기도구, 지우개, 다양한 크기, 재질, 모양의 종이, 기록표, 컴퓨터 자판, 5~6장의 종이를 찍은 주제와 연관된 모양의 단어장, 스테이플러, 가위, 공책, 종합장, 관찰기록장, 재미있는 그림, 삽화, 자석 또는 부직포 글자 및 글자판, 우편함, 책 만들기 자료, 광고전단, 수첩, 자 · 모음카드, 필순카드, 소형칠판과 색분필, 연필깎이, 궁금한 낱말 카드, 여러 가지 필기도구(4B 연필, 색연필, 사인펜, 크레파스, 매직펜, 마카펜, 형광펜) 등과 같은 자료를 제시할 수 있다.

(4) 도서 영역

도서 영역은 읽기를 위한 영역으로서 카펫을 깔고 쿠션, 소파, 낮은 탁자, 책꽂이 등도 마련해 주어 편안하고 매력적인 장소가 될 수 있도록 환경을 구성한다. 잘 조직된 도서 영역은 유아에게 책에 관한 흥미를 증진시킨다. 도서 영역의 운영은 다음과 같은 방법을 권장한다.

① 다양한 장르의 책을 전시한다. 이야기 책, 정보 책, 동시, 동요 책, 전기류 등이 포함된다. 교실에서 전체 유아가 함께 읽은 책인 경우에는 4~6권 정도로 똑같이 복사한 책을 준비해 두어 유아가 개별적으로 다시 한 번 읽어 보게 하도록 하며 소집단으로 복사한 책을 가지고 의견을 교환하고 토론할 때 사용할 수 있게 한다.

② 새 책은 전체 표지가 보이도록 하고 이전에 소개되었던 책은 책꽂이에 제목만 보이도록 꽂는다. 큰 책(big book)은 이젤에 놓고 전시한다.

[그림 8-5] 큰 책은 여러 명이 함께 읽도록 이젤에 전시한다.

[그림 8-6] 소개된 책은 책꽂이에 제목만, 새 책은 전체가 보이도록 전시하는 것이 좋다.

③ 대략 2주에 25권 정도의 새 책을 소개한다. 이미 소개했던 책들은 다른 곳에 보관해 두었다가 몇 달 후에 다시 소개하면 새로운 느낌으로 이용할 수 있다. 책 구입은 직접 구매하는 방법 이외에 공공도서관에서 여러 권을 한달 단위로 빌려오거나 부모들에게 기부를 받는 등의 방법을 이용할 수 있다.

④ 게시판을 적극적으로 활용한다. 정기적인 책의 교체, 도서목록, 좋아하는 책, 희망 도서 등 유아의 신청사항이나 요구사항을 반영한다.

⑤ 책 만들기 재료(표지 종이, 속지, 가위, 스테이플러 등)를 준비하여 작가가 되어보는 장소(author's spot)를 운영한다.

⑥ 그 외 그림 백과사전, 그림동화책, 자연 과학 실험집류, 견학지 안내서, 신문, 잡지, 지도, 책꽂이, 잡지, 자음 모음 게시판, 포스터, 전화번호부, 팸플릿 등을 준비한다.

도서 영역의 물리적 환경을 향상시키고 평가하기 위한 항목들을 살펴보면 다음과 같다.

도서 영역	유	무
책등이 바깥으로 보이도록 책을 보관하는 책꽂이가 있다.		
책이 장르별로 꽂혀 있다.		
책이 읽기 수준에 따라 꽂혀 있다.		
책 전면이 보이도록 전시된 책꽂이가 있다.		
유아 한 명당 5권에서 8권의 책이 있다.		
2주마다 20권의 색이 순환된다.		
유아가 책을 빌려 가져갈 수 있는 도서 반출입 시스템이 있다.		
헤드폰이나 동화 테이프가 있다.		
이야기 조작놀잇감이 있다(TV 동화, 인형 등).		
책 읽기를 녹음할 수 있도록 되어 있다.		

출처: Mottow(2001).

3) 조형 영역

조형 영역은 그리기 같은 평면 작업뿐 아니라 만들기, 꾸미기 등의 입체 조형을 통한 창의적 표현 활동이 이루어지는 곳이다. 유아의 조형 놀이는 예술적 차원에서의 창작 활동보다는 표현 과정 자체에 의미를 두는 것이 바람직하다. 즉, 섬세한 기술이나 작품완성도에 중점을 두기보다는 다양한 자료를 다루어 보고 생각이나 느낌을 표현해 보는 과정 그 자체를 즐길 수 있게 하는 것이 좋다. 만 3~4세와 같이 연령이 어린 유아일수록 기본적인 도구사용법에 대해 알려주어야 하며, 학기 초부터 한 가지씩 사용법과 관리법을 소개해 익히도록 한다. 또한, 충분한 공간과 자유로운 분위기를 조성하여 유아가 심리적인 부담 없이 즐겁게 표현할 수 있도록 한다. 반면에 만 5세와 같이 연령이 높은 유아일수록 유아의 아이디어나 사고에 따라 며칠에 걸쳐서 작품을 완성할 수 있도록 지원하고 필요한 부분은 다른 유아와 협동하도록 격려한다.

문해 발달을 위한 조형 영역 환경 구성은 다음과 같이 활용할 수 있다.

① 그리기나 만들기를 위해 사용하는 도구를 읽기자료로 활용할 수 있다. 조형 영역에서 사용하는 도구들의 사진이나 그림과 함께 글자를 적어 놓을 수 있다. 이러한 환경은 유아의 정리정돈을 도와줄 뿐 아니라 읽기를 위한 좋은 문해 환경을 구성하게 된다. 조형 영역에서 이용할 수 있는 도구의 예는 다음과 같다.

- **그리기 도구**: 크레파스, 사인펜, 연필, 색연필, 볼펜, 색분필, 매직펜, 파스텔, 물감, 붓, 물통, 면봉, 스탬프, 페인트 등
- **자르고 붙이는 도구**: 가위, 풀, 접착제, 스테이플러, 펀치, 끈, 테이프, 클립, 바늘과 실 등

② 그리기나 만들기의 제작 과정의 방법이나 유의점을 그림과 함께 글자를 읽도록 벽면에 게시할 수 있다.

[그림 8-7] 조형 읽기 활동 순서

③ 유아가 작품을 제작할 때 자신의 이름을 쓰도록 장려한다. 유아가 자신의 이름 쓰기를 어려워한다면 이름 목록을 벽에 붙여줄 수 있다. 이젤판 옆에도 색연필을 매달아 놓아 유아가 이젤 페인팅을 하기 전에 자신의 이름을 쓰도록 배려한다.

4) 쌓기 놀이 영역

쌓기 놀이 영역은 다양한 종류의 소재, 모양, 색, 크기, 형태의 블록을 이용하여 일상생활에서 보고 들은 것이나 상상한 것을 구성해 볼 수 있는 공간이다. 유아는 자신이 계획한 형태나 작품을 설명하고 완성된 쌓기 구성물에 대해 이야기하는 과정을 통하여 언어 능력을 증진시키게 된다. 문해 발달을 위한 환경 구성은 다음과 같다.

① 유아가 구성물을 만들 때 이용할 수 있는 소품에 글자를 적어둠으로써 읽기와 연결시킬 수 있다. 예를 들어, 유아에게 여러 가지 교통표지판(가시오, 서시오, 건너가는 길)을 준비해 주면, 유아가 블록으로 자동차 길을 만든 후 이러한 소품을 이용하면서 스스로 독립적인 읽기를 할 수 있다.

② 쌓기 영역에 종이와 필기도구를 준비해 둔다. 유아는 이를 이용하여 언제든지 자신이 만든 구성물에 이름을 적기도 하고 표시를 할 것이다. 예를 들어, 유아는 건물을 짓고 난 후 건물의 간판을 써서 붙이거나 동물원을 만든 후에 동물원의 우리 표시를 만들 수 있다.

5) 역할 놀이 영역

역할 놀이 영역은 다양한 사람이나 사건에 대해 유아가 보고 경험하거나 희망과 욕구를 담아 상상하거나 생각한 것을 행동으로 표현해 볼 수 있는 곳이다. 역할 놀이의 소재는 진행하고 있는 주제와 관련하여 병원 놀이, 동물병원 놀이. 문방구 놀이, 우체국 놀이, 은행 놀이 등 다양하게 변경될 수 있다. 역할 놀이는 문해 발달을 위한 좋은 기회를 제공한다. 역할 놀이의 주제에 포함될 수 있는 문자가 있는 소품과 자료를 제시해 줌으로써 이와 관련된 언어 사용을 격려할 수 있다. 예를 들어, 식당 놀이에서 메뉴판 읽어 보기나 병원 놀이 '치과' 간판 만들기 등에 사용할 수 있는 자료를 제공한다.

6) 수 · 조작 놀이 영역

수 · 조작 놀이 영역은 여러 가지 물건들을 조작해 봄으로써 눈과 손의 협응력, 기초적 수개념, 도형 및 공간 개념, 측정, 패턴, 자료 수집 및 분류 등의 경험을 하는 공간이다. 언어교육과 관련해서 수 · 조작 영역에서 이루어질 수 있는 활동으로는 여러 가지 게임이나 교구 사용법을 표에 기록하여 읽기를 유도할 수 있다. 게임 방법과 규칙표를 적어 두고 활동을 원하는 유아에게 내용을 교사가 읽어 주고 게임을 하도록 도와줄 수 있다. 게임 방법과 규칙 읽기는 물론 직접 게임을 만들기 위해 다음과 같은 양식을 활용하여 쓰기 활동으로 진행할 수도 있다.

게임 명:
인원수:
준비물:
목적:

게임 방법과 규칙:

변형:

출처: 권민균 외(2008).

유아가 분류 활동이나 게임 진행 중 수시로 쓰기 활동이 일어날 수 있도록 유도하는 것이 좋다. 수 · 조작 영역에는 종이와 필기도구를 준비해서 분류한 것의 이름을 써 보거나 게임 순서를 정해야 하는 경우 게임 순서를 쓰도록 유도할 수 있다.

단원 평가

[문항 1] 유아의 문자언어발달을 돕기 위하여 환경을 구성한 사례 중 적절하지 않은 것은? (   )

① 역할 놀이 영역에 주제 관련 문자가 있는 소품과 자료를 제시하였다.
② 언어 영역에 쓰기 책상을 놓아두고 줄쳐진 종이와 연필만을 제공하였다.
③ 화장실에 '손을 씻으세요'와 같은 내용의 문구를 그림과 함께 표시로 만들어 부착해 놓았다.
④ 구성물에 이름이나 표시를 할 수 있도록 쌓기 영역에 종이와 필기도구를 준비해 두었다.

[문항 2] 다음의 글을 잘 읽고 괄호 안에 적절한 단어를 쓰시오.

교사가 유아의 학습 활동을 조성해 나가기 위해 던지는 물음을 (   )이라고 한다.

[문항 3] 영유아의 이중언어에 대한 설명으로 적절하지 않은 것은?( )

① 이중언어교육에 대해 관심을 가져야 하는 이유는 한국사회가 급속히 다문화 사회로 진전되고 있기 때문이다.
② 이중언어교육은 유아의 언어발달에 혼란을 가져와 결국 유아의 전반적인 언어발달에 장애가 된다.
③ 영유아의 이중언어를 격려하고 촉진할 수 있는 교사의 역할이 중요하다.
④ 이중언어교육은 다문화가정에서 자라고 있는 자녀들이 한국어와 모국어 두 가지 언어를 능숙하게 구사하는 이중언어 사용자가 되게 하는 것이다.

〈정답〉

- 단원평가: 문항 1: ② 문항 2: 발문 문항 3: ②

제 9 장

언어교육과정

영유아 보육 및 교육 현장에서 이루어지는 언어지도는 국가수준에서 제시하는 언어교육과정에 의해 계획하고 실천하게 된다. 연령별로 살펴보면 만 0~2세는 제3차 표준보육과정의 의사소통 영역에서 언어교육의 방향과 목표 및 내용을 제시하고 있다. 만 3~5세는 3~5세 연령별 누리과정 의사소통 영역의 적용을 받는다. 영유아 교육기관의 국가수준 교육과정은 초등학교의 국어교과로 연계하게 된다. 따라서 유·초 연계성을 이해하기 위해 2009 개정 초등 국어교육과정을 알아보도록 하자.

교육 목표

- 3~5세 연령별 누리과정 의사소통 영역의 목표와 내용에 대해 정확하게 말할 수 있다.
- 제3차 표준보육과정 의사소통 영역의 내용을 보육활동 실제에 적용할 수 있다.
- 2009 개정 초등 국어교육과정과 누리과정을 비교할 수 있다.

본 장에서는 우리나라 국가수준 교육과정에서 제시하고 있는 유아의 언어교육에 대해 알아보고자 한다. 국가수준의 유치원 교육과정은 1969년 제정된 이후 사회 및 학문적 변화와 요구를 수용하여 1979년 2차, 1981년 3차, 1987년 4차, 1992년 5차, 1998년 6차 개정을 거쳐 2007년 개정유치원 교육과정이 고시되었다. 2011년 정부는 유치원과 어린이집으로 이원화되어 있는 유아교육과 보육을 통합해 만 5세 유아가 새로운 공통과정을 배울 수 있도록 '5세 누리과정(만 5세 공통과정)'을 제정하였다. 따라서 2012년 3월부터 유치원과 어린이집에 다니는 만 5세 유아는 누리과정으로 교육하게 되었다. 2013년 만 3~4세까지 누리과정을 확대한다는 '3~4세 누리과정 도입계획'이 발표되면서 3~5세 연령별 누리과정이 제정되었다. 3~5세 연령별 누리과정은 우리나라 만 3~5세 모든 유아에게 유아교육과 보육과정이 통합된 과정을 제공함으로써 취학전 교육의 질을 제고하고 생의 초기 출발점 평등을 보장하기 위한 국가수준의 공통과정 구성 체계와 형식을 갖추고 있다. 3~5세 연령별 누리과정은 다섯 영역(신체 · 운동, 의사소통, 사회관계, 예술경험, 자연탐구)으로 구성되어 있으며, 의사소통 영역을 언어교육 영역으로 볼 수 있다.

우리나라의 또 다른 국가수준 교육과정으로 표준보육과정을 들 수 있다. 표준보육과정은 우리나라 어린이집에서 운영해야 하는 보편적인 보육내용을 제시하고 있는 국가수준의 보육과정이다. 2012년 2월 만 5세 누리과정 제정과 더불어 0~4세를 포함한 제2차 표준보육과정 개정을 고시하였으며, 2012년 12월 3~5세 누리과정과 연계하여 어린이집 표준보육과정을 전체적으로 다시 개정 고시함에 따라 제3차 표준보육과정을 개정 고시하였다(보건복지부, 중앙보육정보센터, 2012).

본 장에서는 우리나라의 국가 수준 교육과정에서 제시하고 있는 유아 언어교육에 대해 알아보고자 한다. 영유아를 위한 언어교육의 실천이 국가수준 교육과정에서 어떻게 제시되고 있는지 살펴보고자 하는데, 첫째는 3~5세 연령별 누리과정의 의사소통 영역, 둘째는 제3차 표준보육과정의 의사소통 영역에 명시된 언어교육, 마지막으로 초등학교 교육과정과 누리과정, 표준보육과정과의 연계성에 대해 살펴보도록 구성하였다.

01 3~5세 연령별 누리과정 의사소통 영역

3~5세 누리과정의 의사소통 영역은 유아가 일상생활에서 언어 사용을 즐기고 의사소통 능력을 기르며 바른 언어 사용 능력과 태도를 기르기 위한 영역이다. 좀 더 구체적으로 살펴보면 다음과 같다.

첫째, 일상생활에서 유아가 언어 사용을 즐기기 위해서는 유아가 가지고 있는 언어 능력을 존중해 주고 언어에 대해 자신감을 가질 수 있도록 해야 한다.

둘째, 의사소통 능력을 기르는 것의 의미는 유아가 사회구성원으로서 자신의 의사를 표현하고 상대방의 의사를 수용할 수 있는 의사소통 능력을 지도한다는 것이다.

셋째, 바른 언어 사용 능력과 태도는 인간관계 속에서 상대방을 존중하고 나아가 민주시민으로서의 기본 자질을 기르는 것이다. 따라서 바른 언어 사용 능력 및 태도가 형성될 수 있도록 유아기부터 자연스러운 일상생활 속에서 바르게 듣고 말하는 습관을 가지도록 지도해야 한다.

1) 의사소통 영역의 성격

> 의사소통 영역은 언어의 기본 형태인 구어와 문어를 활용하여 나와 다른 사람의 느낌이나 생각, 경험을 상황과 상대방에 알맞게 소통할 수 있는 능력을 기르는 영역이다. 또한, 말과 글의 관계를 알고 읽기와 쓰기에 흥미를 가져 언어 사용을 즐기도록 하는 영역이다.

구어와 문어 사용에 대한 관심과 발달에 초점

유아기는 구어 사용 능력이 급격히 확장되고, 문어 사용에 대한 흥미와 이에 대한 기초 능력이 발달하는 시기이다. 영아기에 주로 많이 사용되었던 몸짓, 표정 등의 비언어적 표현이 줄어들면서, 유아기에는 주변 생활에서 경험한 다양한 사물이나 사건들에 대한 이야기를 이해하고 또 이를 적합한 어휘로 표현하는 것이 중요하다. 유아는 문장 내에 숨겨진 상대방의 의도를 해석할 수 있어야 하고, 자신의 생각이나 느낌 등의 의도를 상대방에게 적절히 전달할 수 있어야 한다. 또한, 그림책이나 인쇄물처럼 철자로 이루어진 다양한 내용에 관심을 가지고 그 속에 담긴 의미를 파악할 수 있어야 한다.

◎ 언어 사용의 자신감과 즐거움, 내용 이해에 중점

의사소통 영역에서는 사회구성원들이 약속한 복잡한 언어체계를 가르치려 하기보다 언어 사용에 대한 자신감과 즐거움을 느끼며, 다른 사람이 전달한 구어와 문어의 내용을 이해하는 데 중점을 두어야 한다.

2) 의사소통 영역의 목표

> 일상생활에서 필요한 의사소통 능력과 바른 언어 사용 습관을 기른다.

의사소통 영역의 목표는 일상생활에서 말과 글의 의미 있는 경험을 통해서 자신의 느낌과 생각, 경험을 타인에게 표현하는 것을 즐기며, 타인이 말과 글로 전달하는 의미를 바르게 이해하는 능력과 태도를 기르는 데 있다. 의사소통 능력의 하위 목표는 다음과 같다.

(1) 듣기

- 다른 사람의 말을 주의 깊게 듣는 태도와 이해하는 능력을 기른다.

의사소통을 위해서는 먼저 다른 사람의 말을 주의 깊게 듣는 태도와 그 내용을 이해하는 능력이 필요하다. 유아는 자기중심적인 특성 때문에 말을 먼저 하고 싶어 하지만 듣고 말하는 순서를 지켜야 타인과의 소통이 원활히 이루어짐을 경험하도록 한다. 교사나 친구들과의 일상 대화와 다양한 듣기 활동을 통해 유아는 낱말, 문장,

문장과 문자의 관계 등을 이해하고 말하는 사람의 표정, 시선, 몸짓 등 비언어적인 표현을 통해서도 상대방이 전하는 의미와 의도를 파악할 수 있도록 한다.

(2) 말하기

- 자신의 생각과 느낌을 말하는 능력을 기른다.

유아는 생후 울음으로 자신의 느낌을 표현하다가 점차 어휘가 급증하고 문장을 구성하면서 좀 더 정확하게 자신의 의도를 낱말과 문장을 사용하여 전달하는 능력을 발달시킨다. 유아가 일상생활 속에서 경험하는 것들을 자유롭고 편안하게 말로 표현할 수 있도록 지원하며 유아가 낱말과 문장으로 말하고 상황에 맞게 바른 태도로 말하는 능력을 기르도록 한다.

(3) 읽기

- 글자와 책에 친숙해지는 경험을 통하여 글자 모양을 인식하고 읽기에 흥미를 가진다.

일상생활과 관련된 친근한 인쇄물이나 글자들을 접하거나 그림책이나 동시, 동요 등의 내용을 자주 들으며 즐거움을 경험하여 읽기에 흥미를 가지도록 한다.

(4) 쓰기

- 말과 글의 관계를 알고 자신의 생각, 느낌, 경험을 글로 표현하는 데 관심을 가진다.

유아는 말로 전달하는 것처럼 글로 무엇인가를 타인에게 전달할 수 있음을 알게 된다. 유아가 주변에서 성인의 쓰기 모델을 자주 접하면서 말과 글의 관계를 자연스럽게 알고 가장 친숙한 자신의 글자를 써보는 것을 즐기도록 하며 자신의 생각과 느낌, 경험을 글자와 비슷한 형태나 글자로 나타내는 과정에 중점을 두고 쓰기에 관심을 가지도록 한다.

3) 의사소통 영역의 내용

> 의사소통 영역의 내용 범주는 듣기, 말하기, 읽기, 쓰기로 이루어져 있으며, 이에 따라 내용 및 세부내용이 구성되어 있다.

의사소통 영역은 듣기, 말하기, 읽기, 쓰기의 네 가지 내용 범주로 구성되어 있다. 이들 네 가지는 말과 글의 사용에 중점을 두고 서로 연관 지어서 경험하도록 구성되어 있다. 의사소통 영역의 내용범주와 내용에 대한 연령별 세부내용을 전체적으로 제시하면 다음과 같다.

<table>
<tr><th colspan="5">3~5세 연령별 누리과정 의사소통 영역</th><th rowspan="2">5세 누리과정
(2011. 9. 5.)</th></tr>
<tr><th>내용
범주</th><th>내용</th><th>3세</th><th>4세</th><th>5세</th></tr>
<tr><td rowspan="7">듣기</td><td rowspan="2">낱말과 문장 듣고 이해하기</td><td colspan="2">낱말의 발음에 관심을 가지고 듣는다.</td><td>낱말의 발음에 관심을 가지고 비슷한 발음을 듣고 구별한다.</td><td>낱말의 발음에 관심을 가지고 비숫환 발음을 듣고 구별한다.</td></tr>
<tr><td colspan="2">일상생활과 관련된 낱말과 문장을 듣고 뜻을 이해한다.</td><td>다양한 낱말과 문장을 듣고 뜻을 이해한다.</td><td>일상생활과 관련된 낱말과 문장을 듣고 뜻을 이해한다.</td></tr>
<tr><td rowspan="2">이야기 듣고 이해하기</td><td>다른 사람의 이야기를 관심 있게 듣는다.</td><td colspan="2">다른 사람의 이야기를 듣고 이해한다.</td><td>다른 사람의 이야기를 듣고 이해한다.</td></tr>
<tr><td></td><td colspan="2">이야기를 듣고 궁금한 것에 대해 질문한다.</td><td>이야기를 듣고 궁금한 것에 대해 질문한다</td></tr>
<tr><td rowspan="2">동요, 동시, 동화 듣고 이해하기</td><td colspan="2">동요, 동시, 동화를 다양한 방법으로 듣고 즐긴다.</td><td>동요, 동시, 동화를 다양한 방법으로 듣고 이해한다.</td><td>동요, 동시, 동화를 다양한 방법으로 듣고 즐긴다.</td></tr>
<tr><td></td><td colspan="2">전래동요, 동시, 동화를 듣고 우리말의 재미를 느낀다.</td><td>전래동요, 동시, 동화를 듣고 우리말의 재미를 느낀다.</td></tr>
<tr><td>바른 태도로 듣기</td><td>말하는 사람을 바라보며 듣는다.</td><td>다른 사람의 이야기를 주의 깊게 듣는다.</td><td>다른 사람의 이야기를 끝까지 주의 깊게 듣는다.</td><td>다른 사람의 이야기를 끝까지 주의 깊게 듣는다.</td></tr>
</table>

3~5세 연령별 누리과정 의사소통 영역					5세 누리과정 (2011. 9. 5.)
내용범주	내용	3세	4세	5세	
말하기	낱말과 문장으로 말하기	친숙한 낱말을 발음해 본다.	친숙한 낱말을 정확하게 발음해 본다.	정확한 발음으로 말한다.	정확한 발음으로 말한다.
		새로운 낱말에 관심을 가진다.	다양한 낱말을 사용하여 말한다.	다양한 낱말을 사용하여 상황에 맞게 말한다.	다양한 단어를 사용하여 상황에 맞게 말한다.
		일상생활에서 일어나는 일들을 간단한 문장으로 말한다.		일상생활에서 일어나는 일들을 다양한 문장으로 말한다.	일상생활에서 일어나는 일들을 다양한 형태의 문장으로 말한다.
	느낌, 생각, 경험 말하기	자신의 느낌, 생각, 경험을 말해 본다.	자신의 느낌, 생각, 경험을 말한다.	자신의 느낌, 생각, 경험을 적절한 낱말과 문장으로 말한다.	자신의 느낌, 생각, 경험을 적절한 단어와 문장으로 말한다.
			주제를 정하여 함께 이야기를 나눈다.		주제를 정하여 함께 이야기를 나눈다.
			이야기를 지어 말한다.	이야기를 지어 말하기를 즐긴다.	이야기를 지어 말하기를 즐긴다.
	상황에 맞게 바른 태도로 말하기		듣는 사람의 생각과 느낌을 고려하여 말한다.		듣는 사람의 생각과 느낌을 고려하여 말한다.
		상대방을 바라보며 말한다.	차례를 지켜 말한다.	때와 장소, 대상에 알맞게 말한다.	때와 장소, 대상에 알맞게 말한다.
		바르고 고운 말을 사용한다.			바르고 고운 말을 사용한다.
읽기	읽기에 흥미 가지기	주변에서 친숙한 글자를 찾아본다.		주변에서 친숙한 글자를 찾아 읽어 본다.	주변에서 친숙한 글자를 찾아 읽어 본다.
		읽어 주는 글의 내용에 관심을 가진다.		읽어 주는 글의 내용에 관심을 가지고 읽어 본다.	읽어 주는 글의 내용에 관심을 가진다.
	책 읽기에 관심 가지기	책에 흥미를 가진다.	책보는 것을 즐기고 소중하게 다룬다.		책 보는 것을 즐기고 소중하게 다룬다.
		책의 그림을 단서로 내용을 추측해 본다.	책의 그림을 단서로 내용을 이해한다.		
			궁금한 것을 책에서 찾아본다.		궁금한 것을 책에서 찾아본다.

3~5세 연령별 누리과정 의사소통 영역					5세 누리과정 (2011. 9. 5.)
내용범주	내용	3세	4세	5세	
쓰기	쓰기에 관심 가지기	말을 글로 나타내는 것에 관심을 보인다.	말이나 생각을 글로 나타낼 수 있음을 안다.		말이나 생각을 글로 옮길 수 있음을 안다.
		자기 이름의 글자에 관심을 가진다.	자기 이름을 써 본다.	자신의 이름과 주변의 친숙한 글자를 써 본다.	자신의 이름과 주변의 친숙한 글자를 써 본다.
			자신의 느낌, 생각, 경험을 글자와 비슷한 형태로 표현한다.	자신의 느낌, 생각, 경험을 글자와 비슷한 형태나 글자로 표현한다.	자신의 느낌, 생각, 경험을 글자와 비슷한 형태나 글자로 표현한다.
	쓰기 도구 사용하기		쓰기 도구에 관심을 가지고 사용해 본다.	쓰기 도구의 바른 사용법을 알고 사용한다.	쓰기 도구의 바른 사용법을 알고 사용한다.

4) 수준별 세부내용

의사소통 영역의 듣기, 말하기, 읽기, 쓰기의 네 가지 내용별 세부내용을 살펴보면 다음과 같다.

(1) 듣기

❶ 낱말과 문장 듣고 이해하기

내용	세부내용		
	3세	4세	5세
낱말과 문장 듣고 이해하기	낱말의 발음에 관심을 가지고 듣는다.		낱말의 발음에 관심을 가지고 비슷한 발음을 듣고 구별한다.
	일상생활과 관련된 낱말과 문장을 듣고 뜻을 이해한다.		다양한 낱말과 문장을 듣고 뜻을 이해한다.

'낱말과 문장 듣고 이해하기'는 유아가 의사소통하기 위하여 가장 기초적인 개별 낱말의 발음을 주의 깊게 듣는 내용이다. 만 3세와 4세 유아는 이해 어휘력과 표현 어휘력이 모두 급증하는 시기이지만 아직도 표현어휘는 이해어휘보다 적다. 따라서 의사소통 능력을 기르기 위해서 3세와 4세 유아에게 낱말의 발음에 듣는 경험을 갖게 하여 자신의 어휘를 향상시켜 나가도록 지도한다. '낱말의 발음에 관심을 가지고 비슷한 발음을 듣고 구별한다.'는 단어 하나하나의 발음에 관심을 가지고 귀 기울여 듣고 특히 발음이 유사하게 들리는 서로 다른 단어의 정확한 발음을 변별할 수 있도록 하는 내용이다. 이를 위해 유아에게 친숙한 일상생활 속의 다양한 사물의 이름을 올바른 발음으로 들을 수 있는 기회를 주어야 한다. 교사 자신이 주의 깊게 듣는 모델을 보여 주어 유아가 주의 깊게 듣고 다양한 발음을 구별할 수 있도록 격려한다. 또한, 발음은 비슷하지만 의미가 다른 낱말이 포함된 동화책이나 녹음기 등을 활용하여 비슷한 발음에 대한 유아의 흥미와 관심을 불러일으킬 수 있다. 즉, 5세 유아는 비슷한 발음의 낱말을 듣고 구분하는 경험까지 계획하여 지도하는데 이는 발음이 유사하게 들리는 서로 다른 단어의 정확한 발음을 변별할 수 있도록 한다는 내용이다. '일상생활과 관련된 낱말과 문장을 듣고 뜻을 이해한다.'는 것은 일상생활에서 친숙하게 들을 수 있는 낱말과 문장을 듣고 그 의미를 이해할 수 있도록 하는 내용이다. 일상생활과 관련된 사물의 명칭, 일상의 행동, 움직임을 나타내는 동사, 사물의 속성이나 행동을 묘사하는 형용사와 부사와 같은 다양한 어휘를 경험하게 함으로써 낱말과 문장에 익숙해지는 것에서 출발한다. '다양한 낱말과 문장을 듣고 뜻을 이해한다.'는 일상생활에서 사용하는 낱말과 문장의 범주를 좀 더 확대하여 듣고 그 뜻을 이해하는 경험을 가지도록 지도하는 데 역점을 둔다.

〈활동 예시〉

주제	유치원/어린이집의 환경	소주제	우리 반 이름과 교실 알아보기
대상연령	만 3세	활동유형	자유 선택 활동
활동명	교실물건 수수께끼		
목표	• 교실의 물건에 대한 설명을 하고 대답하는 순서를 지켜 수수께끼를 즐긴다. • 교실의 다양한 물건의 특성과 이름을 안다.	누리과정 관련요소	• 의사소통〉듣기〉낱말과 문장 듣고 이해하기〉일상생활과 관련된 낱말과 문장을 듣고 뜻을 이해한다. • 의사소통〉낱말과 문장으로 말하기 • 자연탐구〉탐구하는 태도 기르기

활동 자료: 수수께끼 집 4개, 교실물건 사진 20장(사인펜, 동화책, 돋보기, 의자, 책상, 인형, 탬버린, 간식접시, 포크, 물컵, 피아노, 시계, 가위, 점토, 종이, 색종이, 마라카스, 바구니, 주사위)

활동 방법: 1) 동그랗게 모여 앉는다.

2) 가운데 수수께께 카드에 있는 물건을 놓는다.

3) 수수께끼 집에 수수께끼 카드를 넣어 교실물건 카드를 넣은 집 모양의 봉투에 수수께끼 카드의 부분을 보며 물건의 특징에 대해 이야기한다(가장 특징적인 것을 짧은 문장으로 이야기한다).

– 선생님이 수수께끼 집 속에 우리 교실에 있는 물건 그림카드를 넣어 두었단다.
– 어떤 물건이 수수께끼 집에 숨어 있을까?
– (수수께끼 집 창문을 가리키며) 어 무슨 물건이지? 숫자가 보이네.

4) 친구들과 함께 수수께끼 집 놀이를 해 본다.

〈수수께끼 게임 방법〉

① 먼저 수수께끼를 낼 유아를 정한다.
② 수수께끼 집 창문은 문제를 내는 유아만 열 수 있다. 수수께끼 카드의 부분이 보이도록 창문을 연다.
③ 수수께끼 카드를 보며 그림을 보여 주지 않고 물건의 특징을 설명하여 친구에게 수수께끼를 낸다.
④ 수수께끼를 맞춘 유아가 수수께끼를 내는 차례가 된다.

❷ 이야기 듣고 이해하기

<table>
<tr><th rowspan="2">내용</th><th colspan="3">세부내용</th></tr>
<tr><th>3세</th><th>4세</th><th>5세</th></tr>
<tr><td rowspan="2">이야기 듣고 이해하기</td><td>다른 사람의 이야기를 관심 있게 듣는다.</td><td colspan="2">다른 사람의 이야기를 듣고 이해한다.</td></tr>
<tr><td></td><td colspan="2">이야기를 듣고 궁금한 것에 대해 질문 한다.</td></tr>
</table>

이야기 듣고 이해하기는 이야기 듣는 것에 관심을 가지고 이야기하는 사람의 생각, 의도, 감정을 이해할 수 있도록 하는 내용이다. 이를 위해 교사는 유아의 이해 수준에 맞추어 간결하고 정확하게 이야기하고 유아가 다른 사람의 이야기를 주의 깊게 듣도록 격려해 주어야 한다. 또한, 이야기를 들려준 후 교사의 적절한 질문은 이야기의 내용을 이해하는 데 도움을 줄 수 있다. 이야기를 듣고 궁금한 것에 대해 질문한다는 것은 이해가 잘 되지 않은 부분에 대해 유아가 질문을 함으로써 이해를 높일 수 있도록 하는 내용이다. 유아가 질문할 수 있도록 하기 위해 교사의 개방적이고 수용적인 분위기 조성이 필요하다.

❸ 동요, 동시, 동화 듣고 이해하기

<table>
<tr><th rowspan="2">내용</th><th colspan="3">세부내용</th></tr>
<tr><th>3세</th><th>4세</th><th>5세</th></tr>
<tr><td rowspan="2">동요, 동시, 동화 듣고 이해하기</td><td colspan="2">동요, 동시, 동화를 다양한 방법으로 듣고 즐긴다.</td><td>동요, 동시, 동화를 다양한 방법으로 듣고 이해한다.</td></tr>
<tr><td></td><td colspan="2">전래동요, 동시, 동화를 듣고 우리말의 재미를 느낀다.</td></tr>
</table>

동요, 동시, 동화 등의 다양한 장르의 질 높은 문학작품을 그림 자료, 융판, 컴퓨터, 인형 등 다양한 매체를 통해 경험함으로써 잘 들을 수 있는 집중력과 이해할 수 있는 능력을 기르기 위한 내용이다. 또한, 전래 동요, 동시, 동화를 접할 기회를 통해 우리말의 아름다움을 경험을 할 수 있게 해 준다.

〈활동 예시〉

주제	식물과 우리의 생활	소주제	식물이 주는 이로움에 관심 가지기
대상연령	만 4세	활동유형	새노래 지도
활동명	잉잉잉		
목표	• 동요를 듣고 내용을 이해한다. • 다양한 방법으로 노래를 표현한다.	누리과정 관련요소	• 의사소통〉듣기〉동요동시 듣고 이해하기〉동요, 동시, 동화를 다양한 방법으로 듣고 즐긴다. • 예술경험〉예술적 표현하기〉간단한 노래를 듣고 따라 부른다.

활동 자료: 빨강, 초록, 주황색 부직포, 고무줄, 가위, 펀치

제작 방법: (가면) 노랫말에 나오는 사물을 유아 얼굴 크기에 맞게 자른다.
눈 부분을 오려내고 입 모양을 부직포로 오려 붙인다.
가면의 양 끝을 펀치로 뚫고 고무줄로 연결하여 완성한다.
(막대인형) 노랫말에 나오는 사물을 부직포로 만든다.
인형 눈을 붙이고 다양한 표정을 부직포로 만들어 붙인다.
뒷면에 나무막대를 붙여 막대인형을 완성한다.

활동 방법: 1) 노랫말에 나오는 식물에 대해 이야기 나눈다.
2) 「잉잉잉」 노래를 배운다.
3) 노래를 듣고 자유롭게 이야기 나눈다.
4) 가면이나 막대 등 다양한 방법을 이용해 노래를 불러 본다.
- 가면을 쓰고 불러 보니 노랫말의 느낌이 어떠니?
- 막대로 불러 보고 들어 보니 재미있었니?

노래 〈잉잉잉〉

고추밭에 고추는 뾰족한 고추 빨간고추 초록고추 모두 뾰족해
댕글댕글 사과가 놀러 왔다가 아야아야 따가워서 잉잉잉
오이밭에 오이는 날씬한 오이 이리 봐도 저리 봐도 날씬한데
둥글둥글 호박이 놀러 왔다가 나는 언제 예뻐지나 잉잉잉

❹ 바른 태도로 듣기

내용	세부내용		
	3세	4세	5세
바른 태도로 듣기	말하는 사람을 바라보며 듣는다.	다른 사람의 이야기를 주의 깊게 듣는다.	다른 사람의 이야기를 끝까지 주의 깊게 듣는다.

바른 태도로 듣기의 기능을 길러주기 위해 가장 먼저 길러야 할 것은 '**말하는 사람을 바라보며 듣는다.**'이다. 즉, 유아가 주의 깊게 다른 사람의 말을 듣기 위해 가장 먼저 말하는 사람을 바라보면서 듣는 태도를 기르는 것이다. 다음으로 주의 깊게 듣기를 신장시키기 위해서는 교사가 유아의 말을 들을 때 '그렇구나', '그래서' 등과 같이 반응을 보이며 듣는 태도를 보여 주어야 한다. '**다른 사람의 이야기를 끝까지 주의 깊게 듣는다.**'는 것은 다른 사람의 눈을 주시하면서 이야기를 주의 깊게 듣고 다른 사람이 말하는 동안에 방해하거나 끼어들지 않고 다른 사람의 말을 끝까지 들을 수 있도록 하는 것이다.

(2) 말하기

❶ 낱말과 문장으로 말하기

<table>
<tr><th rowspan="2">내용</th><th colspan="3">세부내용</th></tr>
<tr><th>3세</th><th>4세</th><th>5세</th></tr>
<tr><td rowspan="3">낱말과 문장으로 말하기</td><td>친숙한 낱말을 발음해 본다.</td><td>친숙한 낱말을 정확하게 발음해 본다.</td><td>정확한 발음으로 말한다.</td></tr>
<tr><td>새로운 낱말에 관심을 가진다.</td><td>다양한 낱말을 사용하여 말한다.</td><td>다양한 낱말을 사용하여 상황에 맞게 말한다.</td></tr>
<tr><td colspan="2">일상생활에서 일어나는 일들을 간단한 문장으로 말한다.</td><td>일상생활에서 일어나는 일들을 다양한 문장으로 말한다.</td></tr>
</table>

'낱말과 문장으로 말하기'는 낱말을 정확하게 발음하는 것과 상황에 맞는 문장으로 간단한 것에서 복잡한 문장으로 말하기가 발달해 갈 수 있도록 하는 내용이다. '친숙한 낱말을 발음해 본다.'는 원활한 의사소통을 위한 기초단계로서 유아가 일상생활 속에서 자주 접하는 친숙한 낱말을 발음하는 내용이다. 만 3세 유아는 주변의 친숙한 낱말에 관심을 가지고 발음해 보는 경험을 통해 말소리를 발음하는 능력을 기르게 된다. '친숙한 낱말을 정확하게 발음해 본다.'는 친숙한 낱말을 좀 더 정확하게 발음하는 내용이다. 이때 교사는 직접적인 교정보다는 정확한 발음으로 말하기의 모델을 보여 주도록 한다. '정확한 발음으로 말한다.'는 낱말과 문장을 정확한 발음으로 말하는 내용이다. '새로운 낱말에 관심을 가진다.'는 유아가 새로운 낱말에 관심을 가지고 기존에 알고 있는 낱말을 확장시키고 사용할 수 있는 능력을 향상시키는 내용이다. '다양한 낱말을 사용하여 말한다.'는 관심을 갖고 확장시킨 낱말을 실제로 활용하여 말하는 내용이다. '다양한 낱말을 사용하여 상황에 맞게 말한다.'는 유아가 이전 시기에 습득한 다양한 낱말을 사용하여 상황에 맞게 말하는 내용이다. 5세 유아는 놀이와 일상생활에서 새로운 낱말과 상황에 맞는 어휘와 문법을 사용해 보는 경험을 통해 낱말의 의미를 알 수 있게 된다. '일상생활에서 일어나는 일들을 간단한 문장으로 말한다.'는 유아가 낱말들을 조합하여 일상생활에서 일어나는 친숙한 일들을 간단한 문장으로 구성하여 말하는 내용이다. 만 3, 4세 유아는 다양한 낱말들을 주어와 동사로 구성된 간단한 문장구성에 활용해 봄으로써 점차 복잡한 문장으로 말할 수 있게 된다. '일상생활에서 일어나는 일들을 다양한 문장으로 말한다.'는 다양한 형태의 문장을 사용하여 말하는 능력을 기르는 내용으로 비슷한 말, 반대말, 단문, 복합문 등 문법적 요소를 갖추어 말하는 교사의 말을 듣고 다양한 형태의 문장을 사용하여 말하는 능력을 기르게 된다.

❷ 느낌, 생각, 경험 말하기

내용	세부내용		
	3세	4세	5세
느낌, 생각, 경험 말하기	자신의 느낌, 생각, 경험을 말해 본다.	자신의 느낌, 생각, 경험을 말한다.	자신의 느낌, 생각, 경험을 적절한 낱말과 문장으로 말한다.
		주제를 정하여 함께 이야기를 나눈다.	
		이야기를 지어 말한다.	이야기를 지어 말하기를 즐긴다.

'느낌, 생각, 경험 말하기'는 자신의 의사를 적절하게 표현하기 위해 생각과 느낌을 주제, 상황, 대상에 적합하게 말하는 능력을 기르기 위한 내용이다. '자신의 느낌, 생각, 경험을 말해 본다.'는 정확한 이야기 구성보다는 자신의 느낌이나 생각을 자유롭게 말해 보도록 격려하는 내용이다. '자신의 느낌, 생각, 경험을 말한다.'는 말을 해 본 경험을 기초로 좀 더 자발적으로 말하는 내용이고, '자신의 느낌, 생각, 경험을 적절한 낱말과 문장으로 말한다.'는 좀 더 구체적으로 표현하여 말할 수 있는 능력을 기른다는 내용이다. '주제를 정하여 함께 이야기를 나눈다.'는 유아가 하나의 주제를 정하여 이야기 나누는 과정에서 의사소통의 기본 능력을 향상시키는 내용이다. '이야기를 지어 말한다.'는 자신의 경험이나 상상에 기초하여 사건 간의 인과관계를 연결하여 좀 더 긴 구조의 이야기를 지어 말하는 내용이다. '이야기 지어 말하기를 즐긴다.'는 앞서 경험한 이야기 지어 말하는 경험을 자발적으로 해보는 것을 말한다. 이야기를 지어 말할 수 있는 자유로운 기회를 제공하는 교사의 분위기 조성이 필요하다.

〈활동예제〉

주제	궁금한 동식물	소주제	사라진 동식물에 관심 가지기
대상연령	만 4세	활동유형	자유 선택 활동
활동명	공룡에게 무슨 일이 일어났을까?		
목표	• 공룡이 사라진 이유에 대해 관심을 가진다. • 그림을 보고 창의적으로 이야기를 짓는다.	누리과정 관련요소	• 의사소통〉말하기〉느낌, 생각, 경험 말하기〉자신의 느낌, 생각, 경험을 말한다. • 자연탐구〉탐구하는 태도 기르기〉
활동 자료:	공룡 삽화 4장(공룡들이 평화롭게 사는 모습, 놀란 표정으로 도망치는 공룡 모습, 메마른 공룡마을, 얼어붙은 공룡들의 모습)		
활동 방법:	1) 공룡들이 등장하는 여러 그림을 보면서 이야기를 나눈다. - 그림에 무엇이 있니? - 공룡들은 지금 무엇을 하고 있는 걸까? - 공룡들에게 무슨 일이 일어난 걸까? 2) 그림을 이용해서 이야기를 지어 본다. - 두 장의 그림으로 이야기를 만들어 보자. - 세 장의 그림으로 이야기를 만들어 보자. - 그림의 순서를 바꾸어 이야기를 만들어 보자. 3) 만든 이야기에 제목을 붙여 본다. - 너희가 지은 이야기의 제목을 무엇으로 하면 좋을까?		

❸ 상황에 맞게 바른 태도로 말하기

내용	세부내용		
	3세	4세	5세
상황에 맞게 바른 태도로 말하기		듣는 사람의 생각과 느낌을 고려하여 말한다.	
	상대방을 바라보며 말한다.	차례를 지켜 말한다.	때와 장소, 대상에 알맞게 말한다.
	바르고 고운 말을 사용한다.		

상황에 맞게 바른 태도로 말하기는 단순히 발음이나 문법으로 말할 줄 아는 것이 아니라 목적, 대상, 상황을 고려하여 효율적인 의사소통이 가능하도록 한다는 것과 서로 반응하고 배려하면서 차례를 지켜 말하는 기본 태도를 가지게 하는 내용이다.

바른 태도로 말하기는 듣는 사람을 바라보면서 말하는 태도에서 시작해서 자기 순서를 지켜 차례로 말하기 태도를 기르는 것으로 진행된다. '**때와 장소, 대상에 알맞게 말한다.**'는 것은 조용하게 이야기해야 하는 때인지, 크게 이야기해도 되는 장소인지, 친구, 부모, 선생님 등 대상에 따라 적절하게 말하는 것이 필요하다는 것을 이해시키고 할 수 있도록 지도하는 내용이다. '**바르고 고운 말을 사용한다.**'는 대중매체의 영향으로 유아가 유행어나 신조어 등을 자주 접하고 이를 사용하는 일이 빈번해지고 있기 때문에 중요하게 고려해야 할 바른 태도로 제시된 내용이다.

(3) 읽기

❶ 읽기에 흥미 가지기

내용	세부내용		
	3세	4세	5세
읽기에 흥미 가지기	주변에서 친숙한 글자를 찾아본다.		주변에서 친숙한 글자를 찾아 읽어 본다.
	읽어 주는 글의 내용에 관심을 가진다.		읽어 주는 글의 내용에 관심을 가지고 읽어 본다.

주변에서 접하는 글자에 관심을 가지고 문자 해독을 위한 읽기 시도를 하는 것과 동시에 글의 의미 이해 능력을 습득하고자 하는 내용이다.

❷ 책 읽기에 관심 가지기

내용	세부내용		
	3세	4세	5세
책 읽기에 관심 가지기	책에 흥미를 가진다.	책보는 것을 즐기고 소중하게 다룬다.	
	책의 그림을 단서로 내용을 추측해 본다.	책의 그림을 단서로 내용을 이해한다.	
		궁금한 것을 책에서 찾아본다.	

책을 접하고 읽는 경험을 통해 읽기에 대한 긍정적 태도와 읽고자 하는 동기를 갖게 하는 내용이다. 책의 그림을 단서로 내용을 추측해 보는 것은 책 읽기 활동에서 중요한 단계로 책의 내용 이해를 돕는 교수전략이다.

(4) 쓰기

❶ 쓰기에 관심 가지기

<table>
<tr><th rowspan="2">내용</th><th colspan="3">세부내용</th></tr>
<tr><th>3세</th><th>4세</th><th>5세</th></tr>
<tr><td rowspan="3">쓰기에 관심 가지기</td><td>말을 글로 나타내는 것에 관심을 보인다.</td><td colspan="2">말이나 생각을 글로 나타낼 수 있음을 안다.</td></tr>
<tr><td>자기 이름의 글자에 관심을 가진다.</td><td>자기 이름을 써 본다.</td><td>자신의 이름과 주변의 친숙한 글자를 써 본다.</td></tr>
<tr><td></td><td>자신의 느낌, 생각, 경험을 글자와 비슷한 형태로 표현한다.</td><td>자신의 느낌, 생각, 경험을 글자와 비슷한 형태나 글자로 표현한다.</td></tr>
</table>

자신의 생각과 느낌, 경험을 표현하기 위해 '쓰기에 관심 가지기'는 기본 과정이다. 그림이나 끼적거리기 등으로 표현한 것을 교사가 글로 적어 주는 과정을 통해 유아는 말과 글의 관계에 관심을 보이게 된다. 나아가 유아는 자신의 말이나 생각을 글로 기록하고 글을 말로 바꿔보는 경험을 통해서 점차 말과 글의 관계를 인식하게 된다. '자신의 느낌, 생각, 경험을 글과 비슷한 형태로 표현한다.'는 의사소통의 도구로 글이 있음을 알고 이를 사용하여 자신을 표현한다는 내용이다. 특히, 유아의 관습적 쓰기가 아닌 만들어 낸 글자를 의사소통의 언어로 존중하고 이러한 표현을 자주 하도록 쓴 것을 붙여 주거나, 읽어 주어 격려하는 것이 중요하다.

❷ 쓰기 도구 사용하기

내용	세부내용		
	3세	4세	5세
쓰기 도구 사용하기		쓰기 도구에 관심을 가지고 사용해 본다.	쓰기 도구의 바른 사용법을 알고 사용한다.

유아가 여러 가지 쓰기 도구에 관심을 가지고 도구의 바른 사용법을 알고 사용하면서 쓰기 도구에 친숙해지는 과정에 대한 내용이다. 쓰기 도구는 유아의 발달에 적합해야 하고 언어 영역 이외에도 손쉽게 이용할 수 있는 환경을 제공하여야 한다. 쓰기 도구의 바른 사용법은 교사의 시범이나 사진게시를 통해 익힐 수 있다.

4) '누리과정'과 '2007 개정 유치원 교육과정' 비교

2009년 3월부터 적용되어 누리과정이 제정되기 전까지 유치원에 전면적으로 실시되어 왔던 '2007 개정 유치원 교육과정'의 언어생활 영역과 누리과정의 의사소통 영역을 비교해 보면 다음과 같다.

구분	3~5세 누리과정	2007 개정 유치원 교육과정
목표	의사소통 영역의 목표는 일상생활에서 말과 글의 의미 있는 경험을 통해서 자신의 느낌과 생각, 경험을 타인에게 표현하는 것을 즐기며, 타인이 말과 글로 전달하는 의미를 바르게 이해하는 능력과 태도를 기르는 데 있다. 가. 다른 사람의 말을 주의 깊게 듣는 태도와 이해하는 능력을 기른다. 나. 자신의 생각과 느낌을 말하는 능력을 기른다. 다. 글자와 책에 친숙해지는 경험을 통하여 글자 모양을 인식하고 읽기에 흥미를 가진다. 라. 말과 글의 관계를 알고 자신의 생각, 느낌, 경험을 글로 표현하는 데 관심을 가진다.	말과 글을 즐겁게 사용하기 위한 기초 능력과 태도를 기르는 것이다. 가. 말하는 사람의 의도를 고려하여 주의 깊게 듣고 이해한다. 나. 자신의 생각과 느낌을 적절하게 말한다. 다. 주변의 글자와 책에 친숙해지는 경험을 통하여 읽기에 관심을 가진다. 라. 글자의 기능을 인식하고 자신의 생각과 느낌을 그림이나 글로 나타내는 데 관심을 가진다.
내용	듣기, 말하기, 읽기, 쓰기 • 듣기-4(세부내용: 7) • 말하기-3(세부내용: 9) • 읽기-2(세부내용: 4) • 쓰기-2(세부내용: 5)	듣기, 말하기, 읽기, 쓰기 • 듣기-4(세부내용: 10) • 말하기-4(세부내용: 15) • 읽기-2(세부내용: 5) • 쓰기-2(세부내용: 4)
세부 내용	듣기-4 ① 낱말과 문장 듣고 이해하기 ② 이야기 듣고 이해하기 ③ 동요, 동시, 동화 듣고 이해하기 ④ 바른 태도로 듣기 말하기-3 ① 낱말과 문장으로 말하기 ② 느낌, 생각, 경험 말하기 ③ 상황에 맞게 바른 태도로 말하기 읽기-2 ① 읽기에 흥미 가지기 ② 책 읽기에 관심 가지기 쓰기-2 ① 쓰기에 관심 가지기 ② 쓰기 도구 사용하기	듣기-4 ① 낱말과 문장 듣고 이해하기 ② 이야기 듣고 이해하기 ③ 문학작품 즐겨 듣기 ④ 바른 태도로 듣기 말하기-4 ① 낱말과 문장으로 말하기 ② 생각과 느낌 말하기 ③ 이야기 지어 말하기 ④ 바른 태도로 말하기 읽기-2 ① 읽기에 흥미 가지기 ② 책에 관심 가지기 쓰기-2 ① 쓰기에 관심 가지기 ② 쓰기 도구 사용하기
내용 구분	3, 4, 5세 연령별 수준으로 내용 구분	I, II 수준으로 내용 구분

02 제3차 표준보육과정 의사소통 영역

2004년 1월 전면 개정된 「영유아보육법 시행령」에 의해 표준보육과정 개발과 보급이 의무화되면서, 2006년 11월 표준보육과정을 구체적으로 정하는 「영유아보육법 시행규칙」으로 개정된 후, 여성가족부는 2007년 1월 영유아 보육법 제29조 제2항 및 제4항에 따른 「영유아보육법 시행규칙」 제30조에 의거하여 구체적 보육내용 및 교사지침 등을 고시하였다. 2010년 9월 여성가족부의 보육업무가 보건복지부로 이전되면서 2007년 1월 표준보육과정 고시가 보건복지부 고시 제2010-71호로 재고시 되었다. 2012년 2월 만 5세 누리과정 제정과 더불어 0~4세를 포함한 제2차 표준보육과정 개정을 고시하였으며, 2012년 12월 3~5세 누리과정과 연계하여 제3차 표준보육과정 개정 고시를 하였다.

제3차 표준보육과정의 주요 개정내용을 간략히 살펴보면 다음과 같다(보건복지부, 2013).

- 제2차 표준보육과정에서는 5세 누리과정 시행을 감안하여 보육과정을 0~4세로 하였으나 제3차 어린이집 표준보육과정은 어린이집을 이용하는 모든 영유아를 대상으로 하여 「0~1세 보육과정」, 「2세 보육과정」 「3~5세 보육과정(누리과정)」으로 구성해 누리과정을 포함하는 넓은 개념으로 정리하였다.
- 제3차 표준보육과정에서는 3~5세 연령별 누리과정에서 강조한 바른 인성과 창의성이 반영될 수 있도록 표준보육과정이 추구하는 인간상에 '자신과 다른 사람을 존중하고 배려하는 인성'을 추가하고 보육과정 전반에 자율과 창의를 강조하였다.
- 3~5세 연령별 누리과정과 동일하게 기존 보육과정 운영에 대한 평가항목뿐만 아니라 영유아에 대한 평가항목을 추가 반영하였다.
- 각 연령에 따른 보육과정의 목표를 구체적으로 명시해 어린이집에서 보육·교육 시 추구해야 하는 바를 명확하게 이해할 수 있도록 하였다.

1) 표준보육과정의 의사소통 영역

의사소통 영역은 듣고 말하는 것을 즐기며 상황에 맞는 언어를 익혀 바른 언어생활을 하도록 하고 일상생활에 필요한 의사소통 능력과 기초적인 문해 능력을 기르기 위한 영역이다.

① 의사소통 능력은 언어 능력을 기반으로 형성되므로 언어 능력을 포함하여 넓은 의미로 사용된다. 언어 기호와 규칙에 대한 능력인 언어 능력과 언어 수행은 의사소통 능력의 하위 범주이며, 결국 의사소통 능력은 언어 능력을 기반으로 형성된다.

② 의사소통 능력의 발달은 영유아의 전인 발달에 주요한 영향을 미친다.
의사소통 능력이 발달한다는 것은 대화 기술이 발달하는 것뿐만 아니라 인지, 사회성, 정서, 신체발달과 연관되어 있다. 의사소통 능력은 인지발달과의 상호작용을 통해 이루어지며, 대화를 통해 이루어지는 다른 사람과의 바람직한 인간관계는 영유아의 사회성 발달을 돕는다. 또한, 좋은 대인관계를 형성하고 교사의 지시에 잘 따를 때 경험할 수 있는 과제 수행에서의 성취 경험은 영유아의 자아 개념, 자기 존중, 자기 조절 능력 등의 정서발달과 관계된다.

③ 의사소통 발달은 듣기, 말하기, 읽기, 쓰기 발달이 통합적으로 이루어져야 한다.
읽기, 쓰기 교육은 영유아의 흥미를 고려하여 통합적이고 보완적으로 이루어져야 하며 듣기, 말하기의 중요성이 보다 강조되어야 한다.

④ 영유아의 의사소통에 있어 보육교사의 역할을 강조하였다.
영유아의 언어발달에 있어 성인의 풍부한 언어적 자극과 영유아에게 말할 기회를 제공하는 상호작용은 언어 능력을 발달시킨다는 사실을 기억하여 보육교사는 영아가 교사 및 또래 영아와 자주 의사소통할 수 있는 기회를 마련하고 영아의 구어와 문어 발달에 관심을 가지고 상호작용하면서 문해 활동에 도움이 되는 환경과 분위기를 조성하여야 한다.

(1) 0~1세 의사소통 영역

0~1세 의사소통 영역은 출생 후 첫 울음, 옹알이 등의 소리나 몸짓, 표정과 같은 비언어적 행동을 통해 자신의 감정이나 요구를 타인에게 전달하다가 점차 한 단어와 짧은 문장으로 다른 사람과 소통할 수 있는 기초를 이루는 영역이다. 내용범주를 살펴보면 다음과 같다.

0~1세 의사소통 영역의 목표

말소리를 구분하고 의사소통의 기초를 마련한다.

0~1세 보육과정은 영아가 말소리를 구분하고 듣기, 말하기, 읽기, 쓰기 경험을 통해 다른 사람과 소통할 수 있는 기초를 마련하는 것을 목표로 한다. 영아기는 말하고 듣는 기초적인 의사소통 능력이 급격히 발달하는 시기이다. 그러므로 영아가 주변의 소리와 말소리를 구분할 줄 알고 옹알이로 말소리를 만들어 내며 상대와 대화하기 위한 기본적인 규칙을 알아가는 것이 중요하다. 더불어 그림책에 관심을 가짐으로써 기초적인 의사소통 능력을 발달시켜 나가는 것이 중요하다. 이를 위해서 영아가 주변의 소리와 말소리 듣기를 경험하고 자신의 의사를 표정과 몸짓 및 말소리로 표현하며 짧은 그림책이나 친숙한 인쇄물에 관심을 갖도록 하는 데 중점을 둔다.

0~1세 의사소통 영역의 내용범주

내용범주	내용	1수준	2수준	3수준	4수준
듣기	주변의 소리와 말소리 구분하여 듣기	여러 가지 소리와 말소리 듣기에 흥미를 보인다.			친숙한 낱말의 발음에 흥미를 보인다.
		익숙한 목소리를 듣고 그것에 반응한다.			
				높낮이와 세기 등 말소리의 차이에 반응한다.	
	경험과 관련된 말 듣고 알기	눈 앞에 보이는 경험과 관련된 말에 반응한다.			
			자신의 이름이 불리면 듣고 반응한다.		
	운율이 있는 말 듣기	운율이 있는 짧은 말소리를 관심 있게 듣는다.			
	말하는 사람을 보기	말하는 사람의 눈을 마주 바라본다.		말하는 사람의 표정, 몸짓을 관심 있게 본다.	
말하기	발성과 발음으로 소리내기	여러 가지 소리를 내고 옹알이를 한다.		여러 말소리를 즐겁게 내본다.	
				의미 있는 음절을 내본다.	
		옹알이와 말소리에 대해 말로 반응해 주면 모방하여 소리 낸다.		교사의 말을 모방하여 발음한다.	
	표정, 몸짓, 말소리로 말하기	표정과 소리로 의사표현을 한다.	표정, 몸짓, 소리로 의사표현을 한다.	표정, 몸짓, 말소리로 의사표현을 한다.	
	말할 순서 구별하기	말할 순서에 따라 표정, 몸짓, 말소리로 반응한다.			
읽기	그림책과 환경 인쇄물에 관심 가지기	다양한 감각 책을 탐색해 본다.			
				사물과 주변의 친숙한 환경 인쇄물에 관심을 가진다.	
		읽어 주는 짧은 그림책에 관심을 가진다.			
쓰기	끼적이기		끼적이기에 관심을 가진다.		

[듣기 활동 예시]

<table>
<tr><td>대상연령</td><td>0~5개월</td></tr>
<tr><td>표준보육과정 관련</td><td>
<table>
<tr><th>내용범주</th><th>내용</th><th>1수준</th><th>2수준</th><th>3수준</th><th>4수준</th></tr>
<tr><td>듣기</td><td>주변의 소리와 말소리를 구분하여 듣기</td><td colspan="4">익숙한 목소리를 듣고 그것에 반응한다.</td></tr>
</table>
</td></tr>
<tr><td>활동명</td><td>일상적으로 돌보며 이야기하기</td></tr>
<tr><td>활동 목표</td><td>• 신체 각 부분의 이름을 듣고 따라 움직여 본다.</td></tr>
<tr><td colspan="2">활동 자료: 기저귀
활동 방법: 1) 기저귀를 갈아주면서 영아에게 이야기를 한다.
– ○○야, 기저귀가 젖었니?
– 선생님이 기저귀를 한 번 보자.
– 기저귀가 젖었구나.
– 기저귀를 갈자.
– 기저귀를 갈고 나니 ○○ 기분이 좋아졌네.</td></tr>
</table>

<table>
<tr><td>대상연령</td><td>6~12개월</td></tr>
<tr><td>표준보육과정 관련</td><td>
<table>
<tr><th>내용범주</th><th>내용</th><th>1수준</th><th>2수준</th><th>3수준</th><th>4수준</th></tr>
<tr><td>듣기</td><td>경험과 관련된 말 듣고 알기</td><td colspan="4">눈 앞에 보이는 경험과 관련된 말에 반응하기</td></tr>
</table>
</td></tr>
<tr><td>활동명</td><td>코코코</td></tr>
<tr><td>활동 목표</td><td>• 신체 각 부분의 이름을 듣고 따라 움직여 본다.</td></tr>
<tr><td colspan="2">활동 자료: 없음
활동 방법: 1) 교사와 영아가 마주 보고 앉는다.
2) 처음에는 교사가 먼저 코에 손가락을 대고 영아가 보는 앞에서 "코코코, 눈" 하면서 손가락으로 눈을 가리킨다.
3) 교사가 영아의 손가락을 잡고 같은 행동을 반복한다.
4) 영아가 혼자 교사의 몸짓을 따라 해 보게 한다.</td></tr>
</table>

[말하기 활동 예시]

대상연령	6~18개월
표준보육과정 관련	(아래 표 참조)

내용범주	내용	1수준	2수준	3수준	4수준
말하기	발성과 발음으로 소리내기	여러 가지 소리를 내고 옹알이를 한다.		여러 가지 말소리를 즐겁게 내본다.	
				의미 있는 음절을 내본다.	

활동명	까꿍 놀이
활동 목표	• 반복되는 문장 안에서 사물의 명칭을 바꾸어 언어로 표현한다.

활동 자료: 보자기, 친숙한 인형이나 놀잇감

활동 방법: 1) 영아와 함께 놀잇감을 보면서 이름을 부른다.

- ○○야, 여기 뭐가 있니?
- 여기 ○○이 좋아하는 곰인형이 있구나!

2) 교사는 보자기로 놀잇감을 가린다.

- ○○야, 곰인형이 어디로 갔지?

3) 교사는 보자기를 걷으며 까꿍 놀이를 한다.

- 교사: 까꿍.
- 영아: 까꿍.
- 교사: 여기 있네.

[읽기 활동 예시]

대상연령	3~12개월
표준보육과정 관련	(아래 표 참조)

내용범주	내용	1수준	2수준	3수준	4수준
읽기	그림과 환경 인쇄물에 관심 가지기	읽어 주는 짧은 그림책에 관심을 가진다.			

활동명	그림책을 보아요
활동 목표	• 선생님이 읽어 주는 그림책 속 그림에 관심을 가진다.

활동 자료: 감각 그림책

활동 방법: 1) 교사가 영아를 안고 함께 책을 본다.

2) 영아에게 감각 그림책을 보고 탐색하도록 한다.

3) 그림책 속 그림을 보면서 영아와 상호작용한다.

- 양이 보들보들하구나.

[쓰기 활동 예시]

<table>
<tr><td>대상연령</td><td>3~12개월</td></tr>
<tr><td>표준보육과정 관련</td><td><table><tr><td>내용범주</td><td>내용</td><td>1수준</td><td>2수준</td><td>3수준</td><td>4수준</td></tr><tr><td>쓰기</td><td>끼적이기</td><td colspan="4">끼적이기에 관심을 가진다.</td></tr></table></td></tr>
<tr><td>활동명</td><td>그림책 위에 끼적여 보아요</td></tr>
<tr><td>활동 목표</td><td>• 선생님이 읽어 주는 그림책 속 그림에 관심을 가지고 끼적여 본다.</td></tr>
<tr><td colspan="2">활동 자료: 『엄마랑 뽀뽀』 그림책, 그림책의 그림종이, 영아용 안전크레용
활동 방법: 1) 교사가 영아를 안고, 『엄마랑 뽀뽀』 책을 읽으며 엄마 동물과 아기 동물들에 대한 관심을 갖도록 한다.
2) 영아가 그림책을 보고 좋아하는 동물을 집중하여 살펴보며 몸짓과 소리로 반응해 볼 수 있도록 한다.
3) 그림책 속 동물이름을 이야기 나누며, 바닥에 판을 준비하여 크레파스를 이용하여 그림 위에 끼적여 보도록 한다.</td></tr>
</table>

(2) 2세 의사소통 영역

2세 의사소통 영역은 영아가 기초적 어휘와 의사소통 체계를 습득한 후에 듣고 말하기의 구어 능력이 향상되고, 읽고 쓰기에 대한 관심이 증진되어 자신의 느낌, 생각, 경험을 구어와 문어로 표현 하는 능력을 기르고, 다른 사람과 소통할 수 있는 기초를 이루는 영역이다(보건복지부, 2013). 내용 범주는 다음과 같다.

◎ 2세 의사소통 영역의 목표

의사소통 내용의 기초를 기른다.

2세 보육과정은 영아가 기초적인 어휘와 의사소통 체계를 습득한 후 구어와 문어로 표현하는 능력을 기르고 다른 사람과 의사소통 시 필요한 기본적인 태도를 익히는 것을 목표로 한다. 영아기는 조음 능력, 어휘력, 문장구성 등 언어발달이 급진적으로 향상되는 중요한 시기다. 그러므로 영아가 다른 사람의 말을 주의 깊게 들을 수 있고 자연스럽게 말하며 영아가 좋아하는 그림책에 나오는 그림이나 상징, 기호

에 관심을 갖고 즐기는 것이 중요하다. 이를 위해서 영아와 성인이 자주 대화를 교환하여 질문하는 것을 즐기도록 한다. 또한, 단순한 문장으로 말하다 점차 복잡한 문장을 사용하여 표현하고 익숙한 환경 인쇄물의 그림과 내용을 읽어 보도록 하여 의도를 가지고 끼적이는 경험을 통해 기초적인 구어 능력과 문어 능력을 증진하는 데 중점을 둔다(보건복지부, 2013).

2세 의사소통 영역의 내용범주

<table>
<tr><th>내용범주</th><th>내용</th><th>1수준</th><th>2수준</th></tr>
<tr><td rowspan="7">듣기</td><td rowspan="2">말소리를 구분하여 듣고 의미 알기</td><td>친숙한 낱말의 발음에 흥미를 보인다.</td><td>친숙한 낱말의 발음에 관심을 가지고 듣는다.</td></tr>
<tr><td colspan="2">다양한 말소리의 차이를 구분한다.</td></tr>
<tr><td rowspan="2">짧은 문장 듣고 알기</td><td>낱말을 듣고 친숙한 사물과 사람을 찾아본다.</td><td>일상생활과 관련된 친숙한 낱말을 듣고 뜻을 이해한다.</td></tr>
<tr><td colspan="2">친숙한 짧은 문장을 듣고 반응한다.</td></tr>
<tr><td>짧은 이야기 듣기</td><td colspan="2">짧은 이야기와 노랫말 등을 즐겁게 듣는다.</td></tr>
<tr><td>말하는 사람을 주의 깊게 보기</td><td colspan="2">말하는 사람의 표정, 몸짓, 억양 등을 주의 깊게 보고 듣는다.</td></tr>
<tr><td rowspan="6">말하기</td><td rowspan="3">낱말과 간단한 문장으로 말하기</td><td>눈 앞에 보이는 친숙한 사물의 이름을 발음해 본다.</td><td>친숙한 낱말을 발음해 본다.</td></tr>
<tr><td colspan="2">일상생활에서 경험한 새로운 낱말에 관심을 가진다.</td></tr>
<tr><td colspan="2">일상생활의 반복적인 일이나 친숙한 상황을 한두 낱말이나 간단한 문장으로 말해 본다.</td></tr>
<tr><td rowspan="2">자신이 원하는 것을 말하기</td><td colspan="2">표정, 몸짓, 말소리로 의사표현을 한다.</td></tr>
<tr><td>자신이 원하는 것을 한두 낱말로 말해 본다.</td><td>자신이 원하는 것을 낱말이나 짧은 문장으로 말해 본다.</td></tr>
<tr><td>상대방을 바라보며 말하기</td><td colspan="2">말할 순서에 상대방을 바라보며 말을 주고 받는다.</td></tr>
<tr><td rowspan="3">읽기</td><td rowspan="3">그림책과 환경 인쇄물에 흥미 가지기</td><td colspan="2">그림책과 환경 인쇄물에 있는 그림과 내용에 관심을 가진다.</td></tr>
<tr><td colspan="2">친숙한 그림과 환경 인쇄물을 보고 읽는 흉내를 내어 본다.</td></tr>
<tr><td colspan="2">선호하는 그림책들을 읽어 주면 집중하여 듣는다.</td></tr>
<tr><td rowspan="2">쓰기</td><td rowspan="2">끼적이며 즐기기</td><td colspan="2">의도적으로 끼적인다.</td></tr>
<tr><td colspan="2">자기 이름 끼적이기에 관심을 가진다.</td></tr>
</table>

[듣기 활동 예시]

<table>
<tr><th>대상연령</th><td>12~24개월</td></tr>
<tr><th>표준보육과정 관련</th><td><table><tr><th>내용범주</th><th>내용</th><th>1수준</th><th>2수준</th></tr><tr><td>듣기</td><td>말하는 사람을 주의 깊게 보기</td><td colspan="2">말하는 사람의 표정, 몸짓, 억양 등을 주의 깊게 보고 듣는다.</td></tr></table></td></tr>
<tr><th>활동명</th><td>모자 쓰고 벗기</td></tr>
<tr><th>활동 목표</th><td>• 말을 하는 사람의 행동과 관련된 말을 주의 깊게 듣는다.</td></tr>
<tr><td colspan="2">활동 자료: 모자, 거울
활동 방법: 1) 모자를 들어서 쳐다보는 영아에게 이야기한다.
- 무엇이 보이니? 이건 모자란다.
2) 머리에 모자를 쓴다.
- 난 지금 머리에 모자를 썼어.
- 내 모습이 어떠니?
3) 모자 벗는 모습을 보여 준다.
- 모자를 벗었어.
- ○○도 한번 해 볼 수 있겠니?
4) 영아가 자신의 모습을 볼 수 있도록 거울을 준비한다.</td></tr>
</table>

[말하기 활동 예시]

<table>
<tr><td>대상연령</td><td>12~18개월</td></tr>
<tr><td>표준보육과정 관련</td><td><table><tr><th>내용범주</th><th>내용</th><th>1수준</th><th>2수준</th></tr><tr><td>말하기</td><td>낱말과 간단한 문장으로 말하기</td><td colspan="2">일상생활의 반복적인 일이나 친숙한 상황을 한두 낱말이나 간단한 문장으로 말해본다.</td></tr></table></td></tr>
<tr><td>활동명</td><td>흉내 내기</td></tr>
<tr><td>활동 목표</td><td>• 일상생활에서 일어나는 말을 반복적으로 들려주고 말해 보게 한다.</td></tr>
<tr><td colspan="2">활동 자료: 일상용품
활동 방법: 1) 교사가 지시하는 말에 따라 영아가 흉내를 내보도록 한다.
- 나는 세수를 해요(교사가 말한 대로 흉내 내서 말한다).
- ○○야, 세수는 어떻게 하지?
- (영아가 흉내를 내면 동작을 같이 따라 해 주며) 옳지. 세수를 아주 깨끗이 잘하는구나.
- 음, 이번에는 세수를 했으니까 이제 밥을 먹어 볼까? 밥은 어떻게 먹지?
2) 영아가 밥 먹는 흉내를 내며 말한다.
- 냠냠 먹어요.
- 밥을 아주 잘 먹네. 그럼 물도 마셔 볼까?</td></tr>
</table>

[쓰기 활동 예시]

<table>
<tr><td>대상연령</td><td>18~24개월</td></tr>
<tr><td>표준보육과정 관련</td><td><table><tr><th>내용범주</th><th>내용</th><th>1수준</th><th>2수준</th></tr><tr><td>쓰기</td><td>끼적이며 즐기기</td><td colspan="2">의도적으로 끼적인다.</td></tr></table></td></tr>
<tr><td>활동명</td><td>도움받아 가로줄 긋기</td></tr>
<tr><td>활동 목표</td><td>• 쓰기 도구를 사용한다.</td></tr>
<tr><td colspan="2">활동 자료: 종이, 사인펜, 크레파스
활동 방법: 1) 처음에는 교사가 종이 위에다 크레파스 대신 손가락으로 가로줄을 그려 보이고 영아의 손을 교사가 감싸 쥐어서 같이 손가락으로 가로줄 긋기를 해 본다.
2) 종이 위에 교사가 크레파스나 사인펜으로 왼쪽 끝에서 오른쪽 끝으로 가로줄 긋는 것을 영아에게 시범보인다.
3) 영아가 직접 큰 동작으로 선 긋기를 해 볼 수 있도록 탁자나 바닥에 신문지를 펴놓고 영아의 손을 교사가 잡고 이끌면서 가로줄 긋기를 해 본다.</td></tr>
</table>

03 2009 개정 초등 국어 교육과정

앞에서 제시한 것처럼 우리나라 국가수준 교육과정에서 제시하고 있는 영유아를 위한 언어교육은 '3~5세 연령별 누리과정'과 '제3차 표준보육과정'의 적용을 받는다. 유아교육기관의 국가수준 언어교육과정은 초등학교 국어교과로 연계된다. 영유아가 초등학교에 들어가서 받게 되는 국가수준 언어교육은 어떠한지 살펴보고, 누리과정과 비교해 보도록 하자.

1) 2009 개정 국어과 교육과정 1·2학년군 내용체계

초등학교에서는 2013년부터 '2009 개정 교육과정'에 따라 학년군제의 적용을 받게 되어[1·2], [3·4], [5·6]학년군으로 나뉘게 된다. 즉, 초등학교 교육과정은 교과(군)와 창의적 체험 활동으로 편성되어 있다. 이 중에서 [1·2]군 교과는 국어, 수학, 바른 생활, 슬기로운 생활, 즐거운 생활로 이루어져 있다. 따라서 국가수준 초등 언어교육은 '학년군제'가 도입되어 연속성을 강조한 '2009 개정 국어과 교육과정'을 운영하고 있다. 이에 따라 내용체제는 '듣기·말하기', '읽기', '쓰기', '문법', '문학'의 5개 영역으로 구성되어 있다. '실제'를 상위 범주로 '내용(지식, 기능, 태도)'을 하위 범주로 설정하고, 내용 요소에는 '맥락'을 '지식' 범주에 포함하고, '태도'를 다시 설정하였다. 내용체제 구성은 〈표 9-1〉에서 제시한 것처럼, [학년군 성취기준]-[영역]-[영역 성취기준]-[내용 성취기준]으로 이루어져 있다.

〈표 9-1〉 2009 개정 국어과 교육과정 1 · 2학년군 내용체계

학년군 성취	• 일상생활과 학습에 필요한 초보적 국어 능력을 갖춘다. • 자신의 경험을 바탕으로 국어 생활에 즐겁게 참여하며 국어 생활에 대한 관심을 자기 주변에서 찾는다.	
기준	• 대화와 발표 상황에 바른 자세로 즐겁게 참여하고, 글을 정확하게 소리 내어 읽으며, 자기의 주변에서 보고 느낀 것을 글로 쓴다. • 기초 어휘를 익히면서 국어에 대해 관심을 가지고, 문학이 주는 즐거움을 경험한다.	
영역	영역 성취기준	내용 성취기준
듣기 · 말하기	일상생활이나 학습상황에서 바르고 적극적인 자세로 귀 기울여 듣고 말하며, 고운 말, 바른 말을 사용하려는 태도를 지닌다.	• 다른 사람의 말이나 이야기를 귀 기울여 들으며 내용을 확인한다. • 듣는 이를 고려하며 자신의 기분이나 느낌을 말로 표현한다. • 듣는 이를 바라보며 자신 있게 말한다. • 일이 일어난 차례를 생각하며 듣고 말한다. • 상황과 상대에 알맞은 인사말을 알고 공손하고 바른 태도로 인사를 나눈다. • 여러 가지 말놀이에 즐겨 참여한다. • 상대에 적절하게 반응하며 대화를 나눈다. • 고운말, 바른말을 사용하는 태도를 지닌다.
읽기	글을 소리 내어 유창하게 읽으며, 읽기의 즐거움을 경험하고 글을 즐겨 읽는 태도를 지닌다.	• 글자의 짜임을 이해하여 글자를 읽고, 읽기에 관심을 가진다. • 낱말과 문장을 정확하게 소리 내어 읽는다. • 의미가 잘 드러나도록 글을 알맞게 띄어 읽는다. • 글의 분위기를 살려 효과적으로 낭독하고 읽기의 재미를 느낀다. • 글의 내용을 자신이 겪은 일과 관련지어 이해한다. • 글을 읽고 중요한 내용을 확인한다.
쓰기	글자를 익혀 자신의 생각과 느낌을 간단한 글로 표현하고, 쓰기가 자신을 표현하는 유용한 방법임을 안다.	• 글자를 익혀 글씨를 바르게 쓴다. • 자신의 생각을 문장으로 정확하게 표현한다. • 대상의 특징이 드러나게 짧은 글을 쓴다. • 자신의 주변에서 일어난 일에 대한 생각을 글로 쓴다. • 인상 깊었던 일이나 겪은 일을 글로 쓴다.
문법	우리말 글의 소중함을 알고 낱말과 문장을 올바르게 이해 표현하는 초보적 지식을 익히며 국어에 대한 관심과 호기심을 갖는다.	• 한글 낱자(자모)의 이름과 소릿값을 알고 정확하게 발음하고 쓴다. • 다양한 고유어(토박이말)를 익히고 소중히 여기는 태도를 기른다. • 낱말과 낱말의 의미 관계를 알고 활용한다. • 문장의 기본 구조를 이해하고 문장 부호를 바르게 쓴다.
문학	발상과 표현이 재미있는 작품을 다양하게 접하면서 문학이 주는 즐거움을 경험하고 일상생활의 경험을 문학적으로 표현한다.	• 동시를 낭송하거나 노래, 짧은 이야기를 들려준다. • 말의 재미를 느끼고 재미를 주는 요소를 활용하여 자신의 경험을 표현한다. • 이야기의 시작, 중간, 끝을 파악하며 작품을 이해한다. • 작품 속 인물의 마음, 모습, 행동을 상상한다. • 글이나 말을 그림, 동영상 등과 관련지으며 작품을 수용한다.

2) 누리과정 의사소통 영역과 초등 국어과 교육과정 비교

누리과정의 의사소통 영역은 교과가 아니라 통합교육의 관점에서 하나의 생활 영역으로 구분되어 있다. 반면, 초등학교의 국어과 교육과정은 국어 교과로서 독립성과 개별성을 지니고 있다. 국가수준의 두 가지 교육과정을 비교해 보면 다음과 같다.

(1) 영역 구분 및 작성 방식의 차이

누리과정은 의사소통 영역을 듣기, 말하기, 읽기, 쓰기 4개 영역으로 나누고 내용-세부내용 형식으로 작성되어 있다. 반면 초등학교 국어교과는 '듣기 · 말하기', '읽기', '쓰기', '문법', '문학' 의 5개 영역으로 나누고, 성취 기준의 형식으로 서술되어 있다. 이처럼 누리과정에서는 초등 국어에 있는 '문법', '문학' 영역이 작성되어 있지 않아, 문서상 초등교과와 연계 정도를 파악하기 어렵다. 또한, 누리과정에서는 [내용]만 작성되어 있고 [성취 기준]이 제시되어 있지 않다. 유 · 초 연계를 위해서는 영역 구분과 서술 방식에 대한 연계 논의가 필요하다.

(2) 듣기 · 말하기 영역 구분의 차이

누리과정에서는 '듣기', '말하기'가 구분되어 있는 반면, 초등학교 교육과정에서는 '듣기 · 말하기'로 합쳐져 있다. 이는 듣기와 말하기 영역이 초등 교육과정에서 축소되어 나타난 것으로 파악할 수 있다. 이처럼 듣기와 말하기 영역 내용이 연계 후 축소되면, 초등학교 1학년에 입학한 유아는 읽기와 쓰기보다 비교적 능숙한 듣기, 말하기 활동이 줄어들어 자신감이 위축될 수 있다(안민지, 2013).

누리과정과 초등학교 저학년 교육과정은 어떻게 연계될까?

<table>
<tr><th>구분</th><th>3~5세 연령별 누리과정</th><th>2009 개정 초등 교육과정</th></tr>
<tr><td>편제</td><td>5개 영역
신체운동·건강/의사소통/예술경험/사회관계/자연탐구</td><td>교과군(국어, 수학, 바른 생활, 슬기로운 생활, 즐거운 생활)
창의적 체험 활동(자율 활동, 동아리 활동, 봉사 활동, 진로 활동)</td></tr>
<tr><td>시간</td><td>연간 180일 이상</td><td>초등학교 1~2학년 시간 배당:
1,680시간(840시간)
1시간 수업(40분)– 탄력적 편성 운영</td></tr>
<tr><td>교과
통합성</td><td>교과서 없음
5개 영역 통합 (교사용 지도서)</td><td>1종 교과서
2개(국어, 수학): 전통 교과
3개(바른 생활, 슬기로운 생활, 즐거운 생활): 통합 교과</td></tr>
<tr><td>교과연계</td><td colspan="2">
<table>
<tr><th>3~5세 연령별 누리과정</th><th>초등학교 (1 · 2)학년군 교과</th></tr>
<tr><td>의사소통</td><td>국어</td></tr>
<tr><td>자연탐구</td><td>수학</td></tr>
<tr><td>사회관계, 신체운동·건강</td><td>바른 생활</td></tr>
<tr><td>자연탐구, 사회관계, 신체운동·건강</td><td>슬기로운 생활</td></tr>
<tr><td>예술경험, 사회관계, 신체운동·건강</td><td>즐거운 생활</td></tr>
</table>
</td></tr>
</table>

단원 평가

[문항 1] 3~5세 연령별 누리과정의 '읽기에 흥미 가지기'의 내용에 해당하는 것은?(　　)

① 책 보는 것을 즐기고 소중하게 다룬다.
② 궁금한 것을 책에서 찾아본다.
③ 말을 글로 나타낸 것에 관심을 보인다.
④ 주변에서 친숙한 글자를 찾아 읽어 본다.

[문항 2] 누리과정 의사소통 영역과 초등학교 국어과 교육과정을 비교한 것으로 적절하지 않은 것은?(　　)

① 누리과정 의사소통 영역은 통합교육의 관점에서 생활 영역으로 구분되는 반면, 초등학교 국어과 교육과정은 교과로서의 독립성과 개별성을 가지고 있다.
② 누리과정 의사소통은 성취 기준의 형식으로 서술되어 있고 초등 국어는 내용, 세부내용 형식으로 작성되어 있다.
③ 누리과정은 듣기, 말하기, 읽기, 쓰기의 4개 영역으로 나누고, 초등 국어는 듣기·말하기, 읽기, 쓰기, 문법, 문학의 5개 영역으로 나눈다.
④ 누리과정에서는 내용만 작성되어 있고 성취기준은 작성되어 있지 않아 문서상 유초 연계를 파악하는 데 어려움이 있다.

[문항 3] 3차 표준보육과정 의사소통 영역에 대한 설명으로 적절하지 않은 것은?(　　)

① 0~1세 의사소통 영역의 내용범주는 듣기, 말하기, 읽기, 쓰기이다.
② 2세 의사소통 영역의 내용은 1~4수준으로 구분하여 서술되어 있다.
③ 2세 의사소통 영역의 목표는 의사소통 내용의 기초를 기르는 것이다.
④ 0~1세 의사소통 영역의 목표는 말소리를 구분하고 의사소통의 기초를 마련하는 것이다.

[문항 4] 다음은 3~5세 연령별 누리과정의 의사소통 영역 중 말하기의 일부 내용이다. (가)를 반영하여 지도한 말로 가장 적절한 것은?

내용	세부내용		
	3세	4세	5세
상황에 맞게 바른 태도로 말하기		듣는 사람의 생각과 느낌을 고려하여 말한다.	
	상대방을 바라보며 말한다.	(가)	때와 장소, 대상에 알맞게 말한다.
	바르고 고운 말을 사용한다.		

① 할머니께서 과자를 안 드시는구나.
② 친구들 앞에서 이야기할 때는 큰 소리로 말합니다.
③ 아빠가 유치원에 오시면 우리는 어떤 기분일까요?
④ 순서를 정해서 차례대로 말하면 좋겠네.

〈직무수행 능력평가〉

1. 평가 개요
- 성취기준: 문자언어 접근법에 대해 설명할 수 있다.
- 성취수준: 상– 누리과정 읽기 영역의 세부내용을 실례에 비추어 설명한다.
  중– 누리과정 읽기 영역의 세부내용을 이해하여 설명한다.
  하– 누리과정 읽기 영역을 부분적으로 설명한다.

2. 문항형태: 서술형

3. 평가문항: 다음에서 제시된 교사가 한 행동은 누리과정 의사소통 영역의 '읽기'의 어떤 세부내용에 근거한 것인지 서술하시오.

> 김교사: (융판 쪽을 가리키며) 여기에 무엇이라고 쓰여 있는지 읽어 볼까요?
> 유아들: (한 자 한 자 가리키며 큰 소리로) 이 지 은 생 일 축 하

〈정답〉
- 단원평가: 문항 1: ④ 문항 2: ② 문항 3: ② 문항 4: ④
- 직무수행평가: '주변에서 친숙한 글자를 찾아 읽어 본다.'에 해당하며, '읽기에 흥미가지기'에 대한 세부내용. 생일 축하 관련 학급의 환경 구성에서 읽기를 유도하고 친숙한 친구의 이름을 읽어 봄으로써 글 읽기에 대한 동기를 갖게 한다.

제 10 장

언어 평가

언어 평가는 교수학습 과정을 돕고 교육을 개선하여 유아의 언어발달을 지원하는 데 목적이 있다. 영유아를 위한 언어 평가는 활동의 실제와 연결되어 이루어지기 때문에 교사는 다양한 평가 방법과 실제를 익히는 것이 중요하다.

교육 목표

- 영유아의 언어 이해와 기술 수준 정보 수집을 위한 평가 방법을 열거할 수 있다.
- 언어 평가 방법에 따른 특징을 이해할 수 있다.

유아의 언어 이해와 기술 수준의 정보는 대부분 유아의 행동 관찰에서 수집될 수 있다. 관찰 시 어려움은 관찰한 사항의 기록이다. 문장으로 옮기기 어려운 사항도 있고 모든 관찰 사항을 기록하려면 시간이 걸리기 때문이다. 따라서 교사는 관찰기록 이전에 관찰할 사항을 분명히 하고 기록 방법을 결정해야 한다. 영유아의 언어 이해와 기술 수준의 정보를 얻기 위해, 체크리스트, 평정척도, 일화기록, 녹음기록, 녹화기록 방법을 사용할 수 있다. 교사가 직접 관찰 기록할 경우 한 번에 학급의 모든 유아를 관찰하여 기록하기는 어렵고 매일 한두 명의 유아에 초점을 두어 기록하는 것이 좀 더 용이하다(이영자, 2001). 교사의 세심한 관찰을 통한 유아의 언어발달을 파악하는 방법과 더불어 수행평가로서의 포트폴리오 평가도 활발하게 이루어지고 있다. 표준화된 검사를 통해서는 영유아의 평균적 언어발달 정도를 파악할 수 있으며, 유아 스스로 자신의 언어수행 정도를 평가하는 자가 평가 방법이 이용되기도 한다. 현장에서 영유아의 언어 교수학습을 위해 과정중심 평가 방법인 러닝 레코드도 매우 유용하게 활용할 수 있다.

01 체크리스트

체크리스트는 유아의 언어발달 행동이 나타나는지, 안 나타나는지 출현의 유무만을 체크하는 것으로 예를 들면 〈표 10-1〉과 같다. 체크리스트는 유아의 언어 행동에 관한 문항들로 이루어진 구조화된 기록지를 이용하여 각 행동에 대한 관찰 결과를 표시하는 것이다. 따라서 언어 이해와 기술에 대한 구체적인 사항이 들어가야 하고 문항 간의 중복이 없어야 한다. 각 유아별로 체크리스트를 만들어 개별 홀더에 넣어 활용할 수 있다.

〈표 10-1〉 체크리스트(예: 이야기 전달)

	예	아니오	비고
언어 전달문을 바르게 이해하는가?			
이야기를 전달하기 위해 암기하는 태도를 보이는가?			
언어 전달문을 바르게 전달하는가?			

출처: 이영석 외(1997).

02 평정척도

평정척도는 언어 행동의 출현이 어느 정도, 또 어떻게 나타는지 양적 판단을 하게 해 주는 평가 방법이다.

〈표 10-2〉 평정척도(예: 책에 대한 개념)

	언제나	때때로	전혀
책은 읽기를 위한 것임을 알기			
책의 앞, 뒤, 위, 아래 알기			
페이지를 적당히 넘기기			
글과 그림의 차이점 알기			
책에서 글과 그림이 관련됨을 알기			
읽기 시작하는 곳 알기			
제목이 무엇인지 알기			
저자가 무엇인지 알기			
삽화가 무엇인지 알기			
출판사가 무엇인지 알기			

03 일화기록

일화기록(anecdotal)은 한 가지 행동이나 상황에 초점을 맞추어 관찰하여 기록하는 방법이다. 교사는 영유아의 여러 가지 언어적 수행(소리 내어 책 읽기, 소리 없이 책 읽기, 이야기 듣는 동안의 행동, 쓰기 등) 중 한 가지에 초점을 맞추어 관찰하여 기록해야 한다. 즉, 특정한 한 가지 언어수행에서 나타나는 패턴, 발전, 특이할 만한 사건 등을 관찰하여 기록한다. 일화기록은 관찰 직후에 기록할 수도 있고 간단히 메모한 후에 나중에 기록할 수 있는데, 메모할 때는 육하 원칙에 따라 적도록 한다.

일화 기록 관찰 양식

관찰 유아:	생년월일: (만 세)
성별:	날짜:
관찰자:	시간:

장면:

기록:

해석:

언어발달을 위한 제언:

출처: Morrow(1997), 정남미 재인용.

04 녹음기록

녹음기록(audiotapes)은 영유아의 언어발달을 결정하거나 말하기와 듣기 능력의 진전을 분석하는 방법으로 사용될 수 있다. 교실에서 교사가 책을 읽어 주고 난 후 책에 대한 이야기 나누기 시간에 유용하게 사용할 수 있다.

05 녹화기록

녹화기록(videotapes)은 녹음기록과 비슷하지만 영유아의 행동을 볼 수 있기 때문에 추가적인 정보를 제공받을 수 있는 평가 방법이다. 쓰기는 청각적인 활동이 아니라서 녹화자료는 영유아의 쓰기 발달에 대한 유용한 평가 방법으로 이용할 수 있다.

06 표준화 검사

표준화된 검사에서는 과정보다는 결과가 더 중요하다. 검사에서는 기준이 있는데 이러한 기준은 특정 나이나 수준의 유아를 검사했을 때 평균적으로 수행한 정도를 의미한다. 표준화 검사를 선택할 때는 검사 대상 유아에게 맞는 목적을 가지고 있는지의 타당도와 신뢰도를 체크해야 한다. 언어 관련 표준화 검사는 다음과 같다(이지현 외, 2009).

〈표 10-3〉 유아용 언어표준화 검사

검사 도구	측정 영역	비고
그림 어휘력 검사	수용 의미론적 측면(2~8세)	김영태 · 장혜성 · 임선숙 · 박현정(1981)
문자 이해력 검사	수용 구문론적 측면(4~6세)	장혜성 · 임선숙 · 백현정(1994)
유아 언어발달 검사	언어 이해력 및 표현력(4~6세)	권도하(1994)
인어 이해 인지력 검사	수용 의미론적 측면(4~6세)	장혜성 · 임선숙 · 백현정(1992)
한국 표준어음 검사	어음청력(4~17세)	최성규
영유아 언어발달 검사	수용언어와 표현언어(5~36개월)	김영태
언어발달 검사	내용 이해, 내용 표현, 형태 이해, 형태 표현(4세)	이은화 · 이상금 · 이정환 · 이경우 · 이기숙(1995)
한국 웩슬러 유아 지능검사(K-WPPSI)	어휘(3~7세)	박혜원 · 곽금주 · 박광배
한국 웩슬러 유아 지능검사Ⅲ	어휘, 이해(6~16세)	곽금주 · 박혜원 · 김청택(1991)
카우프만 아동용 개별지능 검사-표현 어휘	표현어휘(2.5~12.5세)	문수백 · 변창진(1997)
계몽 학습 준비도	듣기, 말하기, 읽기, 쓰기(유치원, 초등학생)	차미정 · 고승자(1993)
카우프만 아동용 개별 지능 검사	해독 위주 읽기 의미 이해 읽기(2.5~12.5세)	문수백 · 변창진(1997)

07 포트폴리오 평가

포트폴리오(portfolio)란 원래 예술가, 모델, 사진사 등이 자신의 기술의 변화 정도나 발전 과정을 스스로 파악하기 위해 작품의 샘플을 모아 두는 바인더(binder)를 의미하며, 동 분야로 진학하거나 취업이 필요한 경우 이를 위한 평가도구의 역할을 하기도 한다. 유아의 언어교육에서 포트폴리오 평가의 목적은 유아의 언어 사용 능력을 발달시킬 수 있는 다양한 자료를 수집하고 분석, 평가하는 것으로, 전통적인 평가 방법의 단점을 보완한 대안적 평가 방법이다. 즉, 유아의 언어 행동에 대한 진보나 성취를 보여주는 다양한 자료를 장시간에 걸쳐 수집하여 그 발달 과정을 지속적이고 종합적으로 평가하는 방법이다. 따라서 평가 대상인 유아의 학습 과정들과 그 결과물에 유의하여 평가자인 교사의 관찰과 판단에 의한 수행평가 방법이라고 할 수 있다. 구체적인 평가 방법은 다음과 같다.

1) 다양한 자료를 다양한 방법을 통해 모은다.

포트폴리오 평가를 위한 자료로는 유아가 그린 그림, 낙서, 읽기와 쓰기 결과물, 저널, 보고서, 동극, 유아가 지은 동시, 이야기, 유아가 가장 잘한 작품이나 흥미 있어 하는 것, 학습 과정을 보여 주는 것, 다양성을 나타내는 것, 쉬운 작품, 어려운 작품, 실패한 작품 등이 포함된다. 이밖에도 표준화 검사결과, 교사의 관찰기록, 유아 면담 및 부모 상담 자료, 평정척도, 관찰척도, 음성 녹음 자료, 전자 매체 등을 이용한 유아의 작품이나 활동 기록물 등이 포함된다. 수집 방법은 다음과 같다.

- 가장 일상적이면서 편안한 놀이 환경에서 유아를 관찰한 자료뿐 아니라 부모와의 면담, 유아와의 면담 자료도 수집하도록 한다.
- 유아가 언어 활동을 하면서 만들어 놓은 여러 가지 결과물을 모은다. 일정한 시간의 경과에 따라 대표성이 높고 이전 것에 비해 현저한 변화를 보이는 것을 선택, 발전 과정을 파악하는 목적으로 작품을 수집한다. 작품의 원본 이외 복사본, 사진 등도 포함될 수 있다.
- 학급에 유아의 개인 파일을 비치하여 유아가 자신의 결과물을 스스로 보고 평가할 수 있도록 한다.
- 자료 수집 기준을 정하여 정기적으로 자료를 수집한다.

2) 필수적 기록 사항을 빠뜨리지 않도록 한다.

- 유아의 이름
- 유아의 생년월일
- 관찰(실시) 일시
- 참여 활동의 유형: 흥미 영역 활동, 신체적 활동, 정리하기 바깥놀이, 간식 등
- 유아가 혼자 있는지, 친구 또는 교사와 함께 있을 때인지의 여부
- 유아의 언어 사용 범위: 짧은 대화, 대화 가능
- 유아가 접근하는 특성 또는 반응 특성: 우호적, 협조적, 사과하는 태도, 수줍음, 퇴행적, 공격적, 요구적, 거부적, 주도적, 불평 등

3) 포트폴리오의 내용을 적는다.

포트폴리오 평가에서 반드시 수집되어야 할 내용은 말하기, 듣기, 읽기, 쓰기, 이야기 등의 항목이다.

4) 포트폴리오의 내용을 분석하기 위해 루브릭을 사용한다.

포트폴리오 자료 분석에서 수행의 질적 · 양적 수준을 공정하고 객관적으로 판단을 하기 위한 준거가 필요한데, 그 준거가 바로 루브릭(rubric) 방법의 활용이다. 루브릭은 라틴어 'ruber(붉은)'에서 파생한 단어로서 하나의 과제나 활동에서 학생들이 만든 작품을 준거에 의해 목록화하고 등급을 결정하고 점수화하기 위한 도구를 의미한다(Goodrich, 1996; 현은자 외, 2007 재인용). 즉, 루브릭이란 언어과제 수행의 질이나 수준을 판단하는 준거 또는 각 언어발달 수준에서 기대되는 수행의 정도를 말한다.

루브릭 평가의 예: 그림책 이야기 회상하여 말해 보기

「깊은 밤 부엌에서」(모리스 샌닥 글 · 그림/강무홍 옮김/시공주니어/1994)

미키가 잠든 침대에서 이야기가 시작되며 만화와 같은 그림으로 표현되어 있어 깊은 밤 부엌에서 도대체 무슨 일이 일어날까 하는 의문이 저절로 생기는 그림책이다.

유아들에게 그림책을 읽어 준 뒤 미키가 구해 온 밀크를 이용해 빵 만들기 활동을 한다. 그런 다음 유아들에게 책 속에서 미키가 경험했던 것과 자신이 직접 경험한 것을 비교해서 이야기해 보게 한다. 유아들의 언어수행 정도를 다음과 같이 평가할 수 있다.

수준 평가요소	3	2	1
책의 내용을 이해한다.	시간의 흐름에 따라 기억하여 말한다.	일어난 사건을 과반수 이상 말한다.	일어난 사건을 제대로 말하지 못한다.
등장인물의 행동을 기억한다.	미키가 했던 행동을 다섯 가지 이상 말한다.	미키가 했던 행동을 세 가지 이상 말한다.	미키가 했던 행동을 제대로 말하지 못한다.
활동과 연계하여 내용을 이해한다.	빵 만들기를 하면서 미키, 요리사와 같은 등장인물의 행동을 네 가지 이상 연상하며 말한다.	빵 만들기를 하면서 두 가지 이상 연상하여 말한다.	빵 만들기 활동과 내용을 서로 연관 지어 말하지 못한다.

출처: 현은자 외(2007).

5) 루브릭을 참고로 자료마다 유아의 수행 정도에 대한 평가를 간략히 적어 넣는다.

유아의 언어 활동의 수행 정도를 평가를 할 때 유의해야 할 것은 듣기, 말하기, 읽기, 쓰기 영역의 결과뿐만 아니라 수행 과정에 대한 평가가 더 많이 요구된다는 점이다. 사고의 과정인 듣기, 말하기, 읽기, 쓰기는 수행 과정과 수행 결과를 통해 유아의 인지적 영역뿐만 아니라 흥미, 태도 등과 같은 정의적 영역도 파악할 수 있다.

6) 그동안 진행되어 온 포트폴리오의 내용을 분석하고 활용한다.

교사는 유아의 포트폴리오를 분석하면서 수행 정도, 발달 정도, 장점과 개선 사항을 기록해 둔다. 또한, 유아와 함께 포트폴리오를 분석·반성하고 유아의 생각 및 다음 활동을 위한 계획을 기록해 둔다. 교사는 포트폴리오를 참고하여 교육계획안을 작성하고 반성적 저널 쓰기를 통해 자신의 사고 과정을 기록하는 것이 좋다. 유의할 점은 포트폴리오에만 의존하여 유아를 평가하는 것은 유아의 발달을 제대로 평가할 수 없을 수도 있으므로 다양한 측정도구와 함께 사용하여야 한다. 즉, 유아의 작품 이외에 교사의 관찰기록, 체크기록표, 유아의 작업샘플, 부모 상담기록, 주요 검사결과, 심리평가기록 등이 포함되어야 진정한 유아의 발달 정도를 파악할 수 있다.

08 유아 자가 평가

유아의 언어 수행 정도를 유아 스스로 평가하게 하는 방법을 사용할 수도 있다.

유아 자가 평가 양식

이름 ________ 날짜 ________

1. 나는 한글을 모두 알고 있다. 그렇다 □ 아니다 □
2. 나는 글자를 쓸 수 있다. 그렇다 □ 아니다 □
   내가 아는 글자를 써보면 이런 거야.
   :
3. 나는 글자의 소리를 안다. 그렇다 □ 아니다 □
   내가 아는 글자의 소리는 이런 거야.
   :
4. 내게 도움이 필요한 글자는 이런 거야.
   :

출처: Morrow(2001).

09 러닝 레코드

러닝 레코드(running records)는 Marie Clay(1993)가 만든 것으로, 유아의 글을 읽는 행동을 관찰하고 기록하여 언어 교수 계획을 세우는 데 그 목적이 있다. 유아에게 보통 100~200개 정도의 단어가 들어간 짧은 글을 읽게 한다. 교사도 유아가 읽는 같은 글을 가지고 러닝 레코드 양식에 따라 어떤 단어를 정확하게 읽는지 어떤 오류

(다른 단어 끼워 넣어 읽기, 단어 빼고 읽기, 단어 반복하기, 다른 단어로 대체하여 읽기 등)가 있는지를 기록한다. 글을 읽다가 잘못 읽은 단어를 유아 스스로 교정할 때는 기록은 하지만 오류로 간주하지는 않는다. 제시한 글을 유아가 95~100% 정확하게 읽으면 독립적 읽기 수준에 해당한다. 90~95% 정확하게 읽으면 읽기교수가 필요한 수준이며, 90% 이하는 읽기에 어려움이 있는 수준으로 판단한다. 러닝 레코드는 각 유아의 읽기 발달 수준에 적절한 읽기 자료를 선정하는 데 도움을 제공한다.

이름: ______________________ 날짜: ______________________

책: ______________________ 책 수준: ______________________

단어: 오류율: 정확률: 자기교정률:

			오류			자기교정			
오류	자기교정	책 내용	의미	구조	시각		의미	구조	시각

읽기 수준	독립적 읽기 수준	95~100% 정확률
	교수가 필요한 읽기 수준	95~100% 정확률
	읽기가 어려운 수준	89% 이하 정확률
읽기 유창성	유창하게 읽음 ___ 한 글자씩 읽음 ___ 고르지 못하게 읽음 ___	

출처: Clay(1985), 재인용.

단원 평가

[문항 1] 다음은 언어 평가에 대한 설명이다. ( )에 알맞은 말을 쓰시오.

- (   )는 영유아의 언어 행동의 출현이 어느 정도 나타나는지 양적 판단을 가능하게 해 주는 평가 방법이다.
- 각 유아의 발달 수준에 적절한 언어교수 전략을 세우기 위해서는 (   ) 평가 방법을 사용하는 것이 효율적이다.
- 포트폴리오 평가 방법에서 자료 분석을 위해 언어발달 수행을 공정하고 객관적으로 판단하기 위한 준거로 (   )을(를) 활용할 수 있다.

[문항 2] 언어 평가에 대한 설명으로 적절하지 않은 것은?( )

① 포트폴리오 평가에서 수집해야 할 내용은 읽기와 쓰기에 대한 것이다.

② 표준화된 검사에서는 과정보다는 결과가 중요하다.

③ 체크리스트는 언어 이해와 기술에 대한 구체적인 내용이 들어가야 한다.

④ 유아 스스로 자신의 언어적 수행 능력 정도를 평가할 수 있다.

〈정답〉

- 단원평가: 문항 1: 평정척도, 러닝레코드, 루브릭   문항 2: ①

제 11 장

언어지도의 실제

영유아 보육 및 교육 현장에서 교사의 '언어지도'라는 과업을 성공적으로 해낼 수 있도록 대·소집단 운영과 언어 교재·교구 관련 실습에 대해 소개하였다.

교육 목표

- NCS 혹은 현장중심 교육과정에 의해 도출된 '언어지도' 직무와 관련된 '대 · 소집단 활동 운영' 능력단위 혹은 작업을 수행할 수 있다.
- 언어활동 진행을 위한 교재교구를 제작하여 활용할 수 있다.

유아교육기관의 교사는 초 · 중등 학교에서처럼 과목별 수업을 하는 것이 아니라 매일의 대 · 소집단 활동을 통해 수업을 하게 된다. 즉, 유아교육기관에서는 주의 집중, 전이활동, 이야기 나누기, 동화, 동극, 동시, 음률, 게임, 조형, 등 · 하원 지도 등의 활동을 통해 언어, 수, 과학, 사회, 음악, 미술, 체육 등의 개념과 기술 발달이 통합적으로 이루어지게 된다. 영유아의 언어교육 역시 다양한 대 · 소집단 활동을 통해 이루어진다.

최근 대학에서는 NCS(국가직무능력표준, National Competency Standards: NCS) 기반 교육과정 혹은 DACUM 직무분석에 따른 현장중심 교육과정을 도입하고 있는데, 이는 영유아교육 현장에서 실제 교사로서의 직무를 잘 수행할 수 있는 필수 역량을 제시하여 영유아교육 현장에서 필요로 하는 교사 양성을 목적으로 한 것이다.

이 장에서 제시하는 대 · 소집단 활동 운영을 통한 언어지도는 보육분야의 NCS 분류체계에 의하면 능력단위[대 · 소집단 활동 운영하기], 능력단위[언어 활동 진행하기]와 관련이 있다.

대 · 소집단 활동 운영하기	• 계획된 보육활동 내용과 집단 크기에 따라 효과적인 교수학습 방법을 적용할 수 있다. • 계획된 대·소집단 보육활동의 진행순서에 맞게 자료를 준비할 수 있다. • 보육활동을 시작할 때 유아의 흥미를 유발하고 주의를 집중하도록 지도할 수 있다. • 대·소집단 활동에 모든 유아가 골고루 참여하도록 지도할 수 있다. • 유아의 흥미와 요구에 따라 준비한 보육활동을 확장, 조정할 수 있다. • 대·소집단 활동을 흥미 영역 활동, 실외 활동과 연계·통합되도록 지도할 수 있다. • 보육활동 간 전이가 자연스럽게 이루어지도록 운영할 수 있다.
언어 활동 진행하기	• 문학성, 예술성, 교육성이 우수한 문학작품, 동요·동극과 환경 인쇄물을 선정하여 영유아가 자연스럽게 접하도록 환경을 조성할 수 있다. • 영유아의 의사소통 능력 수준과 주제에 적합한 듣기, 말하기, 읽기, 쓰기 활동 자료를 충분히 탐색하도록 지도할 수 있다. • 영유아가 주변의 소리와 말소리 듣기에 집중하여 표정, 몸짓, 말로 자신의 생각과 느낌을 표현하도록 지도할 수 있다. • 듣기, 말하기, 읽기, 쓰기 활동이 서로 연계되어 균형 있게 이루어지도록 지도할 수 있다. • 연령 및 발달 수준에 적합하게 그림책 읽기 교수 방법을 적용할 수 있다. • 동화 내용의 특성을 고려하여 막대 동화, 그림자 동화 등 적합한 아동문학 전달 매체로 제작하여 활용할 수 있다.

DACUM 직무분석에 따른 현장 중심 교육과정에 의하면 [교육활동 운영]과 [상호작용]이라는 책무를 위해 집단 활동 운영과 상호작용을 수행하는 것과 관련이 있다. 영유아의 언어지도를 위한 교육활동 운영은 영유아와의 상호작용이 어떻게 이루어지느냐에 따라 관심과 참여도가 결정된다. 교사의 교육활동 운영은 상호작용하는 일과 연결하여 수행되어야 한다(김은영, 2006).

교사의 직무	교사의 책무	교사의 일(작업)
교수학습 실제	교육활동 운영	집단 활동 운영하기
	상호작용	유아 간 상호작용 격려하기
		개별 유아와 긍정적 상호작용하기
		유아의 요구에 반응해 주기
		적절한 발문으로 상호작용 촉진하기

초·중등 학교의 수업에 해당하는 대·소집단 활동 외에 유치원 교육의 독특한 점은 놀이를 통한 교육이다. 영유아의 놀이가 유아의 언어발달을 돕기 위한 방향으로 진행되기 위해 교사는 흥미 영역을 구성하여 언어발달에 적합한 교재·교구를 배치하게 된다. 본 장은 영유아교육 현장의 언어지도를 위한 대·소집단 활동과 언어 영역의 교재·교구를 중심으로 구성하였다.

01 대·소집단 활동 운영을 통한 언어지도

교육활동 운영을 위해 주로 이루어지는 교사의 역할은 집단 활동 운영이다. 집단 활동이란 교사와 여러 명의 유아가 함께 모여서 교육활동을 하는 것을 의미하여 대집단 활동과 소집단 활동으로 구분할 수 있다. 집단 활동은 서로 분리된 교과목이 아닌 생활주제를 중심으로 상호 관련 있는 활동으로 연결되어 있다. 교사는 주제와 통합된 여러 가지 집단 활동을 진행할 수 있는데 주의 집중, 전이활동, 이야기 나누기, 동화, 동극, 동시, 음률, 게임, 요리, 신체활동 등이 있다.

집단 활동에서는 언어적 상호작용이 어떻게 이루어지느냐에 따라 영유아의 관심과 참여도가 결정된다. 집단 활동에서 영유아는 적극적인 듣기와 말하기를 경험하게 되는데 단순히 교사의 말이나 활동을 따라 하기도 하고, 교사와 또래의 말을 경청하고 이에 대해 자신의 의견을 표현해 볼 수도 있어, 다양한 상호작용을 경험할 수 있는 좋은 기회이다(성미영 외, 2015). 유아교육 현장에서 이루어지는 다양한 집단 활동을 통해 언어지도의 교수학습 실제를 살펴보도록 하자.

1) 주의 집중

주의 집중이란 교사가 계획하여 주도하는 교육활동으로 영유아가 집중하여 효과적으로 진행할 수 있도록 교사가 사용하는 전략을 말한다. 주의 집중은 주로 활동의 시작 단계에서 많이 사용하지만 활동이 진행되는 동안에도 영유아가 집중하지 않을 때는 언제든지 사용할 수 있다.

주의 집중을 위한 손유희에서 사용하는 운율 있는 언어표현은 영유아의 흥미를 유발하여 교사가 하는 말을 주의 깊게 듣는 경험을 제공한다. 손유희 사용의 예와 활용방법을 알아보면 다음과 같다.

활동 종류 주의 집중

활동 제목 엄마별, 아빠별

활동 목표 운율이 있는 말을 듣는다.
손유희를 통해 주의 집중을 한다.
신체의 여러 부분 명칭을 안다.

활동 방법

① 손유희 내용에 대한 동기를 유발한다.
(예: 엄마별과 아빠별이 어디로 갔는지 알아볼까요?)

② 유아들에게 손유희 내용을 먼저 보여 준다.

③ 유아들과 함께 천천히 반복한다.

④ 유아들과 함께 손유희를 한다.

> 엄마별이 올라갑니다(도도도레미미 레레 도). 반짝
> 아빠별이 올라갑니다(미미미파솔솔 파파 미). 반짝
> 하늘에서 만났습니다(솔솔솔솔 도도시시라).
> 예쁘게 내려옵니다(솔~솔파 미미레레도).
> 머리에서 쉴까? 싫어 싫어
> 어깨에서 쉴까? 싫어 싫어
> 배꼽에서 쉴까? 싫어 싫어
> 엉덩이에서 쉴까? 싫어 싫어
> 무릎에서 쉴까? 좋아 좋아

⑤ 손이 무릎까지 오면 다음 활동을 진행한다.

⑥ 다른 손유희를 이용하여 활동을 진행한다.

손유희 제목	내용
엄지야 엄지야	엄지야 엄지야 이리와 우리 같이 놀자 빙글빙글 돌아라 이것 참 재미있구나 검지야 검지야 이리와 사닥다리 만들자 성큼성큼 올라라 이것 참 재미있구나 중지야 중지야 이리와 숨바꼭질 하자 어디 어디 숨었나 이것 참 재미있구나 약지야 약지야 이리와 우리 결혼하자 반지끼고 맞절하고 이것 참 재미가 있구나 애지야 애지야 이리와 우리 뽀뽀하자 엄마 뽀뽀 아빠 뽀뽀 이것 참 재미가 있구나
초록초록 가지에	초록 초록 가지에 빨간 빨간 앵두가 다닥다닥다닥다닥 많이-열렸네 한 개만 한 개만 똑똑 따다가 사랑하는 친구 입에 쏙 넣어 줄거야

2) 전이활동

전이활동이란 하루의 일과가 진행되는 동안 한 가지 활동이 끝나고 다른 활동이 시작하기까지 이어지는 시간에 이루어지는 활동을 말한다. 유아는 하루의 일과가 진행되는 동안 자신이 어떠한 활동을 하게 되는지에 대한 예측을 할 수 있을 때 안정감을 느낀다. 전이가 빠르고 효과적으로 이루어질수록 유아가 아무 것도 하지 않고 의미 없이 기다리는 시간은 줄어든다. 전이가 정확하게 이루어지면 다음에 할 활동을 분명하게 인식하고 빨리 다음 활동에 몰입하기 때문에 학습에 투자하는 시간이 늘어나게 된다.

전이 과정에서는 교사의 언어지도 기본 원리인 지시를 분명하게 하는 것이 중요하다. 교사의 말하기 지시가 정확하게 이루어진다면 유아는 교사에게 의존하지 않고 스스로 다음 활동을 준비할 수 있는 자율성을 기르게 된다.

활동 종류 전이활동

활동 제목 전이활동 전략

활동 목표 교사의 지시를 듣는다.
전이 신호에 주의 집중한다.

유 의 점 교사의 명확한 지시

※ 하루 일과: 등원–책 보기–이야기 나누기–전이–생일축하–동화–실외놀이–정리정돈–귀가

하루 일과	전이활동 내용	전이 신호	전이 전략
책 보기 → 이야기 나누기	교사가 종을 치자 유아들이 모여들기 시작한다. 교사: 자, 얘들아 모두 앉아 보자.	신호악기	악기나 기타 도구의 사용
이야기 나누기 → 간식	교사: 자, 이제는 간식 먹을 시간이야. 간식 도우미 친구들은 손을 씻고 간식대 앞으로 오세요.	언어적 지시	특정 과제 수행
간식 → 생일축하, 동화	교사가 신호악기인 종을 치자 영유아들은 노란선 앞에 앉는다.	신호악기	오는 순서
동화 → 실내 자유 선택 활동	교사: 생일축하 시간에 수수께끼 낸 사람 먼저 일어나서 놀이 하러 가세요	언어적 지시	전, 후 활동과의 연계
실내 자유 선택 활동 → 정리정돈	교사는 자유 선택 활동이 끝날 무렵부터 엘가의 '사랑의 인사'를 틀어놓는다.	음악	활동을 마친 순서대로
정리정돈 → 귀가	교사: 선생님이 머리 짚어 주는 친구들은 사물함으로 가서 준비하도록 해요. 교사가 유아들의 머리를 한 명씩 짚어 주면 자기 사물함으로 가서 귀가 준비를 한다.	기타	신체적 접촉

출처: 김희진 외(2015).

3) 이야기 나누기

이야기 나누기는 교사와 유아가 함께 모여 앉아 서로 정보를 교환하거나 서로의 생각을 들어 보거나 의사 결정하기 등을 하는 것이다. 이야기 나누기의 주제는 하루의 일과계획 및 평가, 날씨 계절의 변화, 주변 사물이나 사회 현상, 사람들의 활동 등 일상생활에 관련된 것과 진행 중인 교육 주제에 관련된 것으로 이루어질 수 있다. 자신이 경험한 것이나 생각한 것을 이야기 나누는 과정에서 다른 사람의 이야기를 경청하는 태도를 기른다. 또한, 자신의 생각이나 느낌, 경험 등을 말로 표현하는 의사소통 능력을 기르며 의사 결정에 참여하게 된다.

활동 종류 이야기 나누기

활동 제목 농장 동물이 우리에게 주는 것

활동 목표 차례를 지켜 바른 태도로 말할 수 있다.
농장 동물이 주는 부산물에 대해 안다.

활동 자료 돼지, 오리, 닭, 소, 토끼 그림 자료

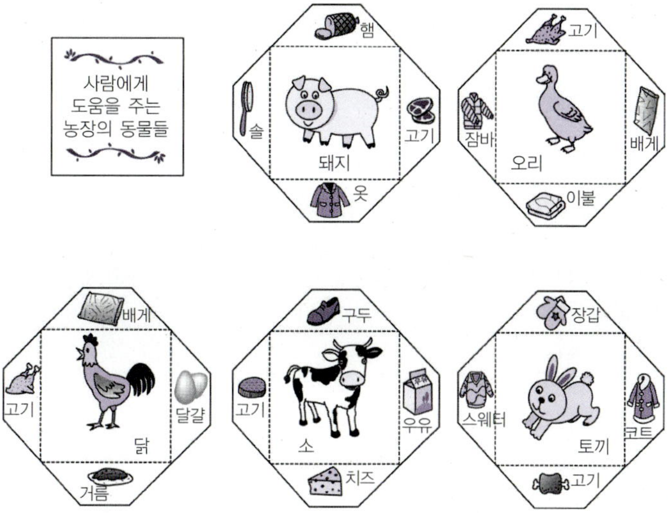

활동 방법

① 농장 동물들에는 어떤 것들이 있는지 알아본다.

② 이러한 동물들을 왜 농장에서 키우는지 이야기해 본다.
- 사람들이 도움을 받기 위해서 농장에서 키운다.

③ 농장 동물들은 어떤 도움을 주는지 자료를 보면서 이야기해 본다.
- 토끼는 사람들에게 어떤 도움을 줄까? (뒤로 접힌 그림을 하나씩 펴면서 이야기한다.)
- 사람들에게 고기, 달걀, 거름, 베개 속을 주는 동물은 누구일까?
- 오리는 사람들에게 어떤 도움을 줄까?

④ 농장 동물들을 돌보기 위해서 어떤 방법이 있을지 알아본다.
- 먹이를 준다, 우리를 청소해 준다, 건강을 돌본다.

⑤ 다른 사람이 말할 때는 듣고 자신이 말할 때 태도는 바른지를 평가한다.

활동 종류 이야기 나누기

활동 제목 돌돌이와 빨간 도깨비

활동 목표 여러 가지 색깔의 이름을 알아본다.

활동 자료 손가락 인형 2개(도깨비, 돌돌이), 장갑, 무지개 색깔판

활동 방법

① 두 개의 손가락 인형을 이용하여 색깔과 관련된 문제 상황에 대해 이야기 나눈다.

② 동화를 들려준다.

> 돌돌이는 어린이집에서 재미있게 놀다가 집으로 돌아왔어요.
> 엄마가 주시는 간식을 먹고 난 돌돌이는 그림책을 보다가 잠이 들고 말았어요.
> 그런데 돌돌이의 꿈속에서 빨간 도깨비가 나타났어요.
> 도깨비는 "난 빨간 도깨비야. 돌돌이는 빨간색을 좋아하니?"
> 깜짝 놀란 돌돌이는 "응, 좋아해."라고 대답했어요.
> 그러자 빨간 도깨비는 "그럼 빨간색인 것을 세 가지만 말해 봐!"라고 했어요.
> 돌돌이는 울상이 되고 말았어요. 돌돌이는 아직 어려서 빨간색을 잘 모르거든요.

- 너희들 가운데 빨간색을 알고 있는 친구가 있니?
- 얼른 돌돌이에게 가르쳐 주자.

③ (무지개 색깔판을 보여 주면서)

- 빨간색을 찾아볼까?
- 무지개 색깔판에는 어떤 색이 들어 있는지 살펴볼까? (무지개 색을 차례로 살펴본다.)

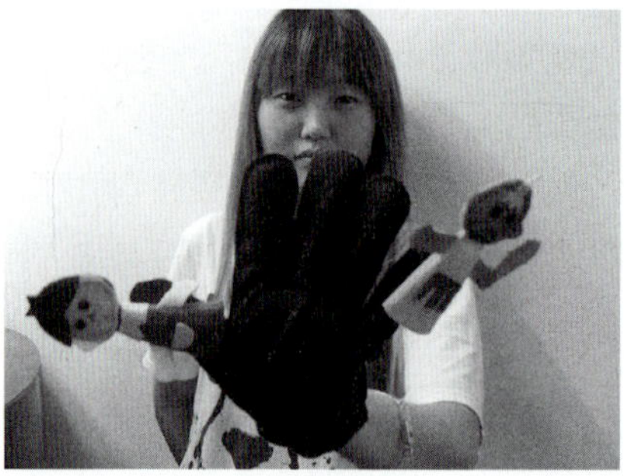

4) 동시 · 동화 · 동극

유아는 동화나 동시를 듣고 동극을 보거나 상연하는 과정을 통해 문학적 경험을 하게 된다. 유아는 이러한 경험을 통해 언어의 울림과 리듬, 소리의 아름다움을 맛보고 즐기며, 상상력, 사고력, 어휘력을 넓힌다. 전개되는 이야기 속에서 내용을 파악하고 좋은 언어와 다양한 정보와 지식과 문화를 접할 수 있다.

동화는 주제가 간단하면서도 명료하며 대화체가 풍부하고 유아에게 친숙한 사건으로 구성되어 있는 것이 좋으며, 반복과 운율이 있어 리듬감이 있고 쉽게 기억할 수 있는 것이 좋다. 또한, 진행하고 있는 생활 주제와 관련이 있는 것이면 더욱 효과적이다.

동시는 생활 주변이나 자연 현상에 관한 내용, 신비롭고 환상적인 내용, 유머가 담겨 있는 것 등으로 다양하게 선정하되 리듬과 운율이 있는 것으로 한다. 동화나 동시를 듣고 난 다음에는 내용을 다시 회상해 보도록 할 수도 있고 그 내용과 관련된 유아의 경험이나 느낌 등을 자유롭게 이야기할 수 있는 시간을 가질 수도 있다.

동극은 동화의 내용을 중심으로 극화해 보는 활동이다. 동극은 줄거리가 간단하면서도 재미있는 행동 중심의 이야기를 들려준 뒤에 이야기에 나오는 등장인물의 역할을 분담하고 간단한 무대를 만들어 상연해 볼 수 있다.

활동 종류 동시

활동 제목 그런 게 친구야

활동 목표 동시의 아름다움을 느껴 본다.
반복되는 글자를 발음하여 우리말의 아름다움을 느껴 본다.

활동 자료 동시 자료 「그런 게 친구야」(허미애)

활동 방법

① 「그런 게 친구야」 글자 카드를 보여 주고, 어떤 의미인지 이야기 나눈다.
- 그런 게 친구야 라는 말을 들으면 어떤 생각이 드니?
- 어떤 것이 친구일까?

② 동시 자료를 보며 「그런 게 친구야」 동시를 듣는다.

③ 동시를 듣고 난 후, 동시에 대한 느낌이나 생각에 대해 이야기 나눈다.

④ 교사와 유아가 팀을 나누어서 낭독한다.
- 선생님이 먼저 앞부분을 읽으면 너희들이 이어서 오는 말을 읽어 줄래? 선생님이 '친구 때문에' 읽으면 너희들이 그 다음에 오는 말 '재미있고'를 읽는 것처럼.

⑤ 동시에 표현된 낱말을 부분적으로 바꿔 가면서 동시를 낭독해 본다.
- '친구' 대신에 우리 반 친구의 이름을 한번 넣어서 읽어 볼까?

활동 종류 동화

활동 제목 다른 사람이 말할 때 끝까지 잘 들어 보렴

활동 목표 동화를 즐겨 듣고 감상해 본다.

동화의 내용과 등장인물의 특성을 이해한다.

활동 자료 동화 「다른 사람이 말할 때 끝까지 잘 들어 보렴」 ppt 자료

활동 방법

① 동화 제목과 표지 그림을 보고 자유롭게 이야기 나누어 본다.
  - 동화 제목을 보니 어떤 생각이 떠 오르니?
  - 책 표지의 그림을 보니 어떤 이야기인지 맞혀 볼까?

② 교사는 동화를 들려준다.

③ 동화 내용과 느낌에 대해 이야기해 본다.
  - 동화를 듣고 나니 어떤 기분이 드니?
  - 왜 내 말만 해 임금님이 되셨을까?
  - 임금님 귀가 점점 작아지는 모습을 상상해 볼까?

* 『다른 사람이 말할 때 끝까지 잘 들어 보렴』(이찬규 글/남주현 그림/애플비/2011)

활동 종류 동극

활동 제목 검피 아저씨의 뱃놀이

활동 목표 동작 표현을 하는 동안 이야기를 다시 듣고 이해를 돕는다.
동화에 대한 친숙도가 높아지고 언어와 동작을 구체적으로 연결지어 동화 내용이 명료화 되도록 돕는다.

활동 자료 그림책(검피 아저씨의 뱃놀이), 배를 연출할 수 있는 소품, 등장 동물의 특징을 나타내는 머리띠, 동물들의 소리 녹음 테이프

활동 방법

① 『검피 아저씨의 뱃놀이』를 OHP 동화나 큰 책을 이용하여 들려준다.

② 역할을 정한다(깨끗하지 못한 돼지, 발길질 잘하는 염소 등 개성 있는 성격의 등장 동물을 하나씩 맡도록 한다).

③ 이야기 내용 중 등장 동물의 특징적인 표정이나 동작을 생각해 보면서 각자 맡고 있는 동물의 동작을 표현해 본다.
- 등장 동물들의 표정, 배에 타는 모습, 배 속에서 장난치는 모습, 배가 기우뚱거릴 때의 모습, 배가 뒤집힐 때 물속으로 빠지는 모습, 강둑으로 올라가는 모습 등을 동작으로 표현해 본다.

④ 교사가 대사를 맡아 내레이터가 되어 주면서 이야기를 진행하고 등장인물에 맞는 머리띠를 하고 각자 역할에 맞는 동작을 한다.
이야기를 아직 완전히 파악하지 못하였을 경우 유아들이 대사를 기억하면서 음성을 사용하여 역할극을 하는 일은 쉽지가 않다. 유아들은 언어를 사용하지 않고 표정이나 동작만으로 연기를 할 수 있기 때문에 부담을 줄일 수 있다.

* 『검피 아저씨의 뱃놀이』(존 버닝햄 글 · 그림/이주령 옮김/시공주니어/1996)

5) 게임

게임은 두 명 이상의 유아가 함께하는 놀이로서 달성해야 할 목표가 있고 나와 상대방이 반대되는 역할을 해야 하며, 규칙을 따라 활동하는 놀이이다. 게임을 진행하는 과정에서 유아는 다양한 언어활동을 하게 되는데, 게임 방법이나 규칙을 정하면서 자신의 생각을 언어적으로 표현해 보거나 상대방 이야기를 듣는 경험, 게임 내용과 관련된 어휘, 게임 준비를 위한 쓰기 활동 등 유아의 언어발달을 도울 수 있다.

활동 종류 게임

활동 제목 동물 의자 앉기

활동 목표 지시를 듣고 따를 수 있다.

활동 자료 동물 그림이 붙어 있는 유아용 의자(유아 인원수), 동물 그림 목걸이, 신호악기

활동 방법

① 유아들과 원대형으로 놓인 의자에 앉는다.

② 유아들에게 준비된 자료를 보여 주고 게임 방법에 대해 이야기 나눈다.
- 여기 동물 목걸이와 동물 그림이 붙여진 의자가 있어. 무슨 게임을 해 볼 수 있을까?
- 동물 목걸이를 한 사람이 같은 동물 의자에 앉아 보자.

③ 유아들에게 원하는 동물 목걸이를 나누어 주고 게임 방법과 규칙을 이야기한다.
- 동물 목걸이를 한 사람이 같은 동물 의자에 앉아 보자.
- 지금 앉은 의자 말고 같은 동물 그림이 그려져서 앉을 수 있는 의자는 어디 있을까?
- 노래를 부르다가 선생님이 신호악기를 소리 내고 동물 이름을 말해 주면 그 동물들은 서로 자리를 바꾸어 보자.
- 어떤 규칙을 지켜야 할까? (다른 사람의 자리에 앉기, 같은 동물 의자에 앉기 등)

④ 게임을 한다.

⑤ 평가한다.
- 동물 목걸이와 같은 동물 의자에 앉았니?
- 내가 앉았던 의자가 아닌 다른 친구의 의자에 앉았니?

〈게임대형〉

6) 음률

음률 활동은 노래 부르기, 음악 감상하기, 악기 연주하기, 소리 탐색하기 등의 활동을 말한다. 특히, 새 노래를 배우기 위해 교사가 제시하는 노랫말 차트는 유아가 노랫말을 좀 더 정확하게 배울 수 있는 참고 자료가 된다. 이때 유아는 새 노래의 노랫말을 배우기 위해 노랫말 차트를 보고 읽는다.

활동 종류 음률

활동 제목 잠자리 꽁꽁

활동 목표 여러 가지 곤충에 관심을 가진다.

활동 자료 전래동요 「잠자리 꽁꽁」 녹음 자료, 녹음기, 잠자리 막대 자료, 소고

활동 방법

① 막대 자료를 움직이면서 교사가 반주에 맞추어 노랫말에 나온 말들을 회상해 본다.
  – 어떤 동물이 나왔니?
  – 어떤 말이 들렸니?

② 반주만 들으며 가락을 익힌다.

③ 반주에 맞추어 노랫말을 넣어 불러 본다.

④ '꽁꽁' 부분만 손뼉을 치며 불러 보고 소고를 사용해 본다.

⑤ '잠자리' 대신 다른 곤충으로 바꾸어 불러 보고 '나한테 와라', '너한테 와라', '너한테 가라'도 다른 말로 바꾸어 본다.

잠자리 꽁꽁

전래동요

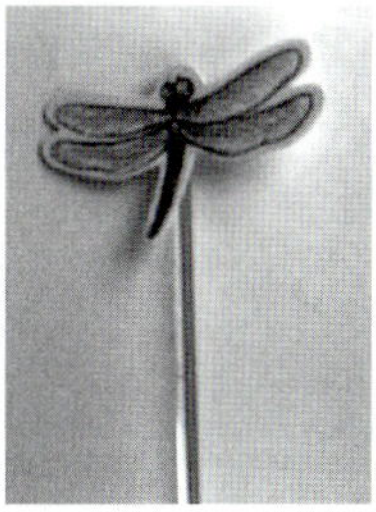

활동 종류 음률

활동 제목 재미있는 우리말

활동 목표 소리는 같아도 다양한 뜻을 가진 명사에 대해 안다.

활동 자료 그림카드, 글자카드, '재미있는 우리말' 노래 녹음 자료

활동 방법

① '재미있는 우리말' 노래를 듣는다.

② 교사가 노랫말에 나온 말들을 회상해 본다.

- 어떤 말이 들렸니?
- 소리는 같아도 뜻이 다른 말을 찾을 수 있니?

③ 반주만 들으며 가락을 익힌다.

④ 반주에 맞추어 노랫말을 넣어 불러 본다.
'배', '눈' '다리', '풀' 부분은 그림카드나 글자카드를 사용하여 불러 본다.

⑤ '배', '눈', '다리', '풀' 이외의 다른 동음이의어 명사를 찾아 바꾸어 불러 본다.

재미있는 우리말

조윤미 작사 / 이태윤 작곡

눈

다리

배

7) 요리

요리활동이란 교사와 영유아가 함께 요리의 종류를 결정하고 그에 적절한 재료를 준비하여 직접 요리를 하고 요리한 음식을 먹고 정리하는 활동이다.

요리 활동을 할 때 요리 재료와 요리하는 과정을 알려주는 요리 순서도가 필요하다. 유아는 그림과 글씨가 함께 들어 있는 요리 순서도를 보고 그 과정대로 요리하는 것을 즐기게 된다. 이때 유아는 요리를 순서대로 잘해서 먹기 위한 목적으로 요리 순서도를 읽는다. 즉, 요리 활동은 유아 간의 활발한 상호작용 속에서 문자언어를 통합적으로 배우게 해 준다.

활동 종류 요리

활동 제목 카나페 만들기

활동 목표 내가 좋아하는 재료를 선택하여 요리 활동에 즐겁게 참여하고 표현한다.

활동 자료 요리 활동 순서도, 카나페 재료(크래커, 잼, 치즈, 토마토, 게맛살, 건포도, 자두, 초콜릿 등)

활동 방법

① '카나페'에 대한 수수께끼를 낸다.
- 크래커에 좋아하는 치즈, 과자, 과일 등을 쌓아 올릴 수 있단다. 이것이 무엇일까?

② 카나페를 소개한다.
- (카나페 사진 자료를 제시하며) 카나페를 먹어 보거나 만들어 본 적 있니?

③ 카나페 재료를 탐색한다.
- 이것이 무엇이니?
- 무슨 모양이니? 어떤 색이니?
- 재료 중에서 먹어 본 것이 있니?
- 맛이 어땠니?
- 좋아하는 것은 무엇이니?

④ (요리활동 순서도를 보며) 카나페 만드는 방법을 소개한다. 함께 읽어 본다.

⑤ 카나페를 완성한 후 내가 만든 것과 친구가 만든 것을 비교한다.

⑥ 카나페를 먹은 후에 평가한다.
- 만든 카나페를 먹어 보니 맛이 어떠니?
- 다른 친구들은 어떤 재료를 이용하여 카나페를 만들었니?
- 다음에 또 만든다면 어떤 재료를 이용하여 만들고 싶니?
- 집에서 가족과 함께 카나페 만들기를 해 보자.

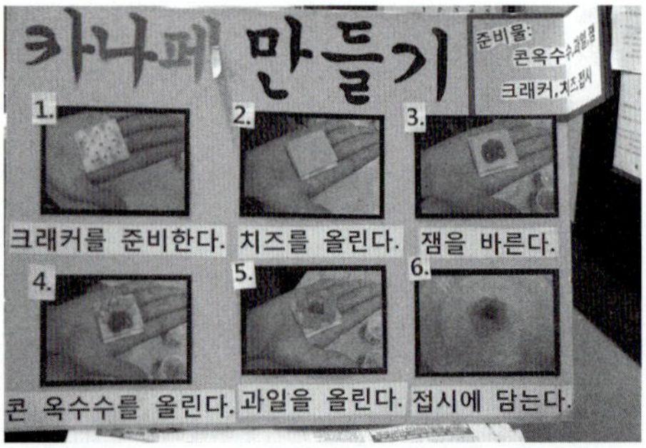

〈요리활동 순서도〉

활동 종류 요리

활동 제목 고구마 말랭이

활동 목표 요리순서도를 보고 순서대로 고구마 말랭이를 만들어 본다.
말린 음식에 관심을 가진다.

활동 자료 요리 활동 순서도, 요리재료(찐 고구마), 요리도구(접시, 케이크 칼, 채반, 실)

활동 방법

① 간식으로 찐 고구마를 먹는다.
- 찐 고구마 맛은 어땠니?
- 바람에 말린 고구마 말랭이를 먹어 본 적이 있니?
- 고구마 말랭이를 만들어 보자.

② 고구마 말랭이 만드는 방법에 대해 이야기 나눈다.
- 고구마 말랭이를 만드는 재료는 어떤 것이 필요할까?

③ (요리활동 순서도를 보며) 고구마 말랭이 만드는 방법을 소개한다. 함께 읽어 본다.

④ 요리 순서도를 보고 고구마 말랭이를 만들어 본다.

⑤ 2~3일 말린 후 간식으로 먹는다.
- 모양이 어떻게 변했니?
- 맛이 어떠니?

〈고구마 말랭이 만들기〉

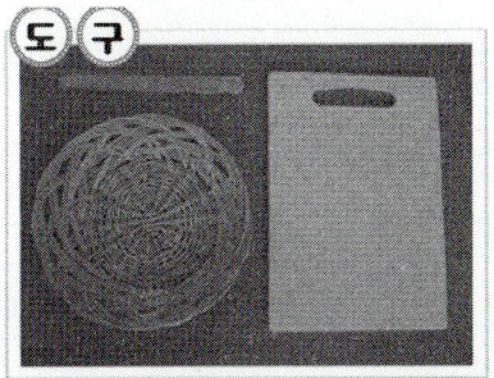

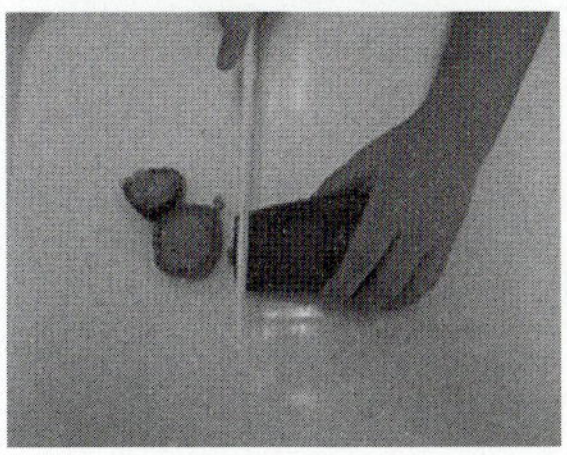

① 찐 고구마를 케이크칼로 얇게 썬다.

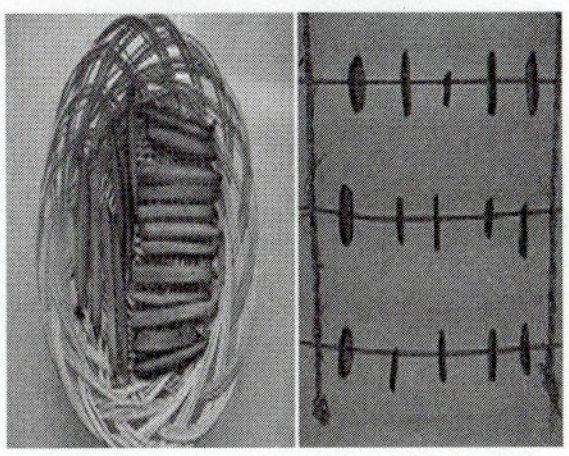

② 그늘에서 말린다.

③ 간식으로 맛있게 먹는다.

출처: 3세 누리과정 교사용 지침서. 115쪽

8) 신체활동

신체활동이란 몸을 움직이는 활동으로 크게 기본 운동 활동과 창의적 신체표현을 포함한다. 영유아는 신체의 여러 부분을 활용하여 몸을 움직인다. 이 과정에서 몸으로 사물이나 동물, 자연 현상 등을 모방하여 표현하거나 생각하고 느낀 것들을 상상하여 표현함으로써 신체 조절력과 균형감, 유연성, 리듬감 등과 함께 상상력과 창의적 몸 표현력을 기르게 된다.

활동 종류 신체활동
활동 제목 몸으로 글자를 만들어요.
활동 목표 한글의 모양을 인식한다.
글자 모양을 몸으로 자유롭게 표현한다.
활동 자료 한글 자음과 모음 카드, 글자 모양을 표현한 글자그림 카드
활동 방법

① 한글 자음과 모음 카드를 탐색한다.
② 자음과 모음을 몸으로 표현할 수 있는 방법에 대해 이야기 나눈다.
③ 신체를 다양하게 이용하여 글자를 표현한다.
- 만들고 싶은 글자는 무엇이니?
- 입으로는 어떤 글자를 만들 수 있을까?
- 팔을 뻗거나 구부리면 어떤 모양이 될까?
- 다리를 넓게 벌리거나 굽히면 어떤 글자를 만들 수 있을까?
- 허리를 굽히면 어떤 모양이 될까?

④ 활동 후 느낌을 이야기 나눈다.
- 어떤 글자를 만들어 보았니?
- 어려웠던 글자는 무엇이었니?
- 몸으로 글자를 만들어 보니 기분이 어떠니?

〈손으로 만든 'ㄴ'〉

02 교재 · 교구를 통한 언어지도

자유 선택 활동은 유아교육기관에서 유아가 다양한 놀이를 할 수 있도록 영역별로 구분된 공간에서 자유롭게 활동을 선택하여 놀이하는 시간을 의미한다. 자유 선택 활동이 이루어지는 흥미 영역은 쌓기 놀이 영역, 역할 놀이 영역, 언어 영역, 수 · 조작 영역, 과학 영역, 조형 영역, 음률 영역으로 구성된다. 자유 선택 놀이 시간을 통해 유아는 자유롭게 흥미 영역에 제시된 교구와 교재를 다루어 보게 되는데, 효과적인 언어지도를 목적으로 제작하여 활용할 수 있는 언어 영역의 교재 · 교구를 중심으로 소개하면 다음과 같다.

[기분 시계]

활동 목표 상황에 따른 감정을 말해 본다.

활동 자료 기분판, 기분 그림 카드와 카드판

활동 방법

① 기분판에 그려져 있는 표정에 대해 이야기 나눈다.

② 그림 카드판의 그림을 탐색한다.

③ 그림 카드판 두 개 중 하나씩 나누어 갖는다.

④ 그림 카드를 그림판 위에 놓는다.

⑤ 순서를 정해 기분판 시곗바늘을 튕겨서 나온 표정을 보고 다시 그림판 위의 그림 중에서 표정과 관련 있는 그림을 뒤집어 놓는다. 이때 뒤집으면서 "나는 선물을 받을 때 기분이 좋아." 등 자유롭게 말로 표현한다.

⑥ 그림판 위의 그림을 모두 뒤집어 놓은 유아가 이긴다.

[이야기 만들기]

활동 목표 그림을 보며 창의적으로 자신의 생각을 표현할 수 있다.

자신의 경험, 생각, 느낌을 말로 표현할 수 있다.

활동 자료 기본 모양판 3개

활동 방법

① 오늘 유치원(어린이집)에서 있었던 일을 이야기 나눈다.

- 무엇을 하고 놀았니? 무엇이 재미있었니?

② 교구를 제시한다.

- 어떤 글자와 그림이 있는지 볼까?

- 여기에 있는 그림으로 누가, 어디서, 무엇을 하는지 이야기를 만들어 보자.

③ 노란 게임판을 돌려 나온 장면을 보고 '누가'에 해당하는 상황을 이야기한다.

④ 빨간 게임판을 돌려 나온 장면을 보고 '어디서'에 해당하는 상황을 이야기한다.

⑤ 파란 게임판을 돌려 나온 장면을 보며 '무엇을'에 해당하는 상황을 말해 본다.

⑥ '누가', '어디서', '무엇을'을 연결하여 말해 본다.

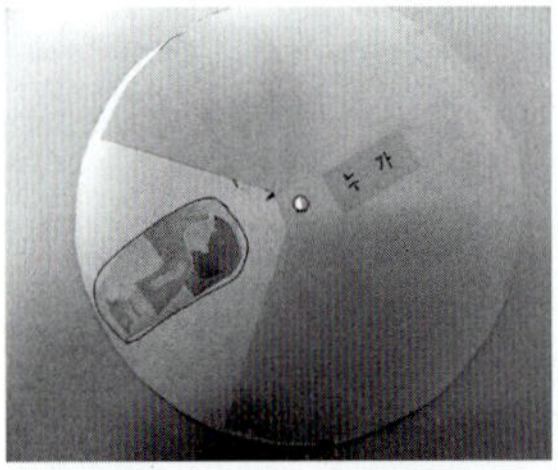

누가(노란 게임판)
- 여자 아이가

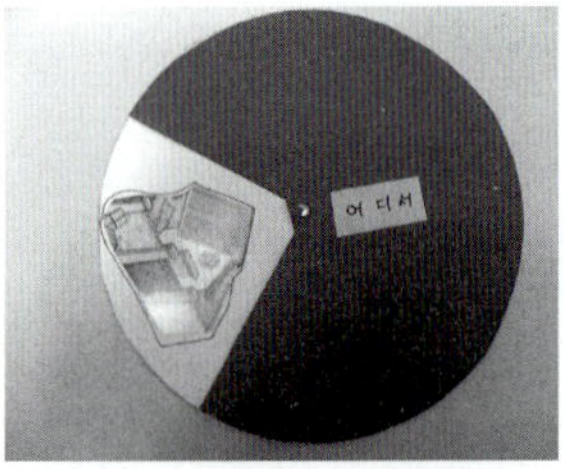

어디서(빨간 게임판)
- 집에서

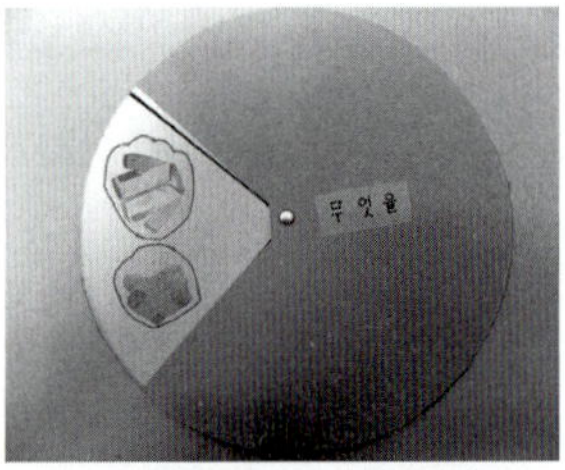

무엇을(파란 게임판)
- 옷을 입는다.

[겨울에 필요한 옷]

활동 목표 겨울에 입는 여러 가지 옷과 소품의 이름을 말할 수 있다.

활동 자료 겨울옷 게임판(하드보드 카드의 앞면에는 겨울옷 관련 그림을, 뒷면에는 겨울옷과 소품 명칭을 쓴다.- 모자, 장갑, 목도리, 귀마개, 마스크, 부츠, 외투 등)

활동 방법

① 게임판의 회전판 화살을 손가락으로 튕긴다.

② 화살이 가리킨 이름이 쓰인 카드를 찾아 그림의 이름을 말한 후 뒤집어 게임판에 놓는다.

③ 게임판의 카드를 먼저 뒤집는 사람이 이긴다.

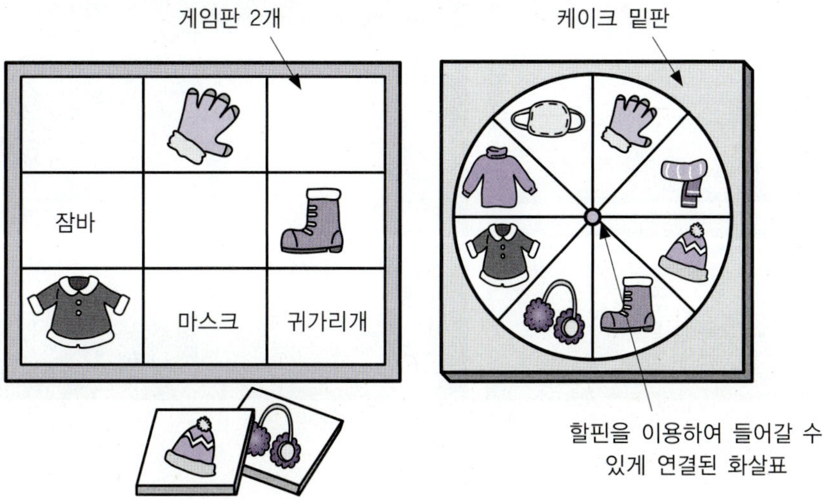

[일기예보]

활동 목표 일기에 관련된 듣기와 말하기를 할 수 있다.

활동 자료 우리나라 지도 날씨판, 마이크 모형, 그림 카드, 녹음기

활동 방법

① 녹음기에 녹음된 일기예보를 듣고 날씨판 그림 카드 중에서 알맞은 것을 골라 놓는다.

② 녹음기에서 한 대로 그림 카드를 지도 날씨판에 놓는다.

③ 마이크 모형을 들고 우리나라 지도 위에 날씨 그림 카드를 붙이면서 일기예보를 진행한다.

[과자 봉지 인형]

활동 목표 과자 봉지를 이용하여 말로 표현할 수 있다.
자기의 경험, 생각과 느낌을 말로 표현할 수 있다.

활동 자료 과자 봉지로 만든 인형

활동 방법

① 과자 봉지로 무엇을 할 수 있는지 이야기한다.
- 다 먹고 남은 과자 봉지로 무엇을 할 수 있을까?

② 과자 봉지로 만들고 싶은 인형을 제작한다.

③ 자신이 만든 인형에 대한 이야기를 말한다.

④ 이야기 꾸미기를 한다.
- 이 과자 봉지 인형으로 어떤 이야기를 만들 수 있을까?

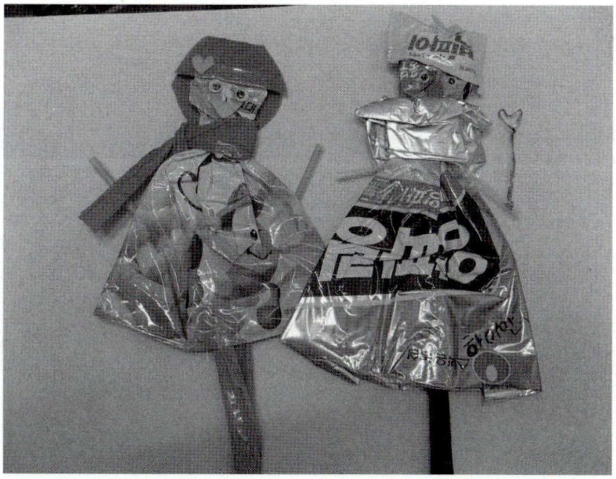

[글자 퍼즐]

활동 목표 글자에 관심을 갖는다.

활동 자료 융, 부직포, 마닐라지

제작 방법

① 융에 동물과 글자를 바느질하여 새긴다.

② 마닐라지에 부직포를 붙여 낱자를 그린 다음 오려서 사용한다.

③ 부직포를 여러 겹 붙여 바느질하여 글자를 만든다.

활동 방법

① 그림판에 있는 글자의 낱자를 찾아 알맞은 자리에 옮겨 놓는다.

② 낱자의 촉감을 충분히 느끼도록 한다.

흰색 부직포

검은색 부직포

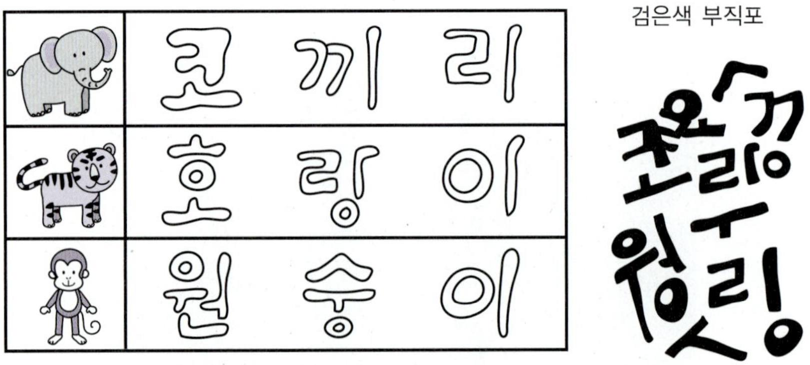

[자음 모음 연결하기]

활동 목표 자음과 모음의 모양을 알고 글자에 관심을 갖는다.

활동 자료 자음, 모음 기본판, 그림 카드

활동 방법

① 자음과 모음 카드에 쓰인 글자 모양을 살펴본다.

- 여기에 어떤 글자 모양이 있니?
- 이 모양으로 어떤 글자를 만들 수 있을까?

② 그림을 보고 소리 내어 읽어 본다.

- 이 그림이 무엇이니?
- 어떤 글자를 놓아야 할까?

③ 자음과 모음이 결합하여 이루어지는 글자를 찾아 그림의 옆에 붙인다.

④ 글자를 읽어 본다.

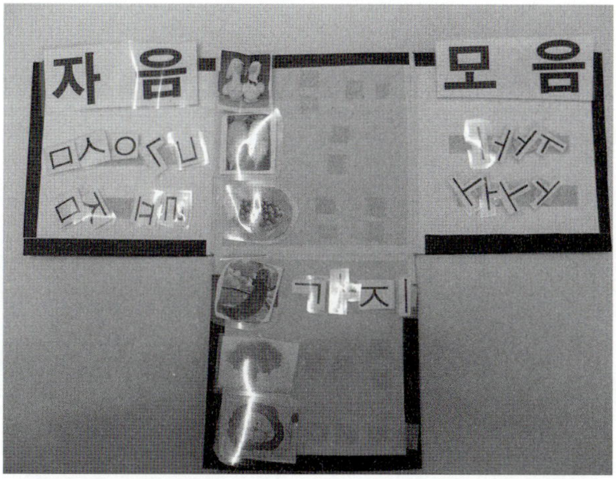

[기본 책 만들기]

활동 목표 책 만들기 작업 과정을 통해 책 방식 사고와 표현 능력을 키워 준다.

활동 자료 4절지 색지, 필기도구(색연필, 사인펜, 매직 등)

활동 방법

① 유아 스스로 또는 함께 다음과 같은 과정을 통해 이야기의 뼈대를 만든다. 긴장 풀기-주제 정하기-이야기 구상하기-쓴 것을 읽어 보기

② 지침서에 나와 있는 대로 기본 책을 만든다.

③ 글과 그림의 배치와 이야기를 몇 페이지에 담을지를 계획한다.

④ 유아가 책에 글과 그림을 어떻게 배치할 것인지 레이아웃을 정하도록 한다. 레이아웃의 기본 조건인 주목성, 가독성, 명쾌성, 조형성, 창조성 등을 충분히 고려하도록 교사는 도와주어야 한다.

⑤ 계획에 따라 그림책의 각 장에 그림을 그리고 글을 쓴다.

⑥ 책의 주제를 잘 드러내고 알릴 수 있도록 유아가 창의적으로 앞표지와 뒤표지를 완성하게 한다.

⑦ 유아가 친구들 앞에서 자신이 만든 책을 소개하는 시간을 갖는다.

[1, 2 단계]

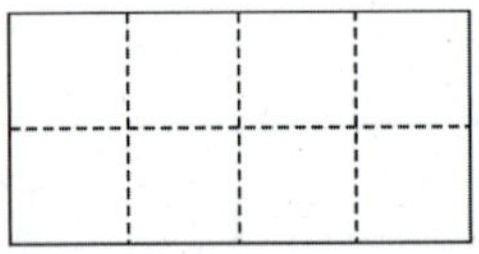

흰 종이를 8칸이 나오게 점선으로 그은 후 접어 보세요.

[3 단계]

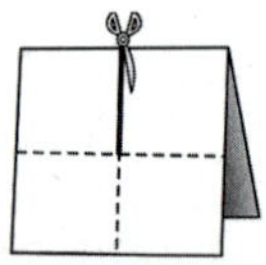

긴 종이를 반으로 접은 후에 반만 자르세요.

[4 단계]

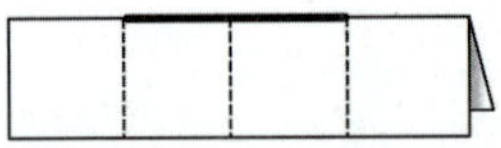

종이를 펴서 이번에는 길게 반으로 접으면 가운데가 잘려진 모양으로 나타나지요.

[5 단계]

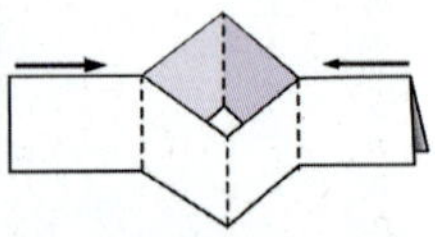

종이의 가운데가 네모 모양이 되게 약간 벌린 후 안쪽으로 접으면 모양이 되지요.

[완성]

[이름을 만들어 주세요]

활동 목표 말과 글의 관계에 대해 안다.

활동 자료 『난 토마토 절대 안 먹어』 그림책, 조작판(전 이름이 뭘까요, 멋진 이름을 지어 주세요), 단어 카드, 자음 · 모음 카드

활동 방법

① 그림책을 들려준다.

② 그림책에서 찰리가 지은 음식 이름들을 찾아 조작판 '전 이름이 뭘까요' 그림 옆에 붙인다.
토마토 그림에 '달치익쏴아' 글자를 붙인다.

③ 음식(당근, 토마토 등)에 새로운 이름을 자음과 모음 카드를 이용하여 만들어 본다.

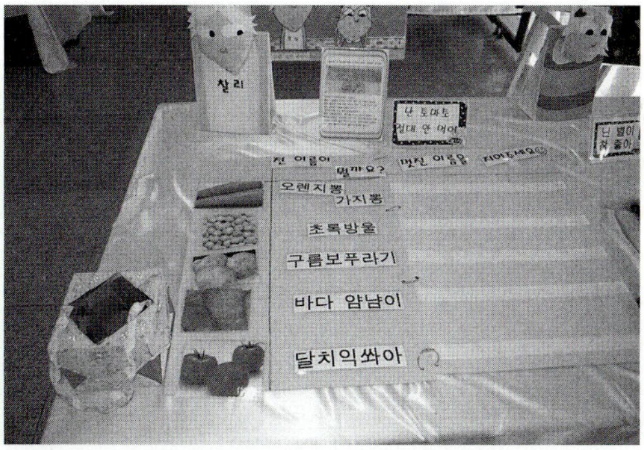

* 『난 토마토 절대 안 먹어』(로렌 차일드 글 · 그림/조은수 옮김/국민서관/2001)

[위치를 알아요]

활동 목표 주변의 환경에 대해 관심을 갖는다.
상황에 맞는 표현을 할 수 있다.

활동 자료 그림판, 글자 카드, 글자판

활동 방법

① 살고 있는 동네에 대한 이야기를 나눈다.
- 동네에는 어떤 건물들이 있니?
- 병원과 마트는 어디에 있나?

② 교구에 대해 이야기 나눈다.
- 선생님이 준비해 온 것들을 살펴보자, 무엇이 있지?
- 어떤 글자들이 있니?

③ 그림판의 위치를 보면서 알맞게 글자 카드를 나열해 본다.

④ 글자 카드를 읽어 본 후 그림판의 상황과 맞는지 알아본다.

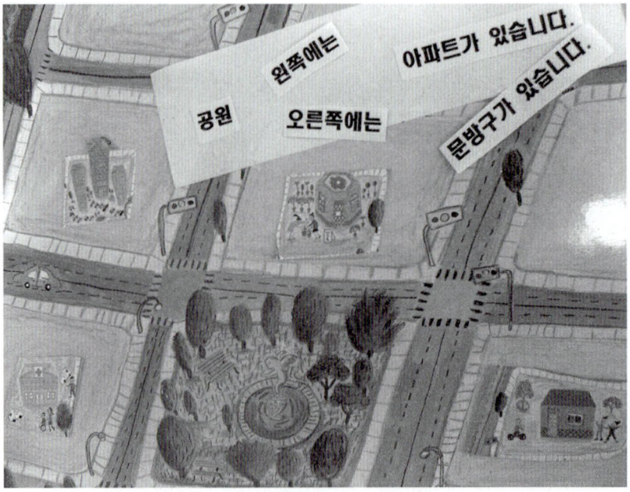

[구리와 구라의 글자 사전 만들기]

활동 목표 새로운 어휘를 익힌다.

궁금한 것을 책에서 찾아본다.

활동 자료 그림책(『구리와 구라의 빵 만들기』, 니카가와 리에코 글, 한림출판사), 16절지 도화지 4장, 사인펜, 색연필, 자음 스티커, 글자 사전 만드는 순서 카드

활동 방법

① 그림책 『구리와 구라의 빵 만들기』를 읽고 이야기를 나눈다.
- 어떤 이야기였니?
- 어떤 글자들이 나왔니?

② 그림책 『구리와 구라의 빵 만들기』에 나온 글자들로 사전 만들기를 계획한다.
- 구리와 구라의 글자 사전 만들기를 할 건데, 무엇이 필요할까?
- 사전을 어떻게 만들면 좋을까?

③ 글자 사전 만드는 순서 카드를 보며 글자 사전을 만든다.

④ 글자 카드에 들어갈 낱말을 찾아 글자 사전에 글을 쓴다. 첫 자음뿐 아니라 글자를 이루고 있는 자음을 모두 찾아 글을 써 본다.
- 'ㄱ'이 들어간 낱말은 무엇이 있니?
- 밀가루는 어느 자음 칸에 놓으면 될까? (ㅁ, ㄹ, ㄱ의 3개 자음 칸에 쓸 수 있다)

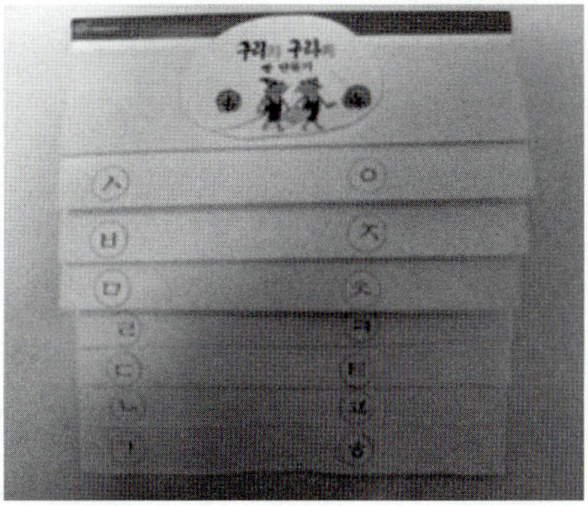

[과자 이름 짓기]

활동 목표 과자의 특성을 말해 본다.

창의적으로 과자의 이름을 지어 본다.

활동 자료 과자 봉지를 붙인 판, 과자 이름 카드, 매직

제작 방법

① 유아들과 자신이 먹어 본 과자에 대해 이야기 나눈 후 보편적으로 전부 먹어 본 적이 있는 과자를 조사하여 봉지를 구한다.

② 마닐라지에 과자 봉지를 오려서 붙인다.

③ 이름 부분에 벨크로를 붙여 카드를 붙이도록 한다.

활동 방법

① 과자 봉지판을 탐색한다.

- 어떤 과자들이 있니?
- 먹어 본 적이 있니?

② 각 과자의 특성에 대해 이야기 나눈다.

- 이 과자가 왜 맛이 있다고 생각하니?
- 이 과자에 어울리는 이름을 지어 보자.

③ 각자 자신이 지어낸 과자 이름을 카드에 적는다.

④ 카드를 과자 봉지 판에 붙인다.

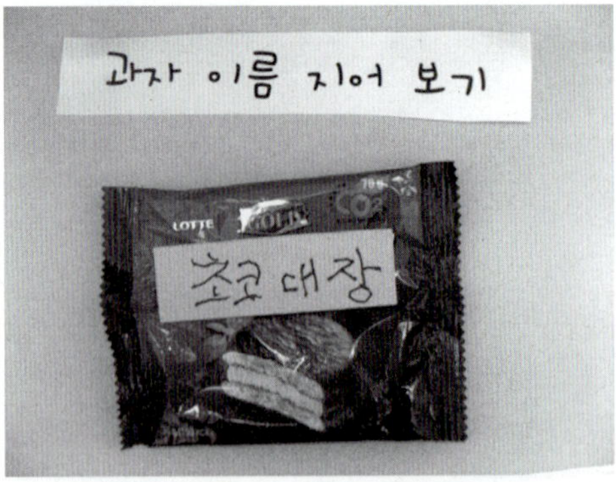

[숨은 글자 그림]

활동 목표 글자에 관심 가지기
탈것 모양의 알맞은 명칭을 알 수 있다.

활동 자료 낚싯줄을 이용한 그림판

제작 방법

① 머메이드지에 탈것 그림과 낱말 카드를 만든다.
② 하드보드지에 낚싯줄을 뒤로 연결할 구멍을 뚫는다.
③ 낚싯줄을 밑판에 연결한다.
④ 그림과 낱말 카드에 낚싯줄을 부착시킨다.
⑤ 낱말을 숨길 부분에 부직포를 덮어 밑판과 고리로 연결한다.

활동 방법

① 낱말 카드를 부직포 밑에 숨겨 놓고 각 탈것의 이름과 타 보았던 경험을 이야기 나눈다.
② 각 탈것을 당겨 보게 한다.
③ 숨겨져 있던 낱말 카드가 딸려 나오면 낱말을 읽어 준다.

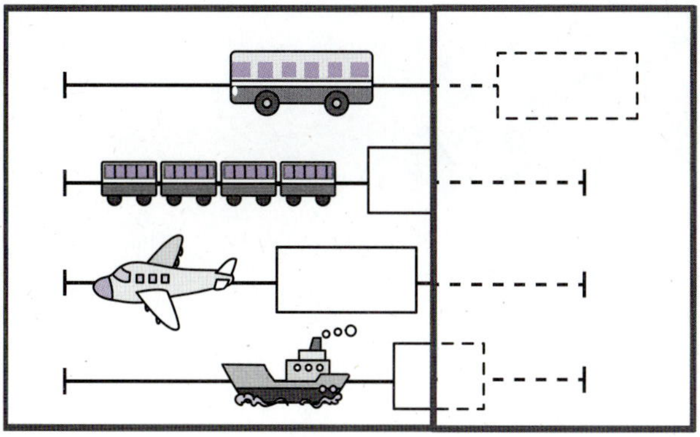

종이 속에 낱말 카드가 숨어 있다.

[뱀게임]

활동 목표 자음과 관련되는 단어를 안다.

활동 자료 게임판, 말 돌림판

활동 방법

① 순서를 정한다.

② 돌림판의 화살표를 튕겨 나온 숫자만큼 앞으로 간다.

③ 도착한 칸의 자음이 첫 글자에 들어 있는 단어를 말한다.

④ 단어를 못 말하면 한 번 쉰다.

⑤ 말이 빨간색 칸에 도착하면 한 칸 앞으로 검은색에 도착하면 한 칸 뒤로 간다.
먼저 도착한 유아가 있으면 게임은 끝이 난다.

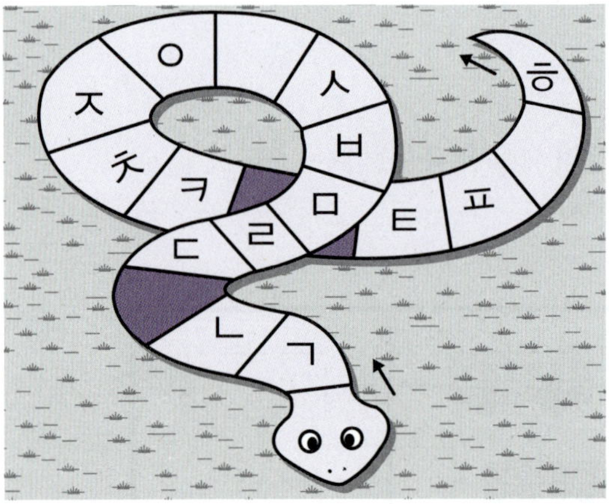

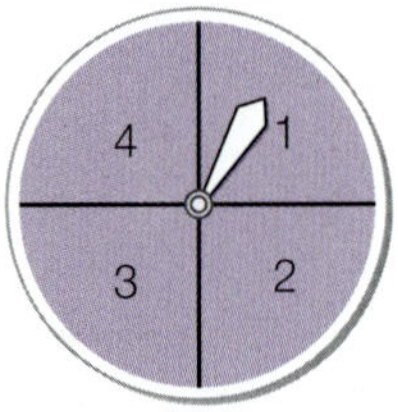

[동물 글자 도장]

활동 목표 자음과 모음을 알고 구별한다.
동물의 이름을 만들 수 있다.

활동 자료 신발상자, 요구르트병, 시트지, 두꺼운 도화지, EVA, 동물 사진과 이름 카드, 부직포, 스탬프, 글루건, 흰 종이

제작 방법

① 요구르트병을 깨끗이 씻어 준비한다.
② 요구르트병 입구 구멍 크기에 맞게 두꺼운 도화지를 오린다.
③ 자음과 모음을 시트지로 오려 두꺼운 도화지에 붙인다.
④ 글루건으로 요구르트병 입구에 붙인다.
⑤ EVA를 자음과 모음으로 오린다.
⑥ 각각의 자음과 모음이 붙어 있는 요구르트병 바닥에 글루건을 이용하여 EVA 자음과 모음을 붙인다.

활동 방법

① 부직포 주머니에서 동물 글자 카드를 한 장 꺼낸다.
② 동물 이름을 잘 살펴본다.
③ 글자 도장에서 해당하는 자음과 모음을 찾는다.
④ 글자 도장을 찍어 흰 종이에 글자를 만든다.
⑤ 만든 글자와 글자 카드의 동물 이름이 맞는지 확인한다.

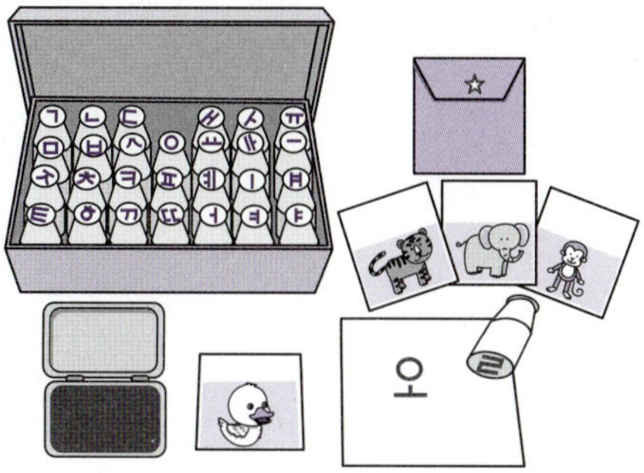

[글자 돌림판]

활동 목표 글자 돌림판에 들어간 글자를 읽어 보는 것을 통해 단어가 낱글자로 분리될 수 있다는 것을 안다.

활동 자료 하드보드지, 머메이드지로 제작한 지름 20㎝ 돌림판, 할핀

활동 방법

① 가, 나, 다, 라, 마, 바, 사, 아, 자, 차, 카, 타, 파, 하로 시작하는 단어를 말하게 한다.

② '가~하'까지의 돌림판을 돌려가면서 직접 그 글자를 읽어 보게 한다.

③ 글자 돌림판의 글자를 손가락으로 하나씩 짚어가며 읽어 본다.

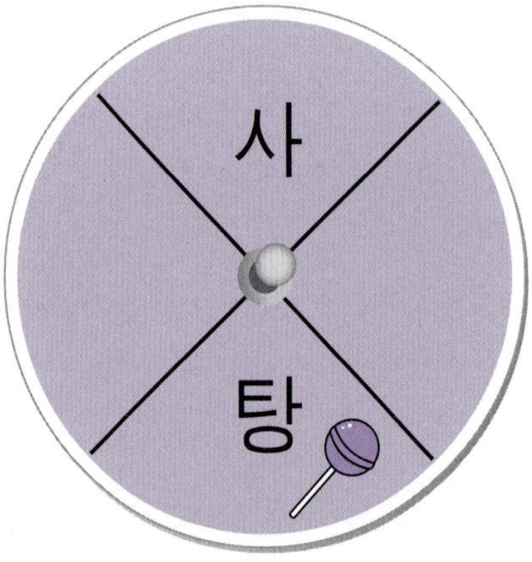

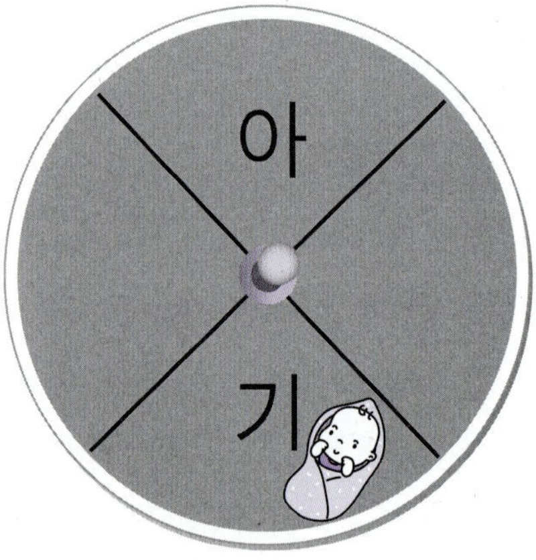

[동사의 활용]

활동 목표 소리는 같아도 다양한 다른 뜻을 가진 동사에 대해 안다.

활동 자료 그림 카드, 글자 카드

활동 방법

① 소리는 같아도 뜻이 다른 명사에 대해 말하게 한다.

② 그림 카드를 보면서 어떤 그림인지 문장으로 말한다.

③ 동음이의어 동사의 단어 카드를 보여 준다.

축구공을

빙수가

차다

날씨가

[짝을 찾아주세요]

활동 목표 동물 그림과 글자를 보며 이름을 말할 수 있다.

활동 자료 동물퍼즐

제작 방법

① A4 사이즈의 색지를 반으로 잘라 동물 그림을 그리고 색칠한다.

② 그림을 2조각이 나게 자르고 시트지로 감싼다.

활동 방법

① 퍼즐을 맞추어 보고 어떤 동물인지 이야기를 나눈다.

② 동물 이름을 말해 보고 그 동물의 동작을 흉내 내어 본다.

③ 퍼즐 조각만 보고 어떤 동물인지 말해 본다.

[동물 이름과 울음소리]

활동 목표 동물 그림을 보고 이름과 울음소리를 연결하여 말할 수 있다.

제작 방법

① 헌 탁상용 달력을 이용하여 색지를 붙이고 3등분한다.

② 각 면에 동물 그림과 동물 이름, 울음소리를 접착펠트지를 이용하여 만들어 붙인다.

활동 방법

① 동물 울음소리를 흉내 내어 본다.

② 동물 이름을 말해 보고 그 동물의 울음소리를 들려준다.

③ 동물 이름과 그림을 보고 동물울음 소리를 내어 본다.

참고 문헌

교육과학기술부 (2009). 중학교 국어. 국정도서편찬위원회.

교육과학기술부 (2010). 유치원 지도서1 총론.

교육과학기술부 (2010). 유치원 지도서2 유치원과 친구.

교육인적자원부 (2007). 제7차 유치원 교육과정. 교육인적자원부.

권민균 · 문혁준 · 권희경 · 성미영 · 신유림 · 안선희 · 안효진 · 이경옥 · 천희영 · 한유미 · 한유진 · 황혜신 (2005). 아동발달. 서울: 창지사.

김나림 · 심성경 (2004). 글 없는 그림책 관련 활동이 유아의 쓰기 능력과 쓰기에 대한 인식에 미치는 영향. 유아교육연구, 24(4), 285-303.

김미숙 (2005). 2세 영아 학급에서의 글쓰기와 문식성 발현 과정: 문화기술적 연구. 아동학회지, 26(6), 267-285.

김선옥 · 조희숙 (2004). 유아의 음운 처리 과정이 읽기에 미치는 영향. 아동학회지, 24(1), 215-240.

김세희 (2001). 유아문학교육. 서울: 양서원.

김소양 (2001). 읽기 자료 및 읽기 목적에 대한 유아의 인식. 유아교육연구, 21(3), 119-136.

김수영 · 김수임 · 정정희 (2012). 놀이지도. 서울: 양서원.

김숙이 · 강은주 · 유은정 · 임영심 (2002). 유아를 위한 언어교육의 이론과 실제. 경기: 교육과학사.

김영실 · 김진영 · 김소양 (2006). 영유아를 위한 언어지도. 경기: 공동체.

김영채 (2005). 생각하는 독서. 서울: 박영사.

김영채 (2011). 독서 이해와 글쓰기. 경기: 교육과학사.

김은영 (2006). 유치원 교사의 직무분석. 이화여자대학교 박사학위 논문.

김지영 · 김영실 (2002). 문식성 교육과정에 대한 유치원 교사의 견해. 유아교육연구, 22(4), 73-90.

김현희 · 박상희 (1999). 유아문학교육. 서울: 학지사.

김희진 · 박은혜 · 이지현 (2011).영유아기관에서의 관찰. 서울: 창지사.

노명완 (1990). 읽기의 개념과 읽기 지도의 문제점. 한글학회. 교육한글, 3.

덕성여자대학교 부속유치원편 (2000). 유아교육과정의 운영 및 활동의 실제. 서울: 학지사

맥홈 · 안젤라 (2009). 아이가 말을 안해요: 선택적 함묵증 자녀를 둔 부모와 치료자를 위한 지침서. 서울: 시그마프레스.

박명화 (2011). 조기이중언어지도를 통한 3세 유아의 영어발달 연구. 중앙대학교 교육대학원 석사학위 논문.

박혜경 · 김영실 · 김진영 · 김소양 (1999). 유아언어교육. 서울: 양서원.

박홍자 · 김연진 · 권세경 (2006). 영유아언어교육. 서울: 태영출판사.

보건복지부 (2013). 제3차 어린이집 표준보육과정 해설서.

보건복지부 (2013). 제3차 어린이집 표준보육과정.

사단법인한국어린이육영회 부설연구개발실 (2000). 6차 교육과정 이야기 나누기 활동 지도자료집. 한국어린이육영회.

사단법인한국어린이육영회부설연구개발실 (2000). 6차 교육과정 동시 활동 지도자료집. 한국어린이육영회.

삼성복지재단 (1999). 삼성어린이집 영아프로그램. 경기: 교육과학사.

서혜정 · 이정은 · 옥은주 (1998). 재미있는 언어놀이. 서울: 창지사.

안민지 (2013). 유 · 초 연계 강화를 위한 초등학교 1학년 국어과 주제중심 통합교재개발연구. 한국교원대학교 대학원 석사학위논문.

엄윤재 (2004). 유아를 위한 문해교수법의 효과 비교. 동덕여자대학교 대학원 석사학위 청구 논문.

여성가족부 (2005). 표준보육과정. 여성가족부.

이경우 편저 (2003). 총체적 언어: 문학적 접근을 중심으로. 서울: 창지사.

이경화 · 조순옥 · 김정원 · 심은희 · 이연규 · 이문정 (2008). 유아언어교육. 서울: 창지사.

이기숙 (2000). 유아교육과정. 경기: 교문사.

이명란 (1998). 유아의 읽기 · 쓰기 능력과 학습준비도 간의 관계 연구. 경남대학교 교육대학원.

이숙재 · 이봉선 (2009). 영유아 언어교육. 서울: 창지사.

이영 · 이미란 · 홍희영 · 한성희 · 민성혜 · 박신진 · 유영미 · 신혜원 · 민현숙 · 정지나 · 문영경 (2015) 영아발달. 서울: 학지사.

이영자 (2009). 유아 언어 발달과 지도. 서울: 양서원.

이영자 · 이종숙 (1985). 비지시적 지도 방법에 의한 유아의 읽기와 쓰기 행동의 발달. 덕성여대 논문집, 14, 367-402.

이옥섭 (2000). 균형 있는 문식성 프로그램이 유아의 읽기 · 쓰기 발달에 미치는 효과 연구. 서울여자대학교 대학원 박사학위 논문.

이은해 · 이기숙 (1996). 유아교육 프로그램 평가척도. 서울: 창지사

이은화 · 이상금 · 이정환 · 이경우 · 이기숙 (1995). 통합적 접근을 위한 Caldecott Medal 수상 도서 연구. 서울: 창지사.

이익섭 (1992). 국어 표기법 연구. 서울대학교 출판부.

이익섭 (2000). 국어학 개설. 서울: 학연사.

이지현 · 마송희 · 김수영 · 정정희 (2009). 영유아를 위한 언어교육. 경기: 공동체

이차숙 (2000). 초기 읽기의 지도의 개념적 모형. 유아교육연구, 20(1), 5-25

이차숙 · 노명완 (2003). 읽기 행동에서 어휘 처리 과정과 눈동자의 움직임. 유아교육연구, 23(3), 219-240

임미선 (2014). 유아교육과정. 경기: 공동체.

전은주 (2001). 말하기 듣기 교육론. 서울: 도서출판 박이정

정예리 · 이숙희 (2010). 거주지역에 따른 다문화 가정 유아와 일반가정 유아의 언어발달 및 사회적 힘의 비교: 도시와 농촌지역 비교 중심으로. 한국영유아보육학회지, 63.

정은희 (2004). 농촌지역 국제결혼 가정 아동의 언어발달과 언어환경. 언어치료연구, 13(3).

정정덕 (1994). 언어와 인간. 도서출판 영남서원.

조정숙 · 유향선 · 김은심 (2007). 유아언어교육의 이론과 실제. 서울: 파란마음

주경철 (2005). 문화로 읽는 세계사. 경기: 사계절.

주영희 (2001). 유아언어 발달과 교육. 서울: 학문사.

한유미 · 김혜선 · 권희경 · 양연숙 · 박수진 (2006). 영유아 언어교육의 이해. 서울: 학지사.

한국직업능력개발원 (2014). 성취기준에 근거한 전문교과 수행평가 매뉴얼

황상심 · 정옥란 (2008). 다문화가정 아동들의 언어발달과 관련 변인 상관연구. 언어치료연구, 17(1).

Beaty, J. & Pratt, L. (2002). *Early literacy in preschool and kindergarten*. NJ: Merrill Prentice Hall.

Brittain, W. (1979). *Creativity, art and the young child*. NY: Macmillan.

Buss, K. & Karnowski, L. (2000). *Reading and writing literary genres*. Newark, Del: International Reading Association.

Clark, M. (1966). *Emergent reading behaviors*. Unpublished doctoral thesis, University of Auckland Library.

Clark, M. (1975). *What did I write?* Auckland, New Zealand: Heinemann Educational Books.

Clark, M. (1976). *Young fluent readers*. Portsmouth: Heinemann Educational Books.

Cooper, J. D. & King, N. D. (2003). *Literacy: Helping children construct meaning*. Houghton Mifflin Company.

Dyson, A. H. (1982). Reading, writing, and language: Young children solving the written language puzzle. *Language Arts*, *59*, 829-839.

Ferreiro, E. & Teberosky, A. (1982). *Literacy before schooling*. Exeter, NH: Heinemann Education.

Hiebert, E. H. & Raphael, T. E. (1998). *Early literacy instruction*. Fort Worth, TX: Harciurt Brace.

Hillerich, R. L. (1976). Toward an assessable definition of literacy. *The English Journal*, *65*, 29-31.

Jalongo, M. R. (2003). *Early childhood language arts*. Boston: Allyn & Bacon.

Kathleen Buss & Lee Karnowski(2002), *Reading and writing Nonfiction Genres*. 권민규, 배정혜, 김영희 (2008). 어린이를 위한 생활 글 읽기 쓰기 가이드. 시그마프레스.

Lamme, L. (1985). *Growing up writing*. Washington, DC: Acropolis.

Lewis. M. & Wray. D. (2000). Literacy in the secondary school, The English Association.

Machado, J. M. (2007). *Early childhood experiences in language arts*. NY: Thomson Delmar Learning.

Mason, J. M.,& Au, K. H.(1990). R*eading instruction for today*. Glenview, IL: Scott, Foresman and comapny

McGee, L. M. & Morrow, L. M. (2005). *Teaching literacy in kindergarten*. New York: The Guilford Press.

McGee, L. M. & Richgels, D. J. (1996). *Literacy's beginnings: Supporting young readers and writers*. 김명순 · 신유림 공역(2000). 영유아의 문해발달 및 교육. 서울: 학지사.

Morphett, M. & Washburne, C. (1931). When should children begin to read? *Elementary school Journal, 31*, 496-503.

Morrow, L. M.(2001). *Literacy Development in the early years*. Allyn & Bacon.

Myers, M. (1996). *Changing our minds: Negotiating English and Literacy*. Urbana, IL: National Council of Teachers of English.

New, R. S. (2002). Early literacy and developmentally appropriate practice: rethinking the paradigm. In S. Neuman & D. Dickinson(Eds.), *Handbook of early literacy research*(pp. 245-262). NY: The Guilford Press.

Newman, A. P. & Beverstock, C. (1990). *Adult literacy: Contexts and challenges*. Newark, DE: IRA/ERIC.

Ogle(1986) D. M.(1986). K-W-L: A teaching model that developments active reading of expository text. The Reading Teacher, 39.

Perfetti, C. A. (1985). *Reading ablity*. NY: Oxford University Press.

Petty, W. T., Petty, D. C., Becking, M. E. (1981). *Experience in language*. USA: Boston, Ally & Bacon.

Ruddell, R. B. & Ruddell, M. R. (1995). *Teaching children to read and write: becoming an influential teacher*. Boston: Allyn & Bacon.

Schickedanz, J. (1986). *More than the ABCs: The early stages of reading and writing*, 이영자(1995). 읽기와 쓰기를 즐기는 어린이로 기르는 방법: 유아의 읽기와 쓰기 기초 단계 이해. 서울: 이화여자대학교 출판부.

Shuy, R. (1981). A Holistic view of language. *Research in the Teaching of English, 15*, 101-111.

Strickland, D. S. & Morrow, L. M. (1989). Interactive experience with storybook reading. *The Reading Teacher, 58*(2), 322-323.

Sulzby, E. (1985). Children emergent reading of favorite storybooks: A development study. *Reading Research Quarterly, 20*(4). 458-481.

Sulzby, E.(1990). Assessment of emergent writing and children's language while wring. In L. S. Morrow, & J. K. Smith(Eds.). *Assessment for instruction in early literacy*. Prentice-Hall.

Vukelich, C., Christie, J. & Enz, B. (2008). *Helping young children learn language and literacy: Birth through kindergarten*. USA, Boston, Pearson Education, Inc.

Weaver, C. (1994). *Reading process and practice*. Portsmouth, NII: Heinemann

Williams, L. R. & Fromberg, D. P. (1992). *Encyclopedia of early childhood education*. New York: Garland.

Wilson, L. C. (1986). *Infants & Toddlers: Curriculum and teaching*. NY: delmar Publishers.

저자 소개

김수임

이화여자대학교 유아교육학과(문학사)

이화여자대학교 대학원 유아교육전공(문학석사)

대구가톨릭대학교 대학원(교육학 박사)

현) 대구공업대학교 유아교육과 교수

보육 · 교육 현장 중심

영유아 언어지도

초판 1쇄 인쇄 2016년 9월 5일
초판 1쇄 발행 2016년 9월 7일

지 은 이 | 김수임
펴 낸 이 | 김기섭
편 집 인 | 이혜란
펴 낸 곳 | 창지사 www.changjisa.com
08589 서울시 금천구 가산디지털 1로 83 파트너스타워1차 9층
전화 (02) 719-2211~3
팩스 (02) 701-9386
등 록 | 1977년 4월 28일 · 제1-421호

ISBN 978-89-426-0905-5 (93370)

값 17,000원

이 도서의 국립중앙도서관 출판예정도서목록(CIP)은 서지정보유통지원시스템 홈페이지(http://seoji.nl.go.kr)와 국가자료공동목록시스템(http://www.nl.go.kr/kolisnet)에서 이용하실 수 있습니다.(CIP제어번호: 2016021631)